Natalie Portner

Some Pages from my digital Sketchbooks

Einige Seiten aus meinen digitalen Skizzenbüchern

Natalie Portner

Some Pages from my digital Sketchbooks

Einige Seiten aus meinen digitalen Skizzenbüchern

Edition HIC<

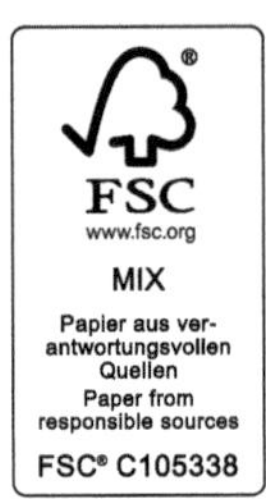

Natalie Portner
Some pages from my digital sketchbooks. Edited by Marcellus M. Menke • Einige Seiten aus meinen digitalen Skizzenbüchern. Hrsg. von Marcellus M. Menke

Hands on edition | Studienausgabe

Edition HIC< • Cologne 2022 | Edition HIC< • Köln 2022

Cover design using two drawings of Natalie Portner. Cover background taken from: Natalie Portner: "Orange Jungle II. Memories form my time on Mars." Acrylic on canvas. 230 x 460 cm. Boston, Massachusetts 2021. In private hands • Umschlagentwurf erstellt unter Verwendung zweier Zeichnungen von Natalie Portner. Cover Hintergrund: Ausschnitt von: Natalie Portner: „Oranger Dschungel II. Erinnerungen von meiner Zeit auf dem Mars." Acryl auf Leinwand. 230 x 460 cm. Boston, Massachusetts 2021. Privatbesitz.

Layout, typesetting and cover design: Marcellus M. Menke • Layout, Typographie und Umschlagentwurf: Marcellus M. Menke • marcellus.m.menke@m4art.de

Bibliographic information of the German National Library: The German National Library lists this publication in the Deutsche Nationalbibliografie; Detailed bibliographic data is available on the Internet via dnb.dnb.de. • Bibliografische Information der Deutschen Nationalbibliothek: Die Deutsche Nationalbibliothek verzeichnet diese Publikation in der Deutschen Nationalbibliografie; detaillierte bibliografische Daten sind im Internet über www.dnb.de abrufbar.

Production and publishing: BoD – Books on Demand, Norderstedt • Herstellung und Verlag: BoD – Books on Demand, Norderstedt

ISBN: 9783756809080

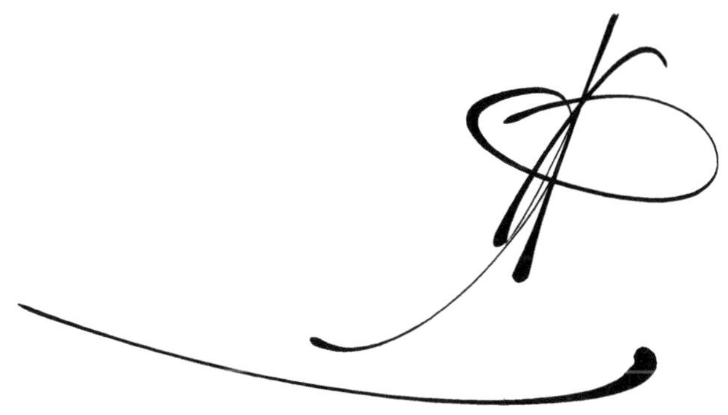

About Understanding
Über das Verstehen

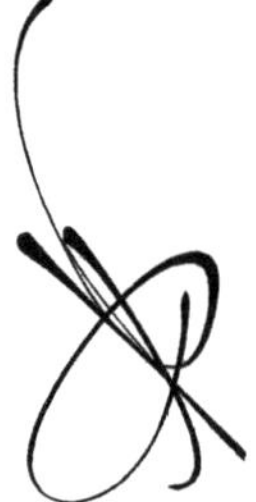

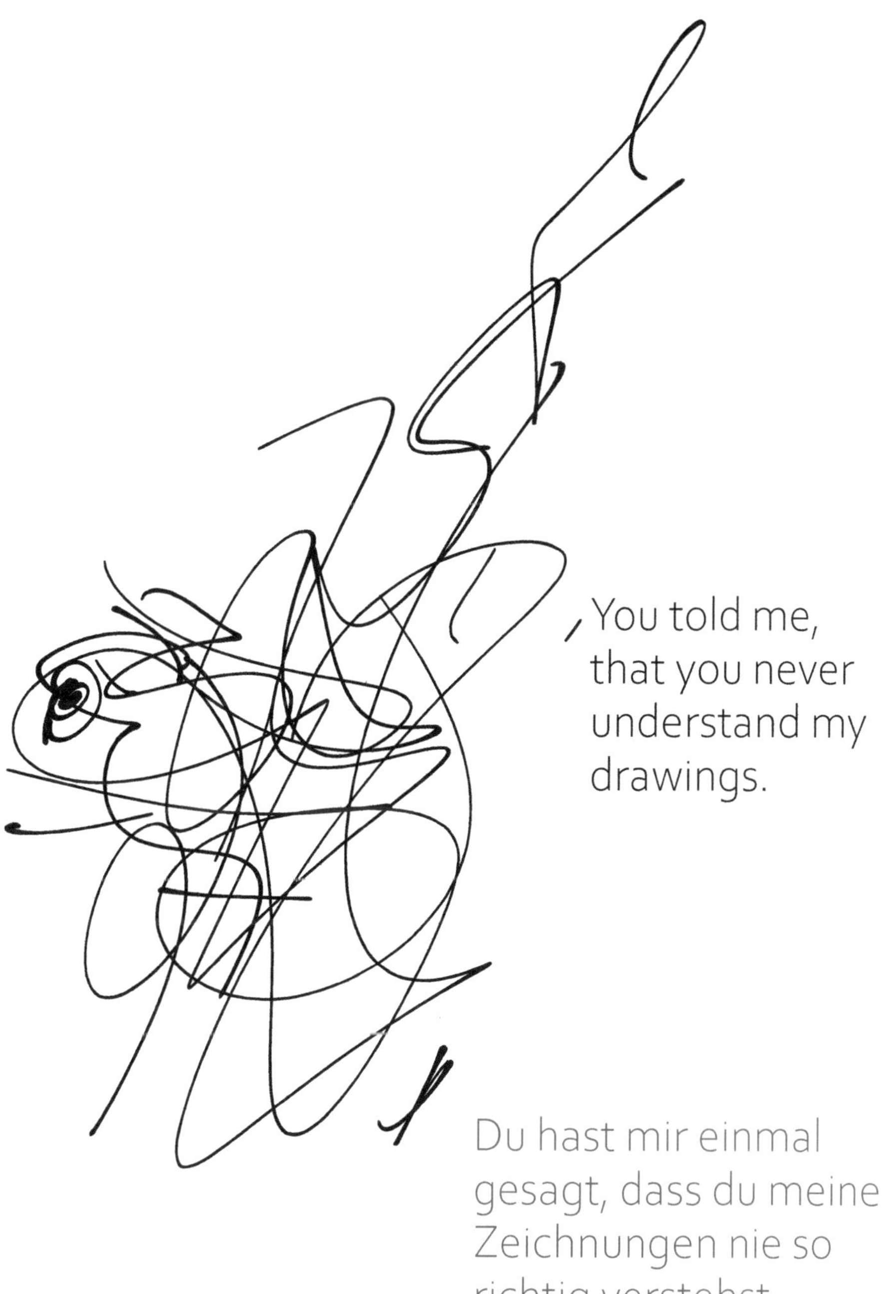

You told me,
that you never
understand my
drawings.

Du hast mir einmal
gesagt, dass du meine
Zeichnungen nie so
richtig verstehst.

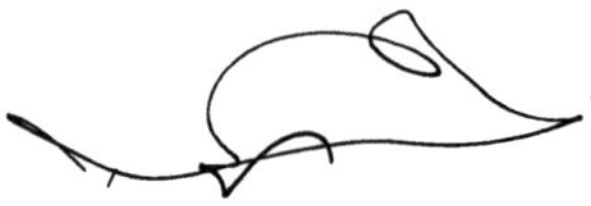

8

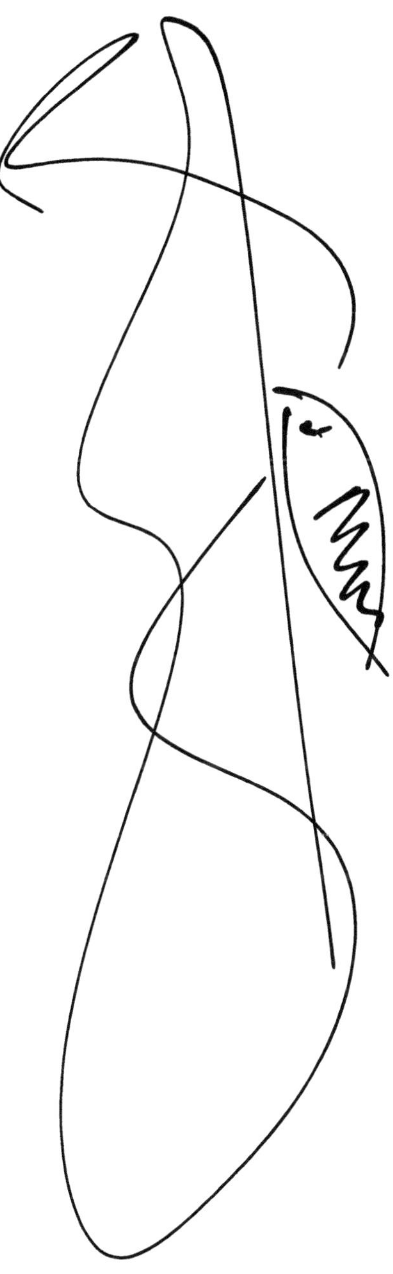

They were
"like some
BLA BLA BLA
with a fish",
you once said,
and I have to
admit, that
somehow you
were not so
wrong.

Sie seien
„wie etwas
BLA BLA BLA
mit einem
Fisch", hast du
einmal gesagt,
und ich muss
zugeben,
dass du damit
irgendwie gar
nicht so falsch
lagst.

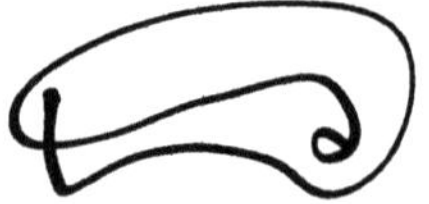

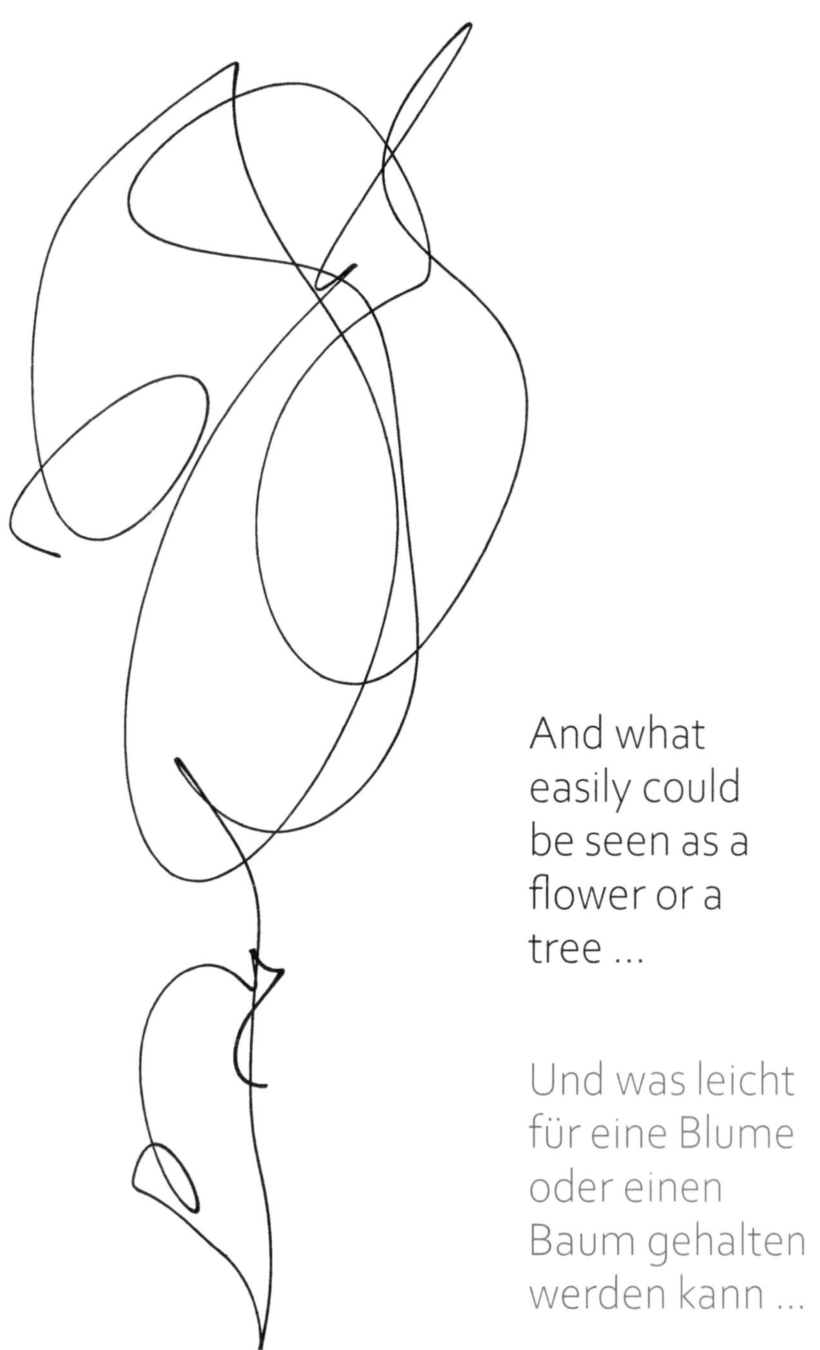

And what
easily could
be seen as a
flower or a
tree ...

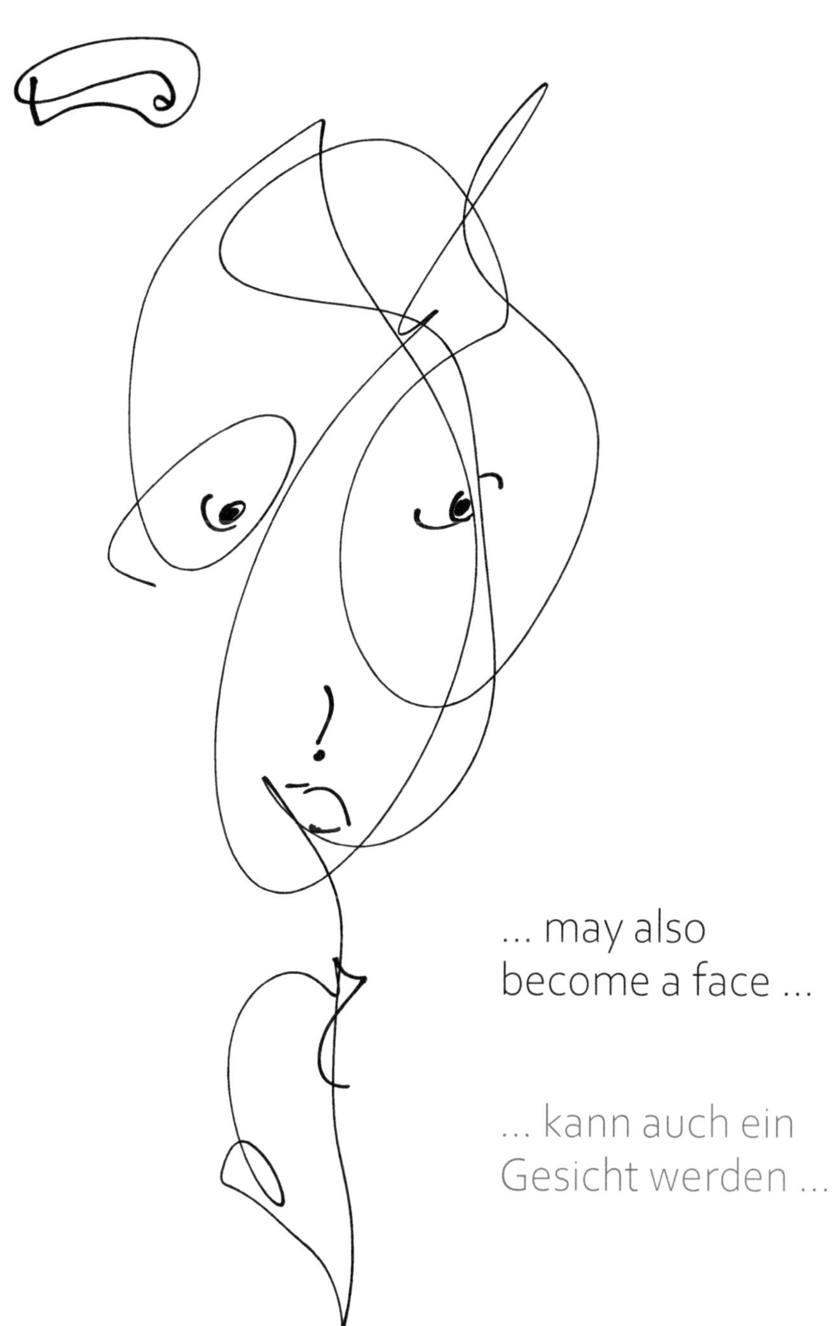

… may also
become a face …

… kann auch ein
Gesicht werden …

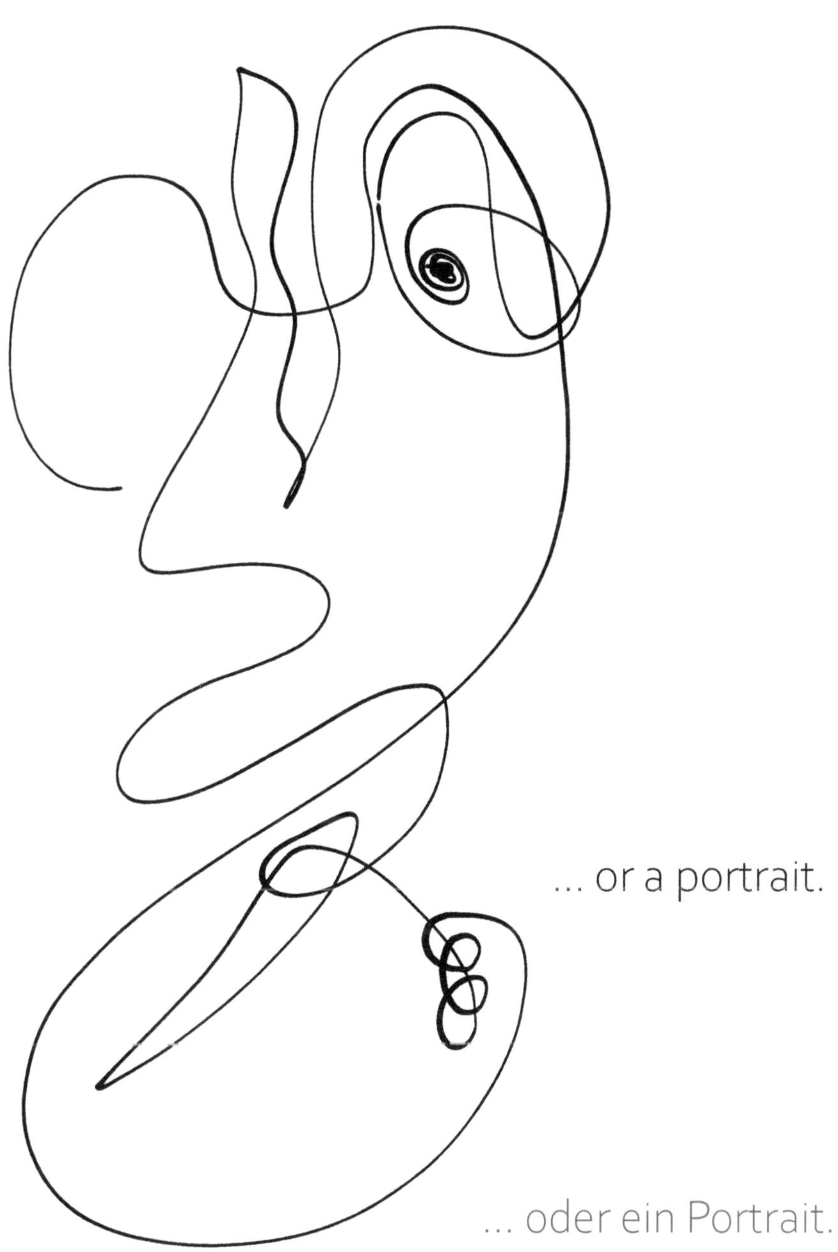

... or a portrait.

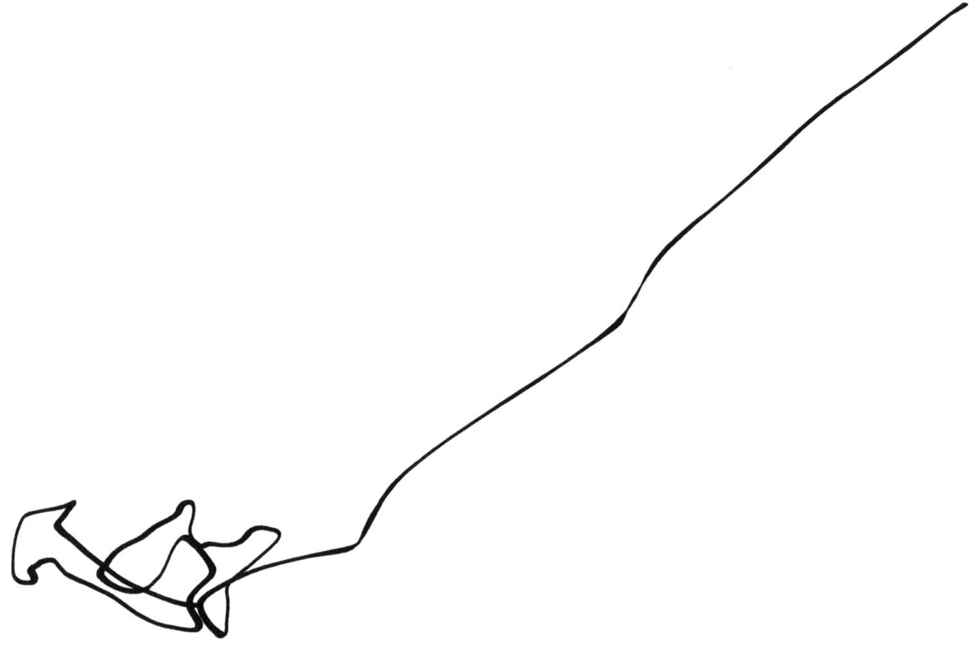

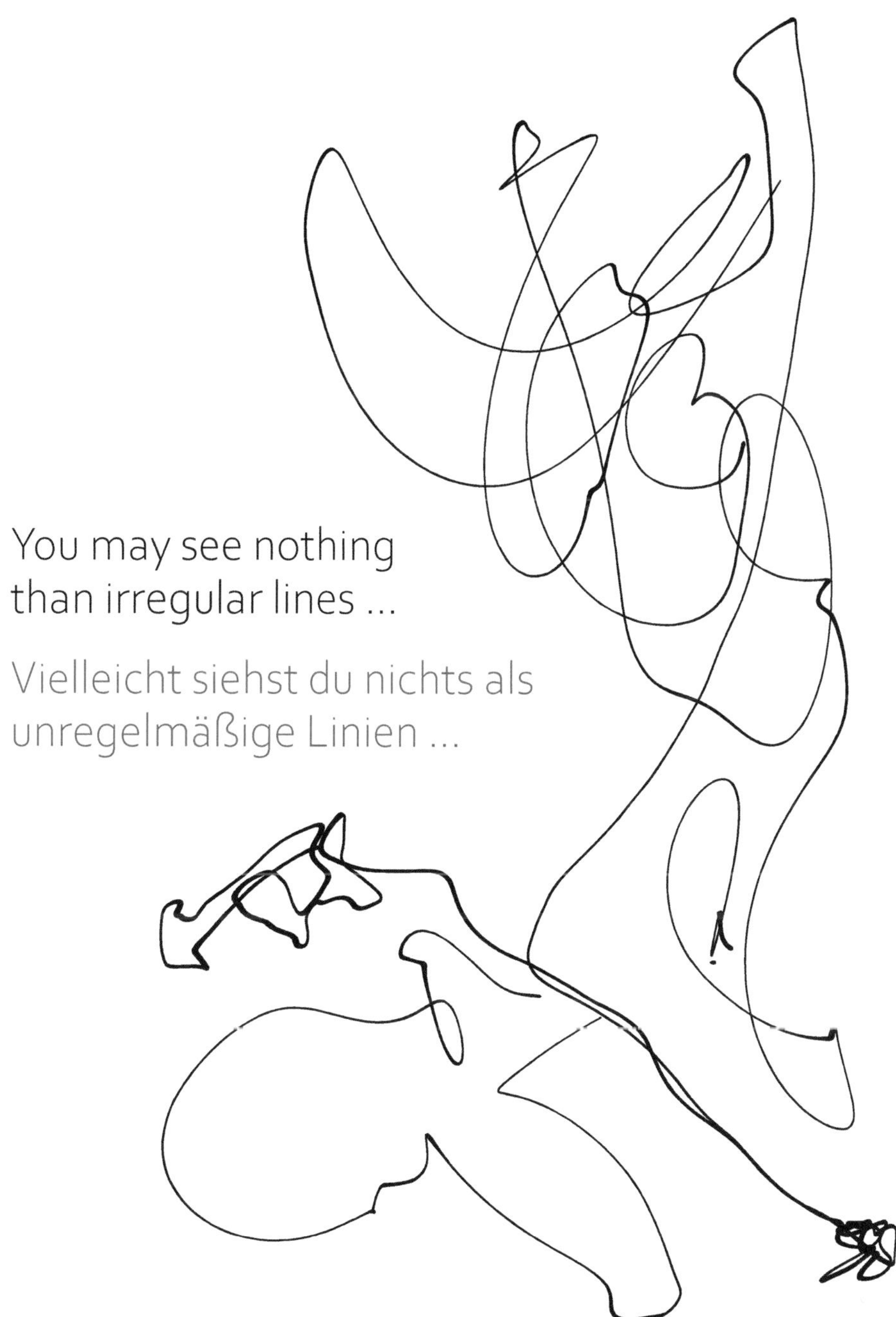

You may see nothing
than irregular lines …

Vielleicht siehst du nichts als
unregelmäßige Linien …

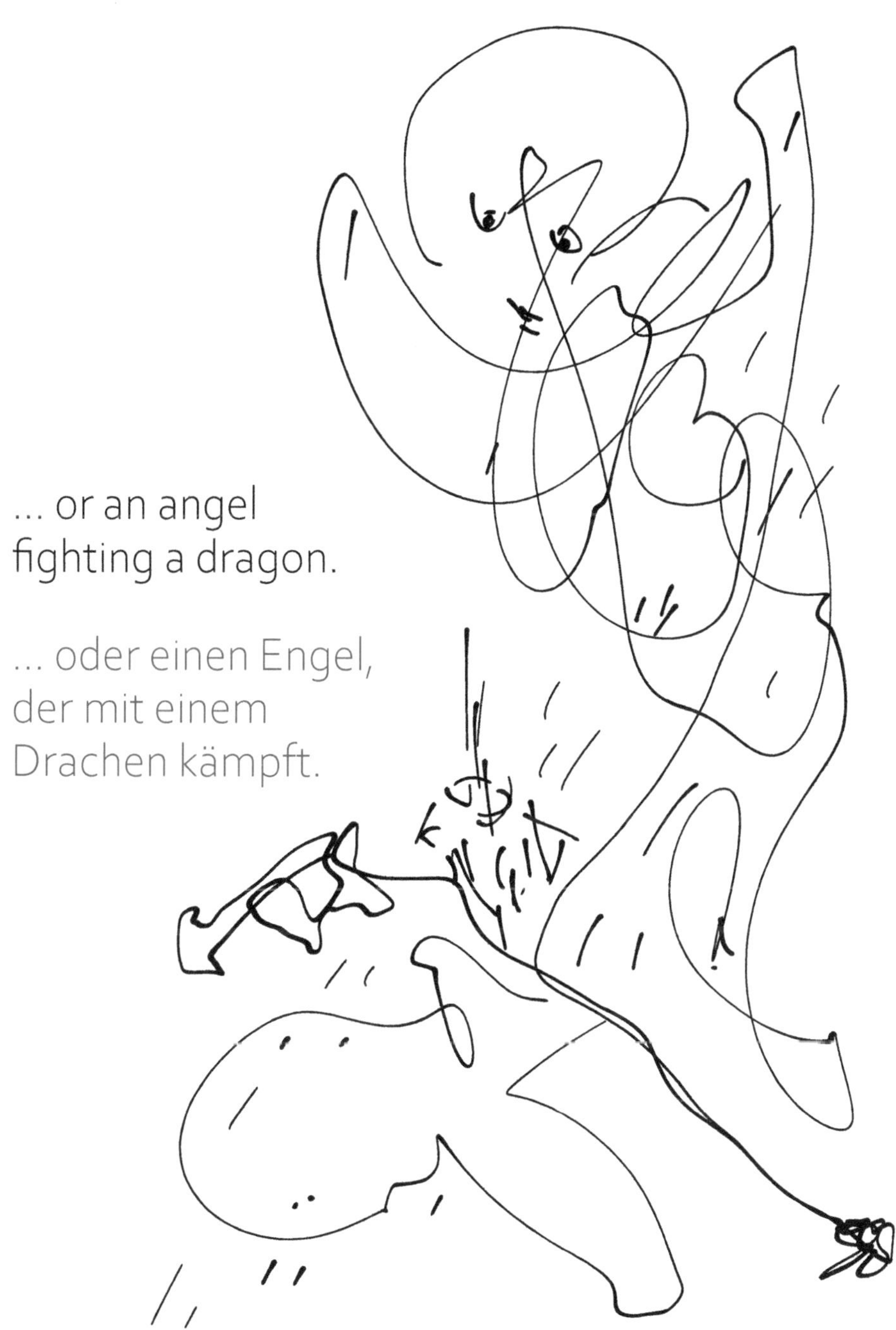

... or an angel
fighting a dragon.

... oder einen Engel,
der mit einem
Drachen kämpft.

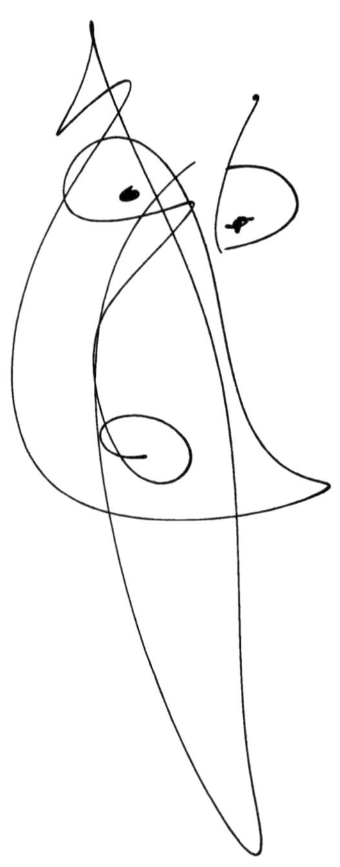

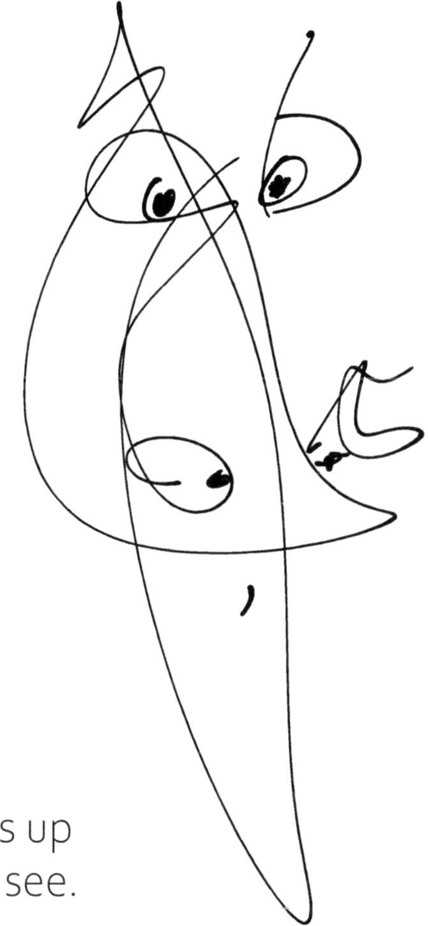

But of course it is up
to you what you see.

Aber natürlich liegt es
bei dir, was du siehst.

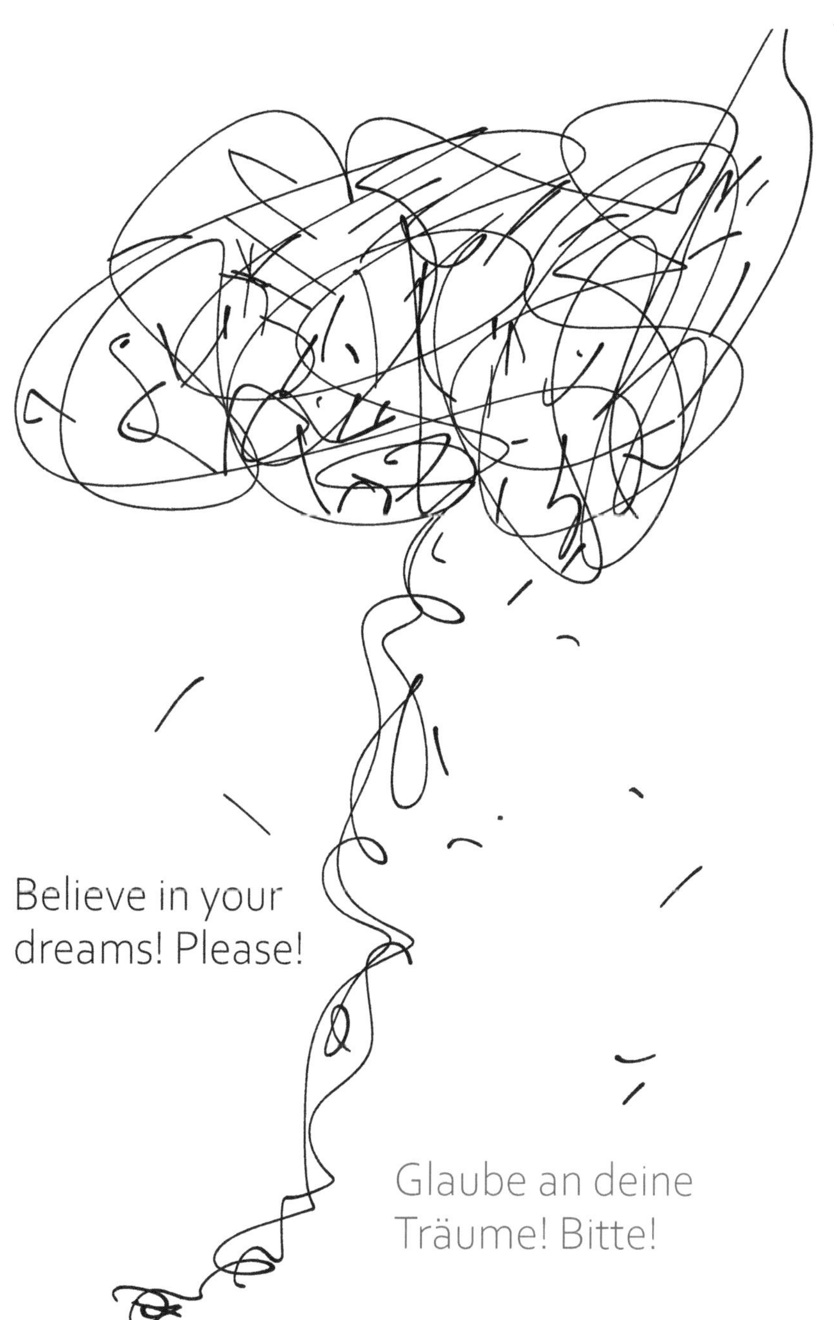
Believe in your
dreams! Please!

Glaube an deine
Träume! Bitte!

This could be the
perfectly fitting
ending of the story…

Das könnte das
perfekt passende Ende
der Geschichte sein…

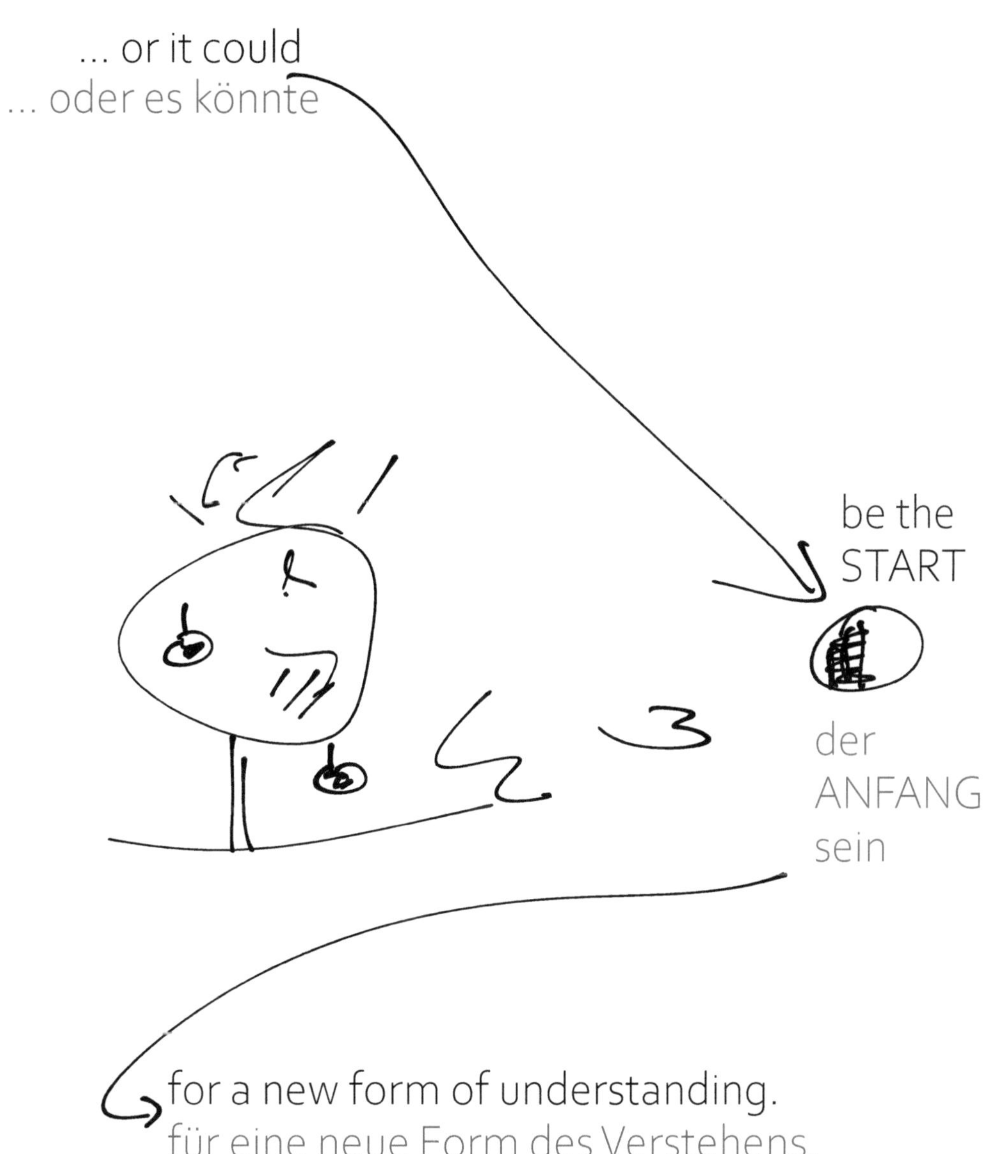

... or it could
... oder es könnte

be the
START
der
ANFANG
sein

for a new form of understanding.
für eine neue Form des Verstehens.

Turn the page.
Blättere die Seite um.

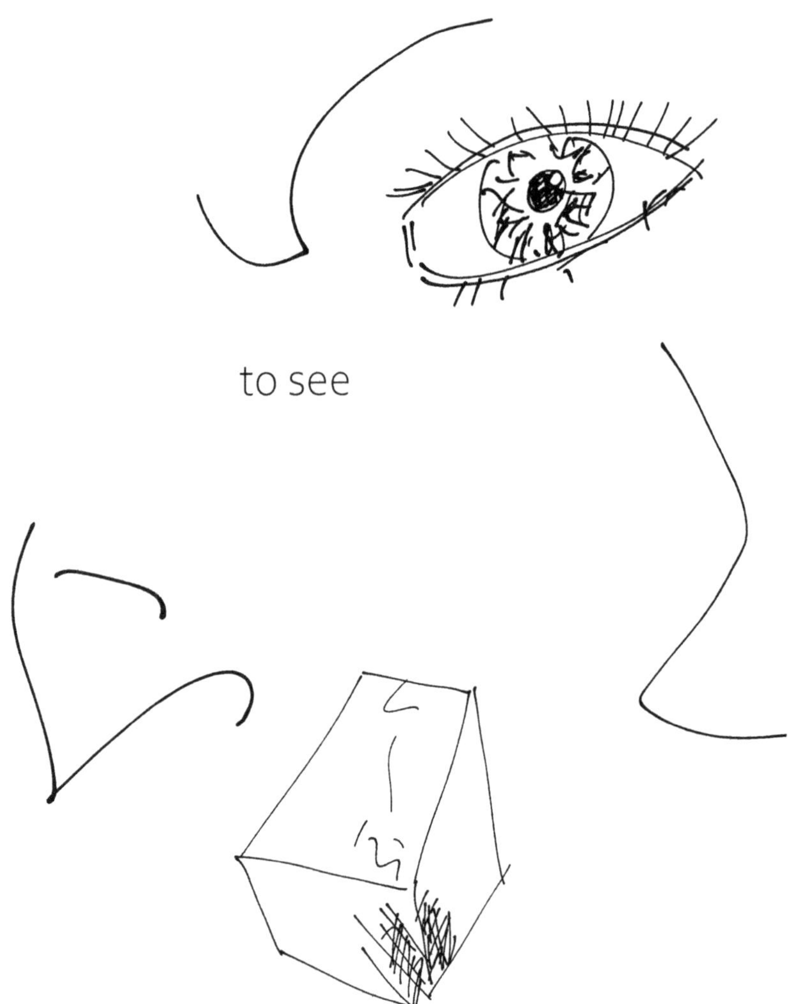

to see

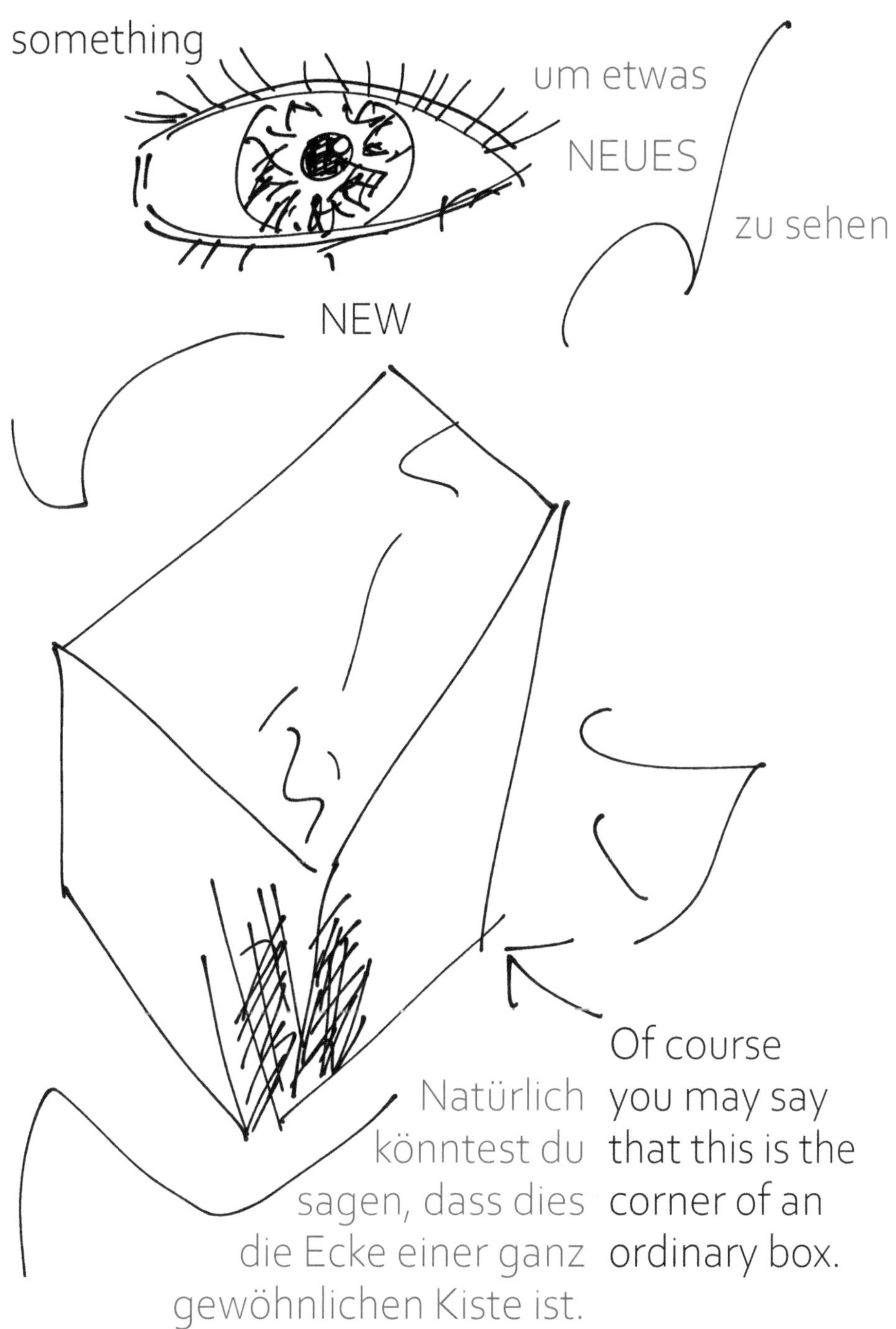

something
um etwas
NEUES
zu sehen
NEW
Of course
you may say
that this is the
corner of an
ordinary box.
Natürlich
könntest du
sagen, dass dies
die Ecke einer ganz
gewöhnlichen Kiste ist.

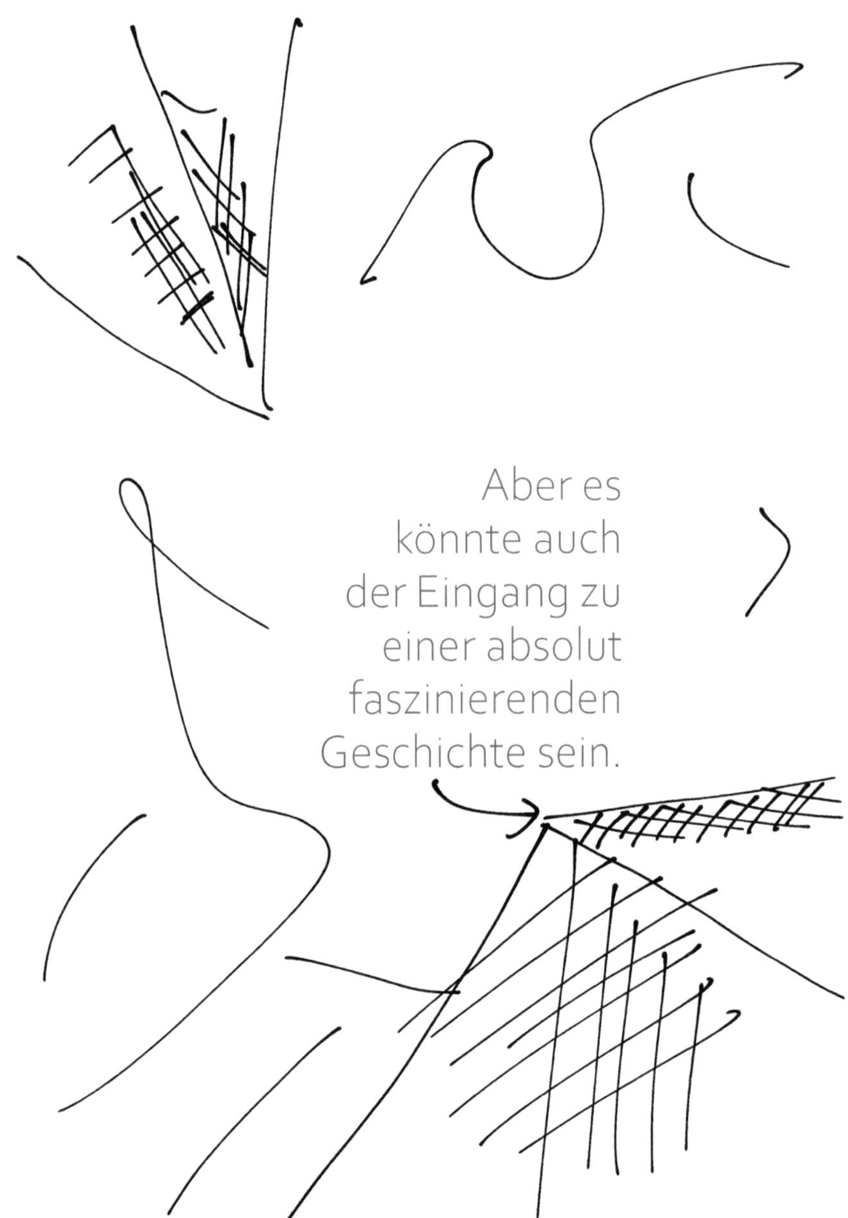
Aber es
könnte auch
der Eingang zu
einer absolut
faszinierenden
Geschichte sein.

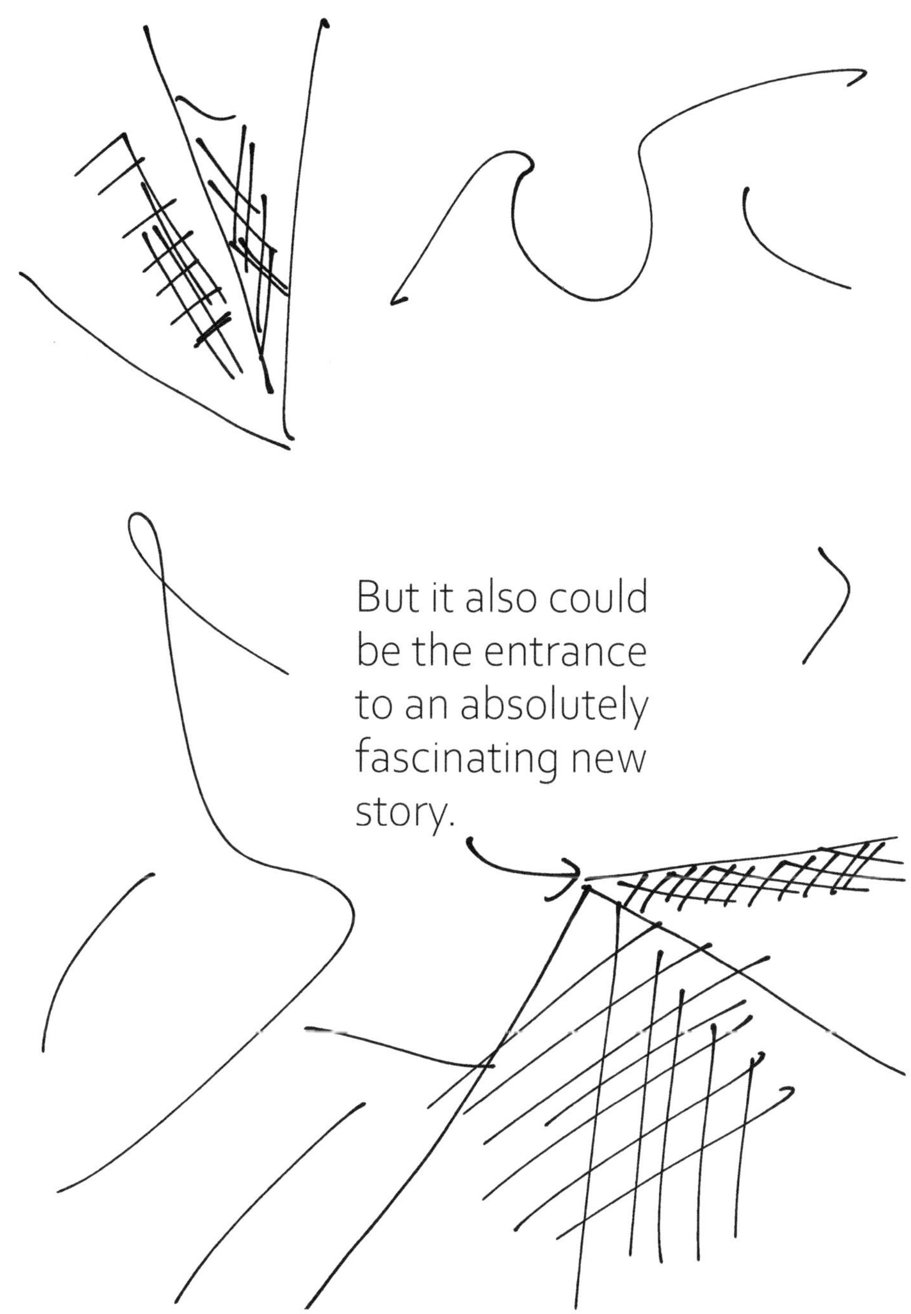

But it also could
be the entrance
to an absolutely
fascinating new
story.

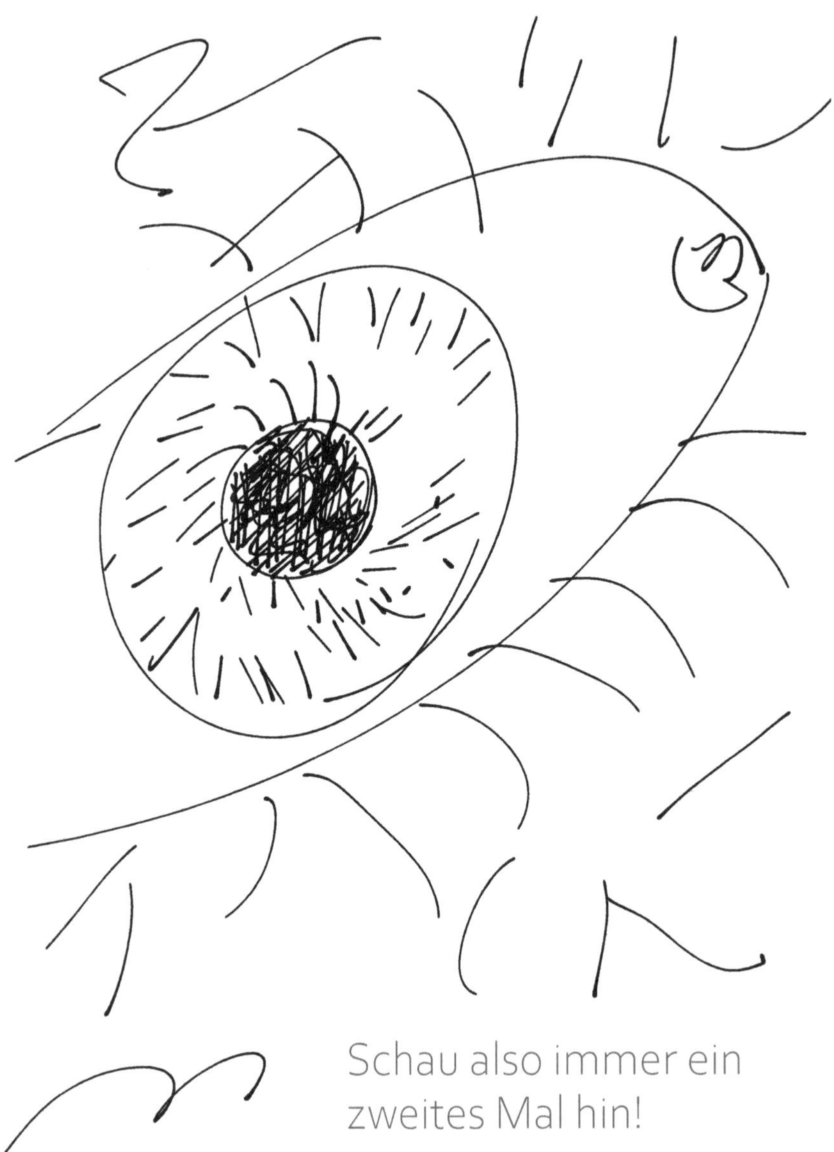

Schau also immer ein
zweites Mal hin!

So always take a
second view!

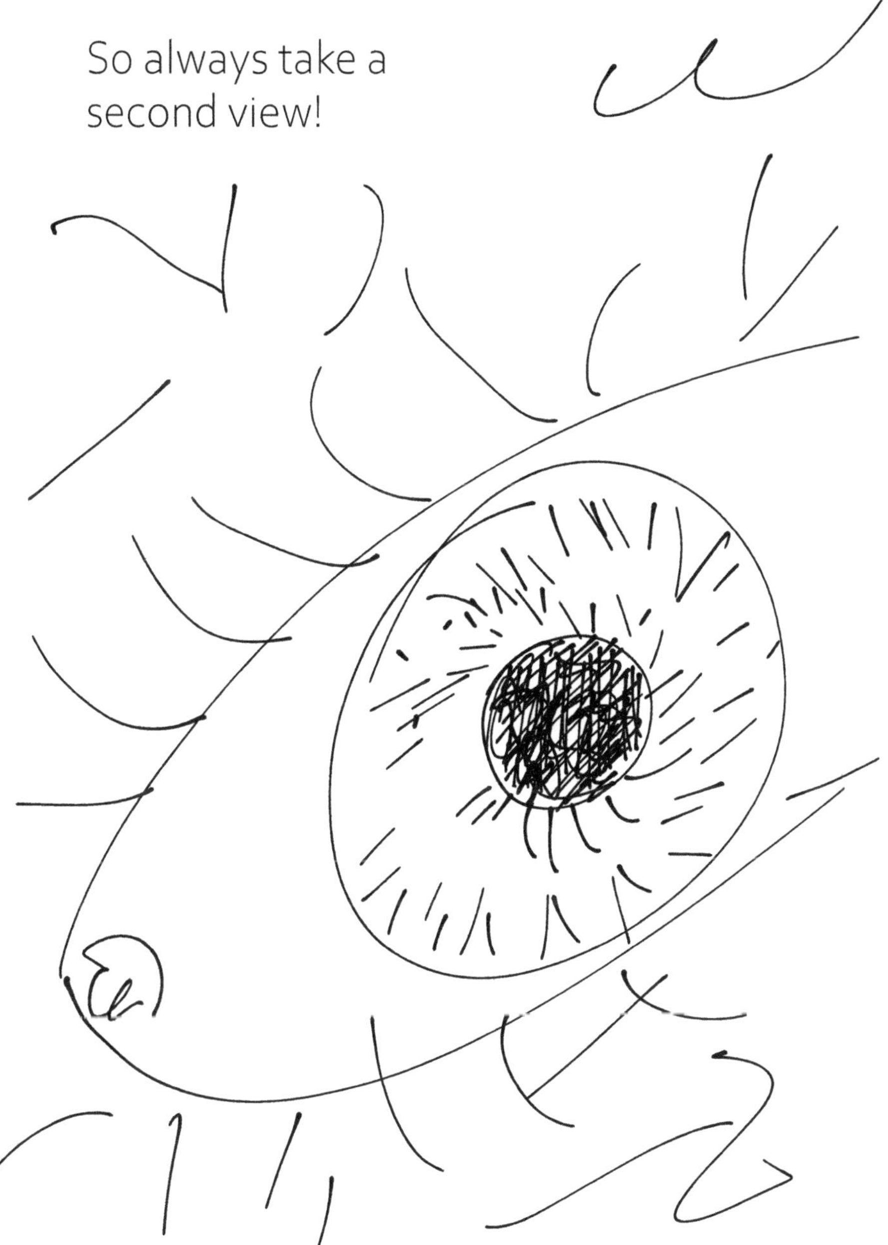

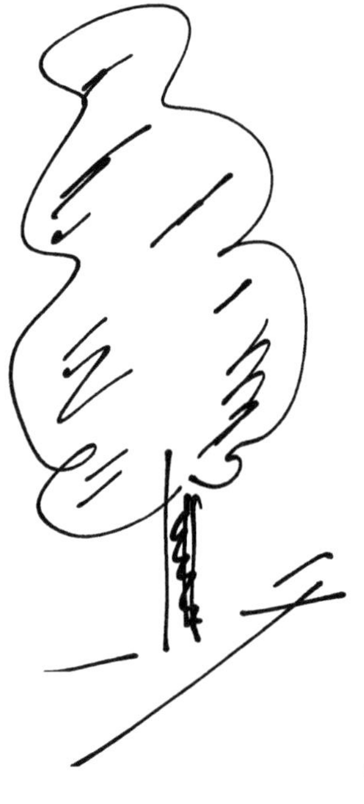

Mein Vater begann
immer mit einem
Baum, wenn er mir
eine Geschichte
erzählte, bevor ich
schlafen ging.
Und ich denke Bäume
sind ein guter Anfang.
Sie wachsen und sie
blieben an dem Ort an
dem sie sind.

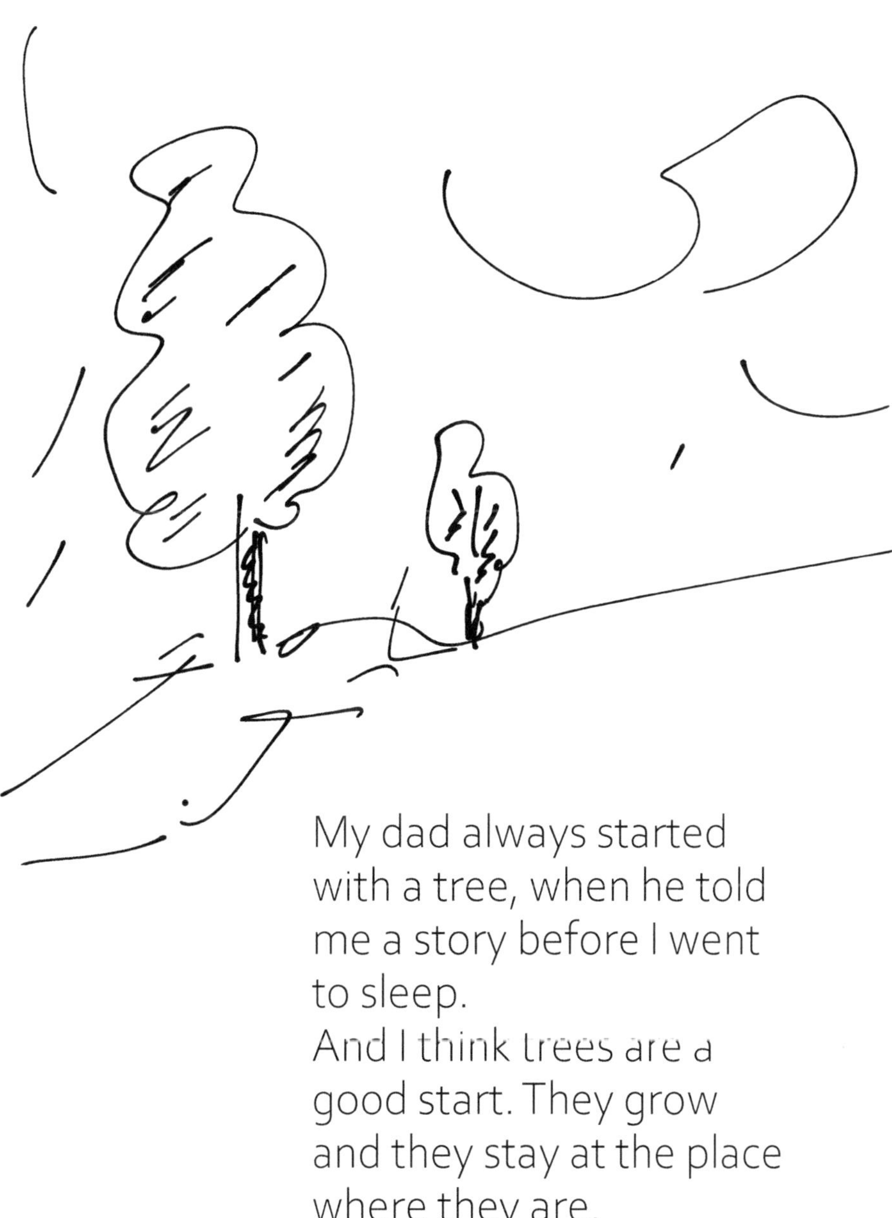

My dad always started
with a tree, when he told
me a story before I went
to sleep.
And I think trees are a
good start. They grow
and they stay at the place
where they are.

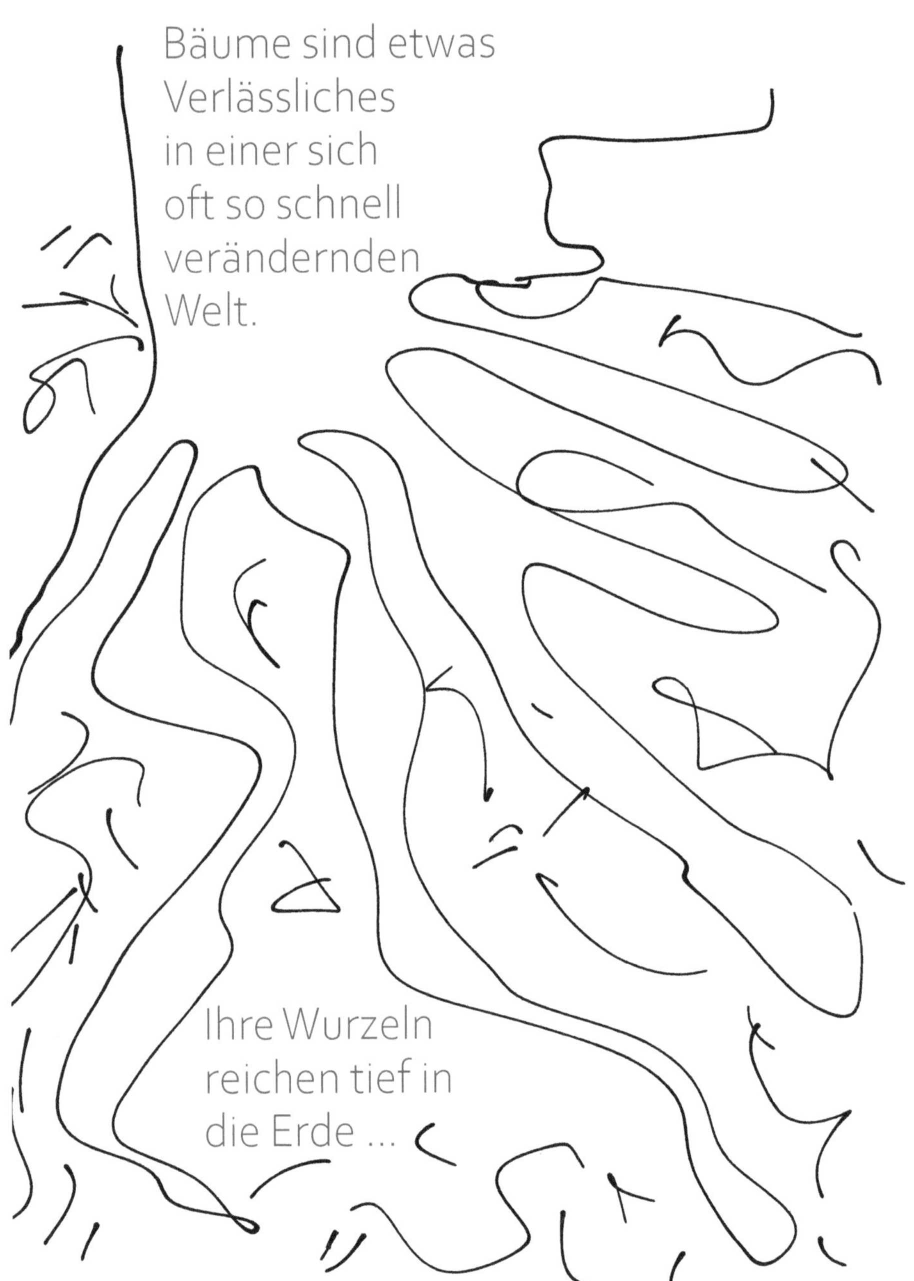
Bäume sind etwas
Verlässliches
in einer sich
oft so schnell
verändernden
Welt.

Ihre Wurzeln
reichen tief in
die Erde ...

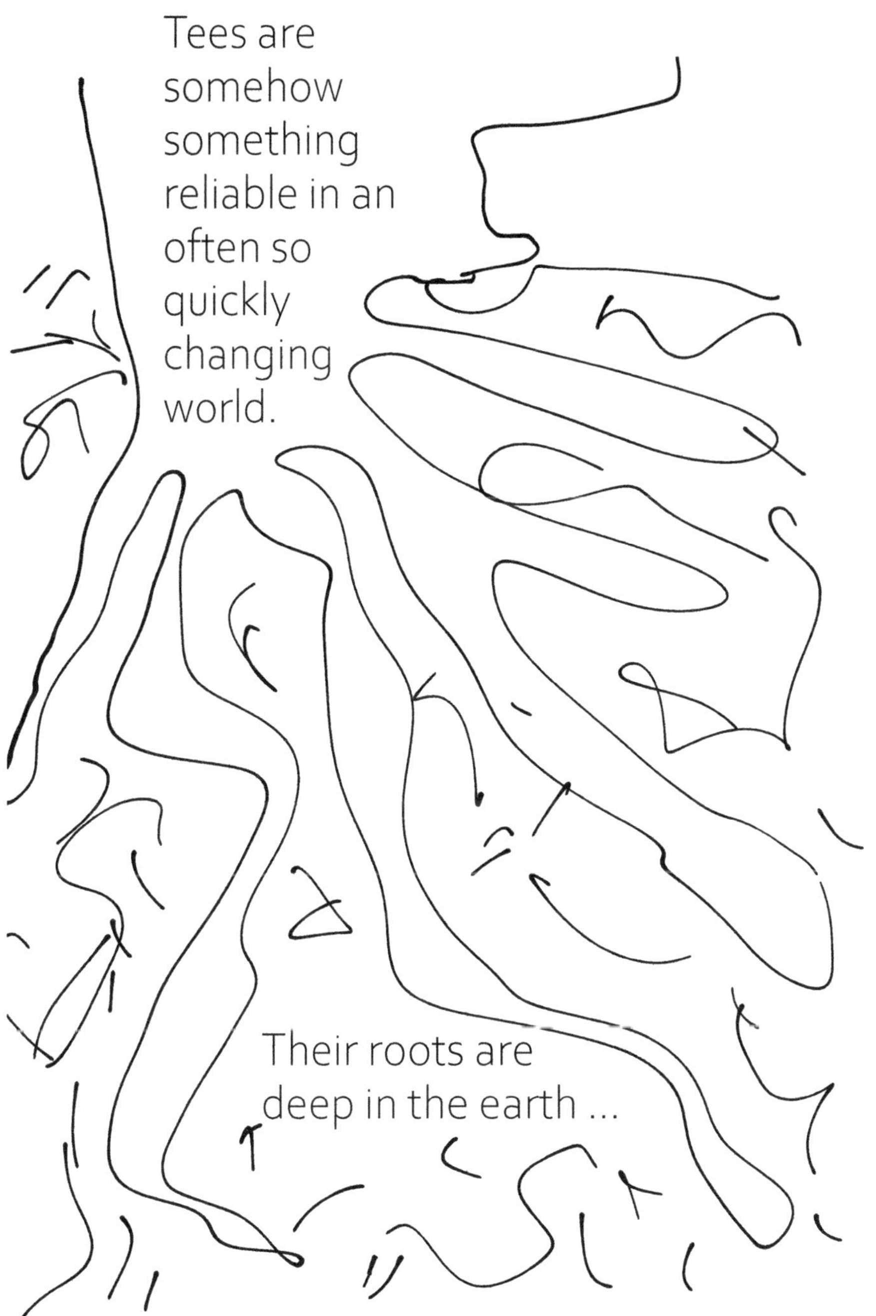

Tees are somehow something reliable in an often so quickly changing world.
Their roots are deep in the earth …

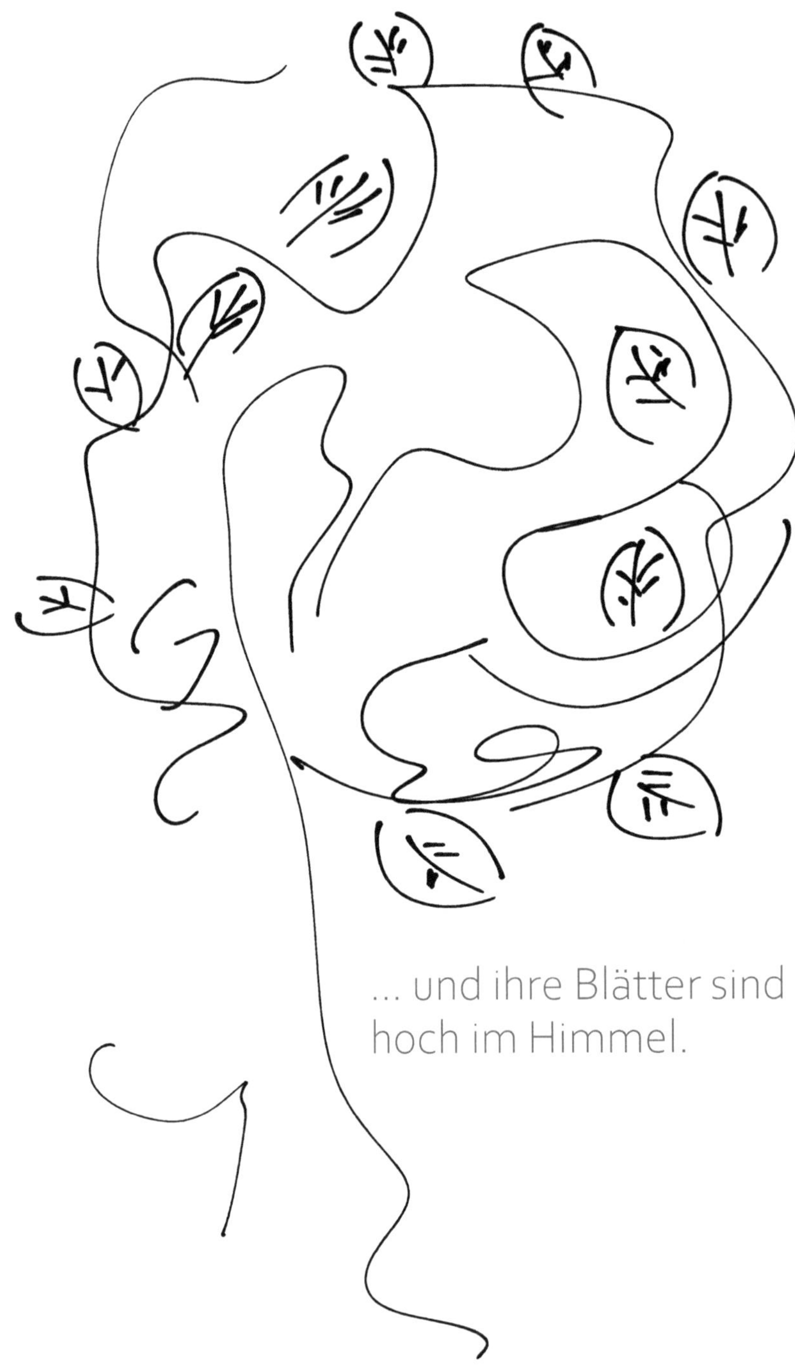

... und ihre Blätter sind hoch im Himmel.

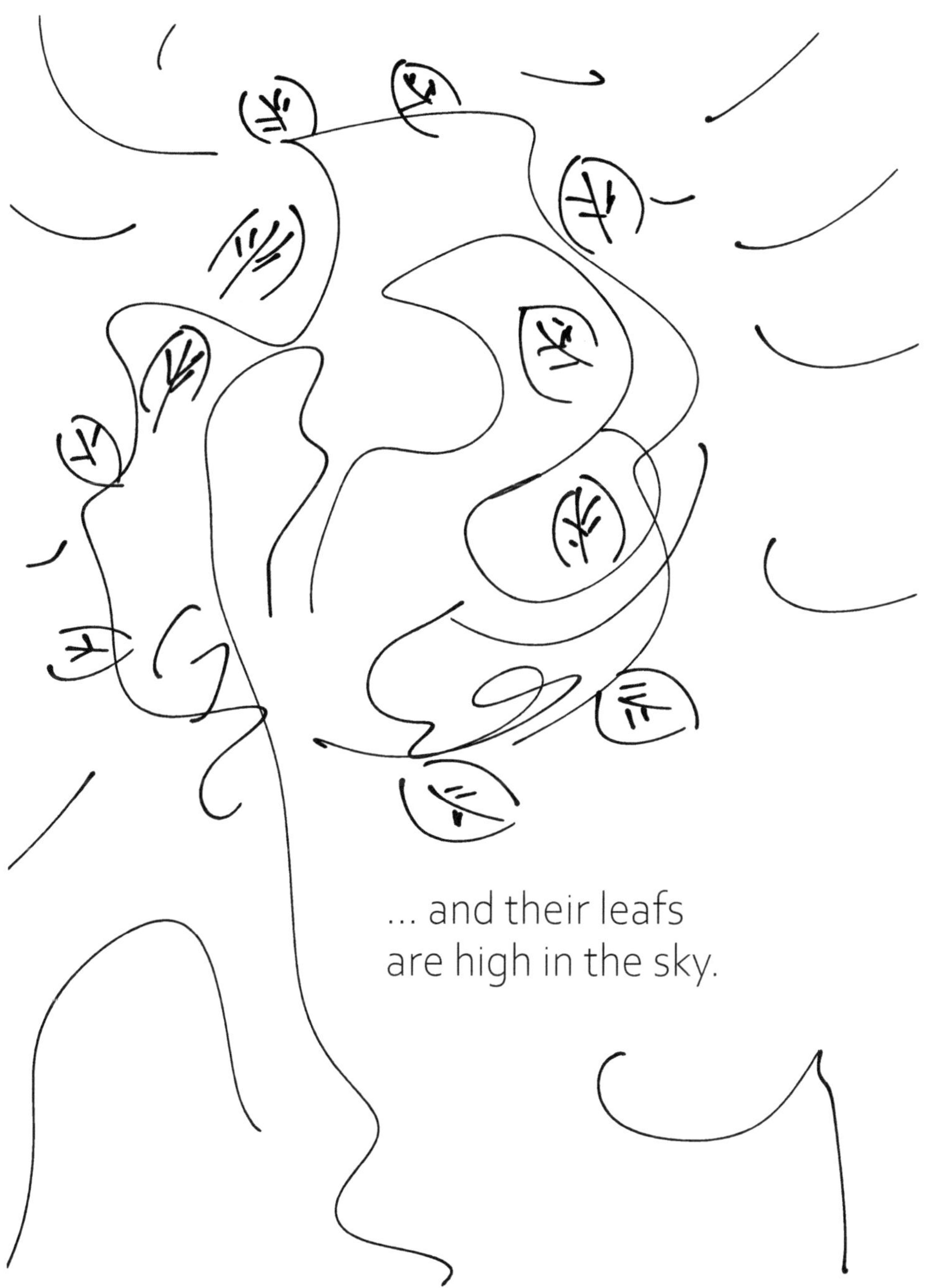

... and their leafs
are high in the sky.

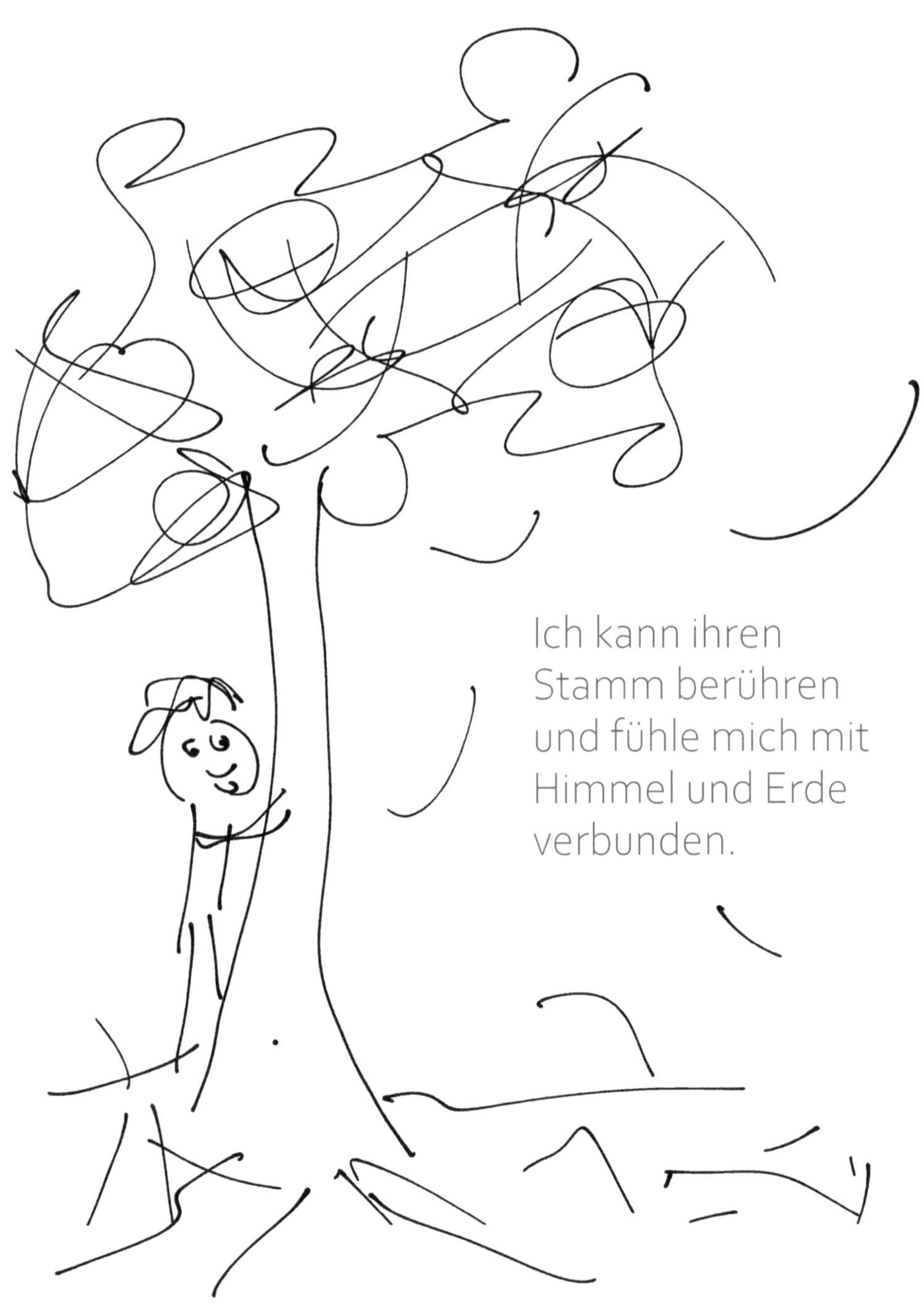

Ich kann ihren
Stamm berühren
und fühle mich mit
Himmel und Erde
verbunden.

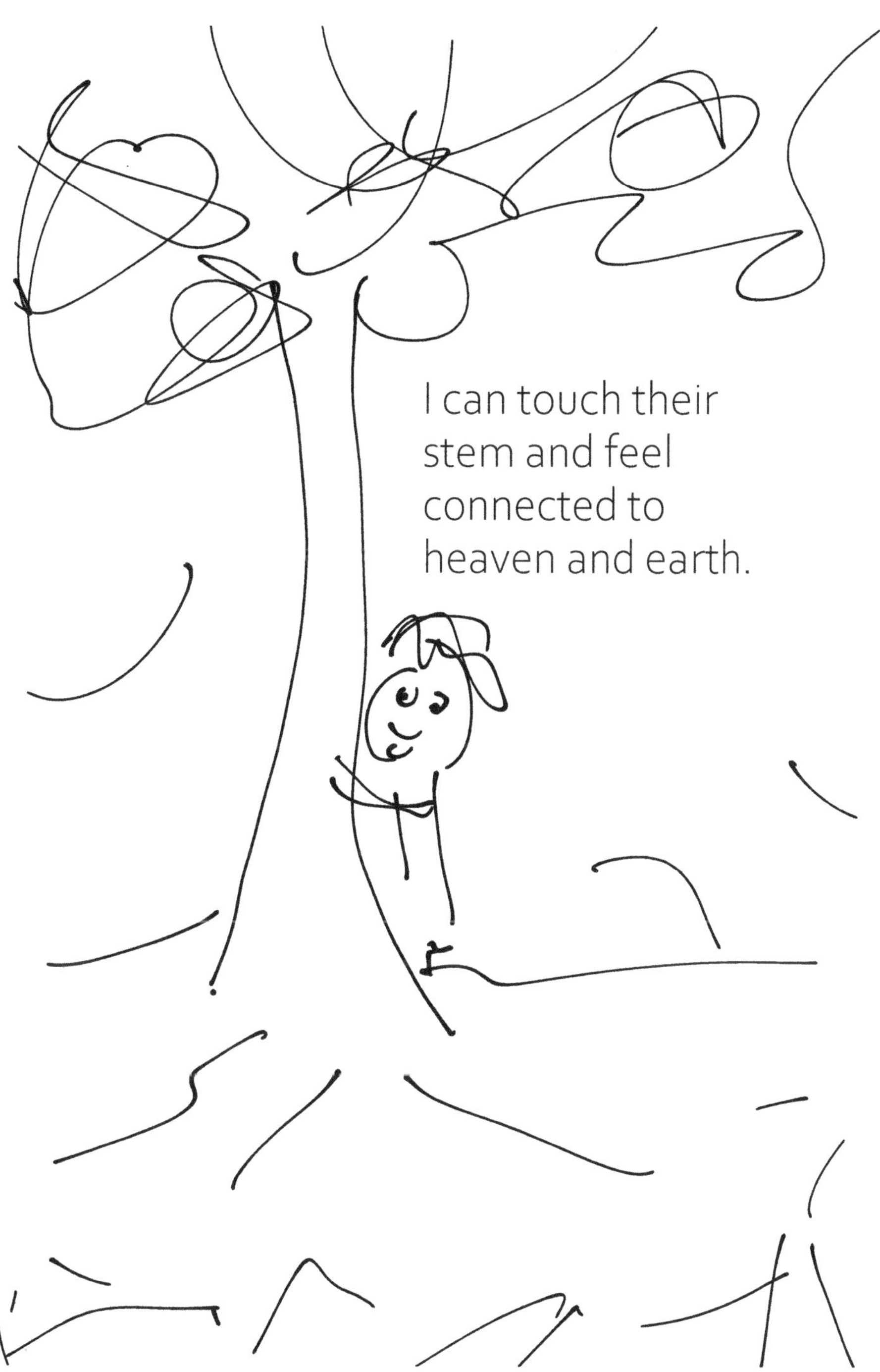

I can touch their
stem and feel
connected to
heaven and earth.

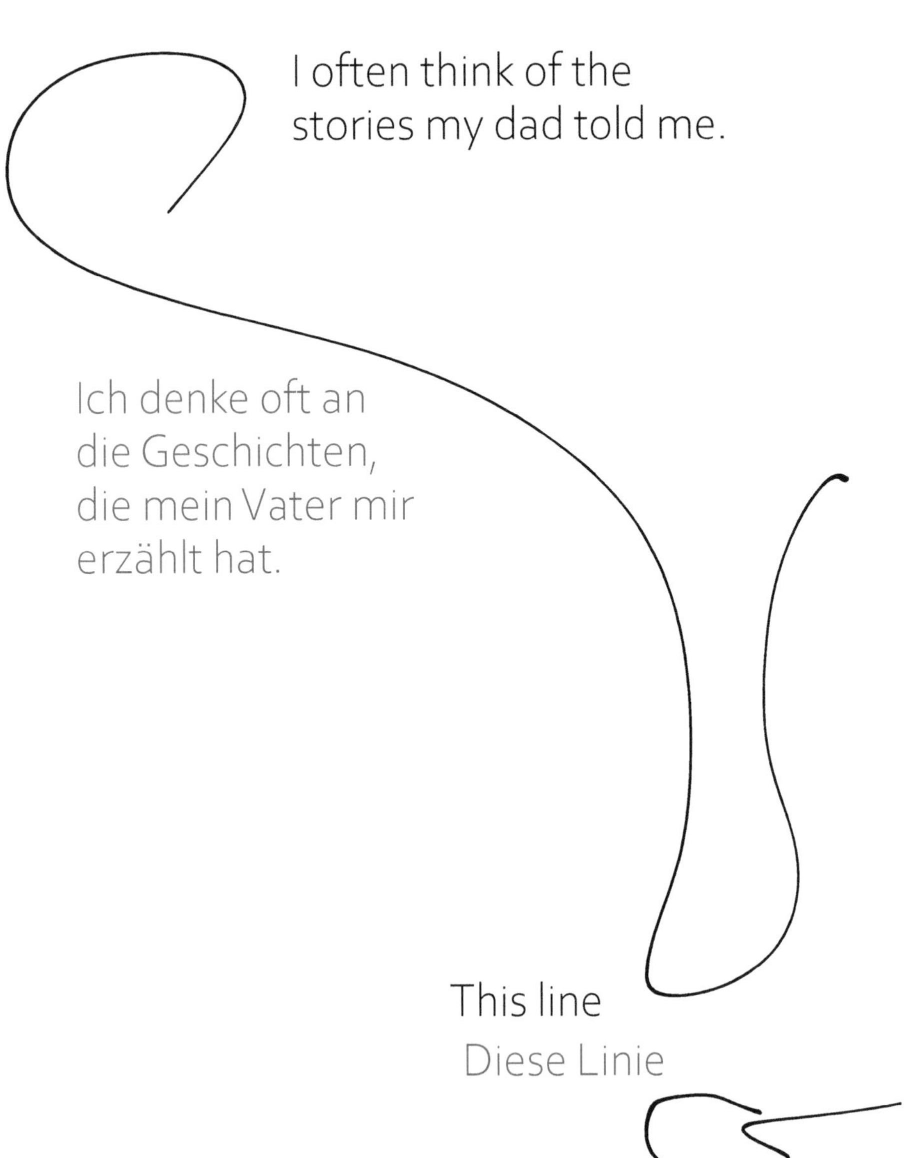
I often think of the
stories my dad told me.

Ich denke oft an
die Geschichten,
die mein Vater mir
erzählt hat.

This line
Diese Linie

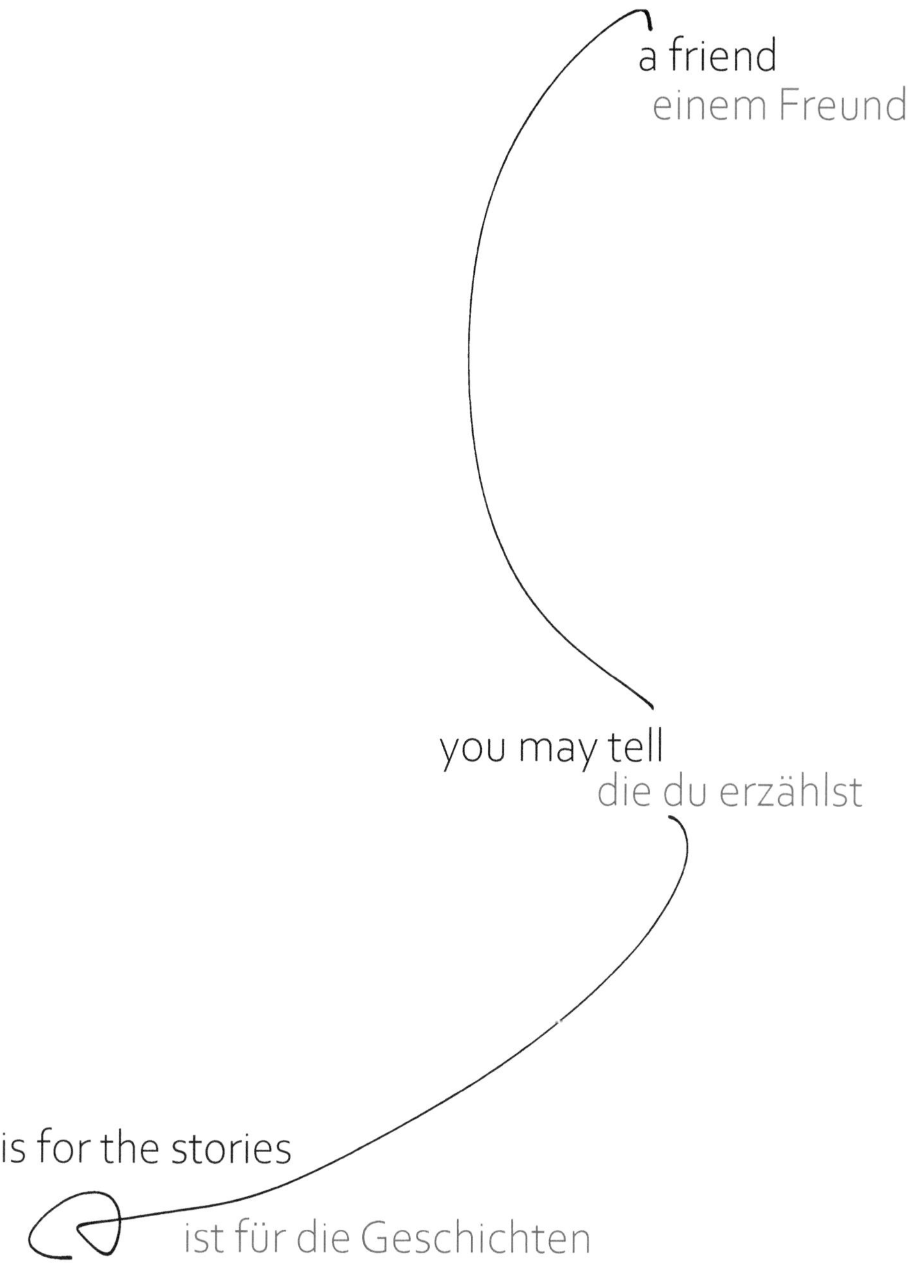

a friend
einem Freund
you may tell
die du erzählst
is for the stories
ist für die Geschichten

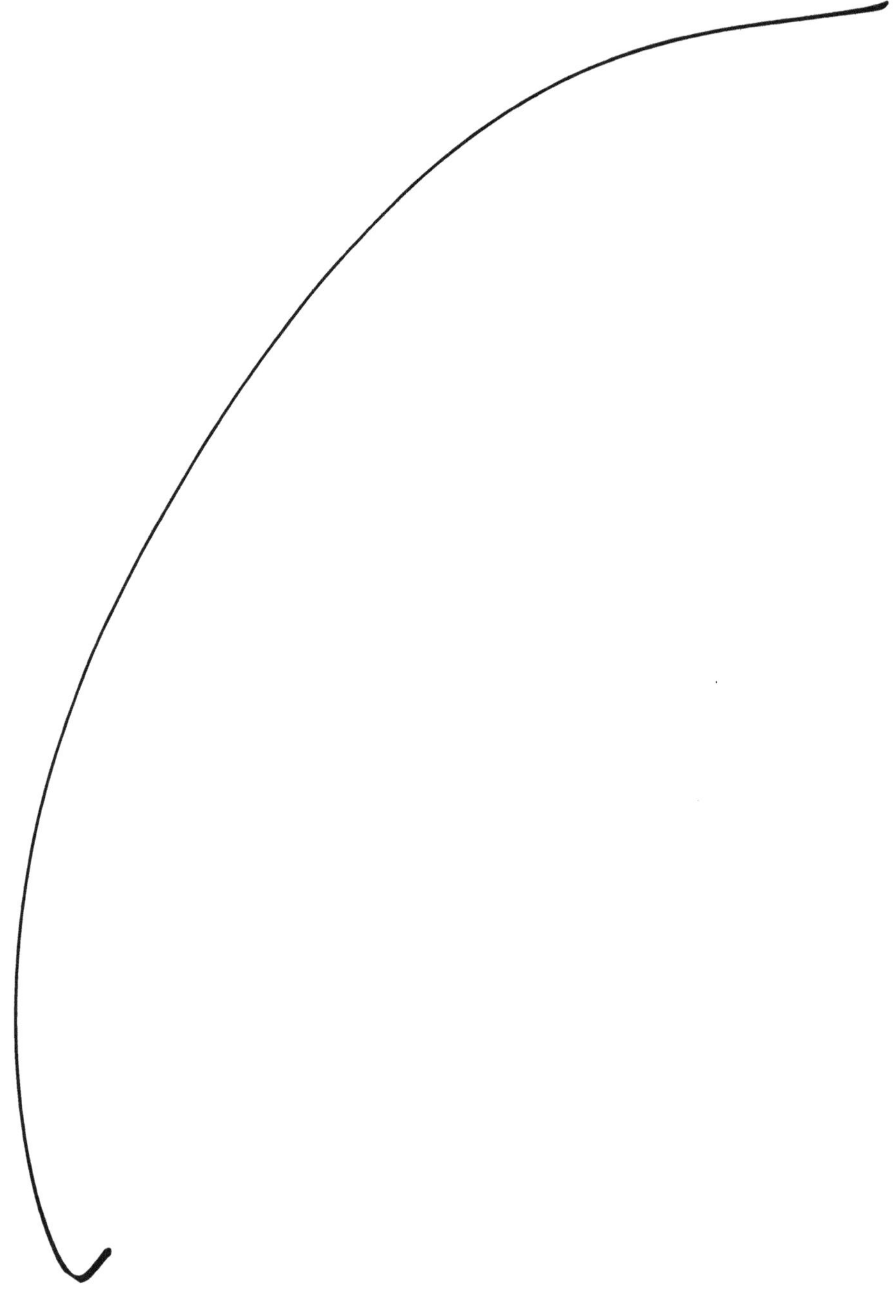

42

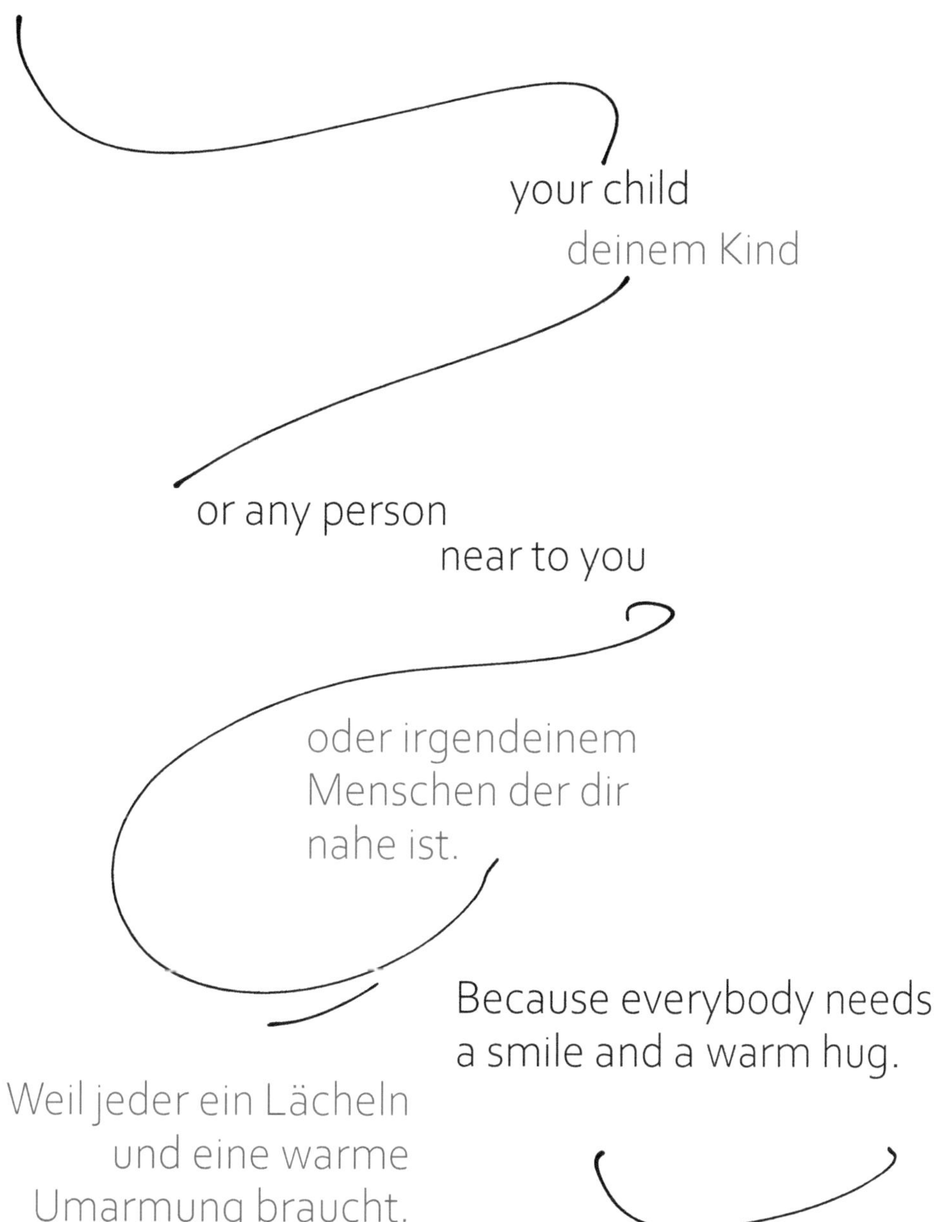
your child
deinem Kind

or any person
near to you

oder irgendeinem
Menschen der dir
nahe ist.

Because everybody needs
a smile and a warm hug.

Weil jeder ein Lächeln
und eine warme
Umarmung braucht.

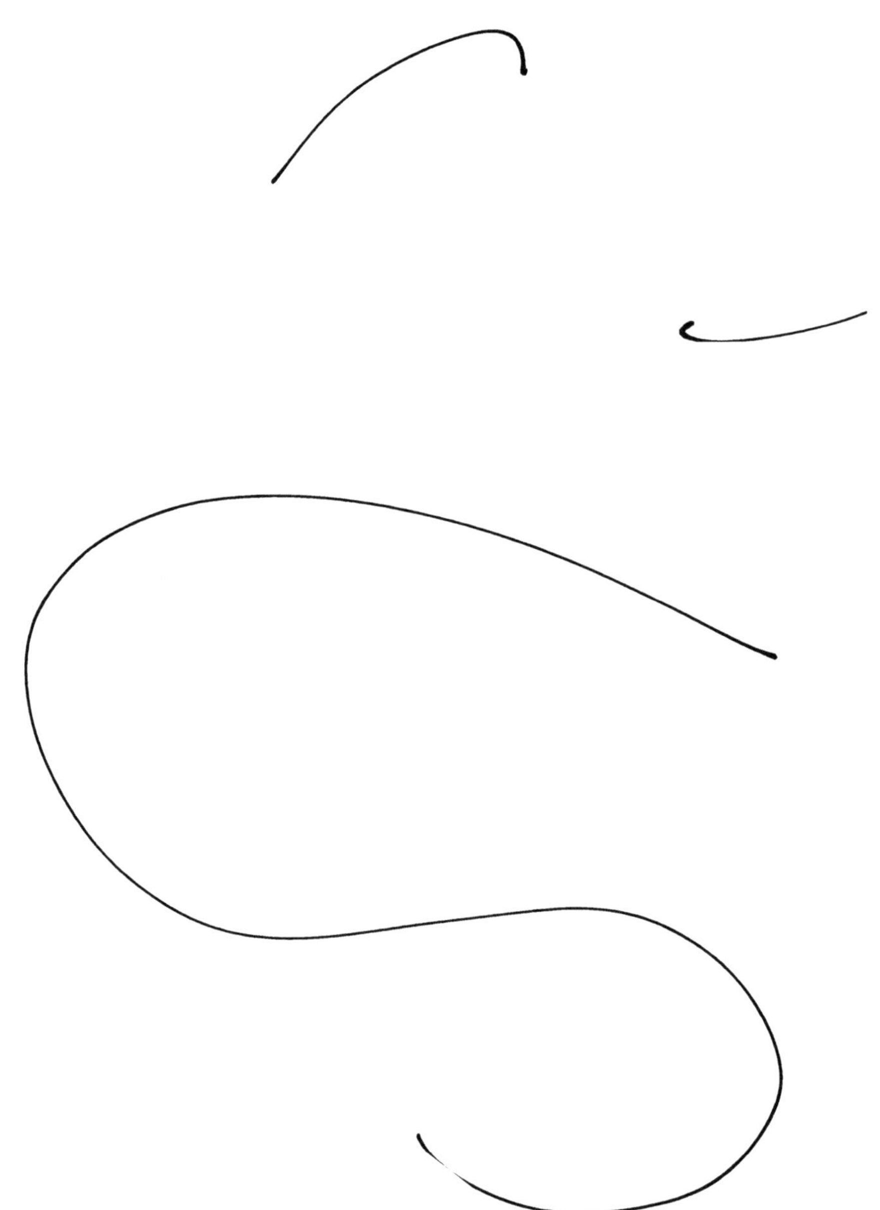

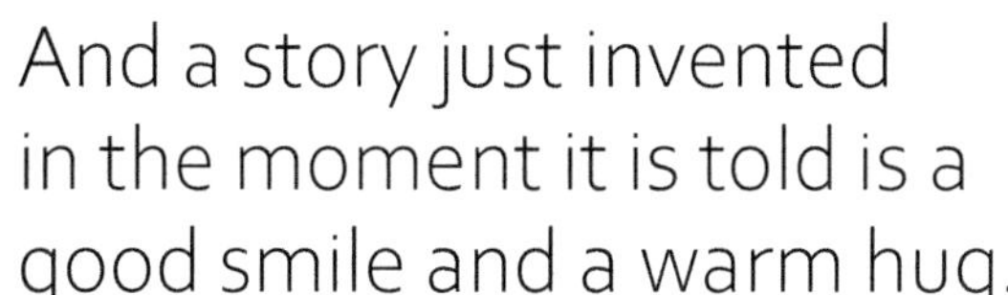

And a story just invented
in the moment it is told is a
good smile and a warm hug.

Und eine Geschichte, erfunden in
dem Moment in dem sie erzählt
wird, ist ein gutes Lächeln und
eine warme Umarmung.

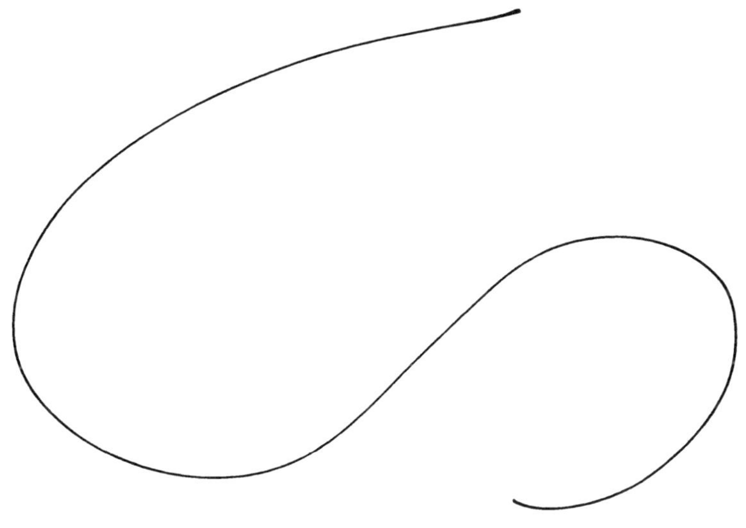

Use the space the
lines give you …

Nutze den Raum, den
die Linien dir geben …

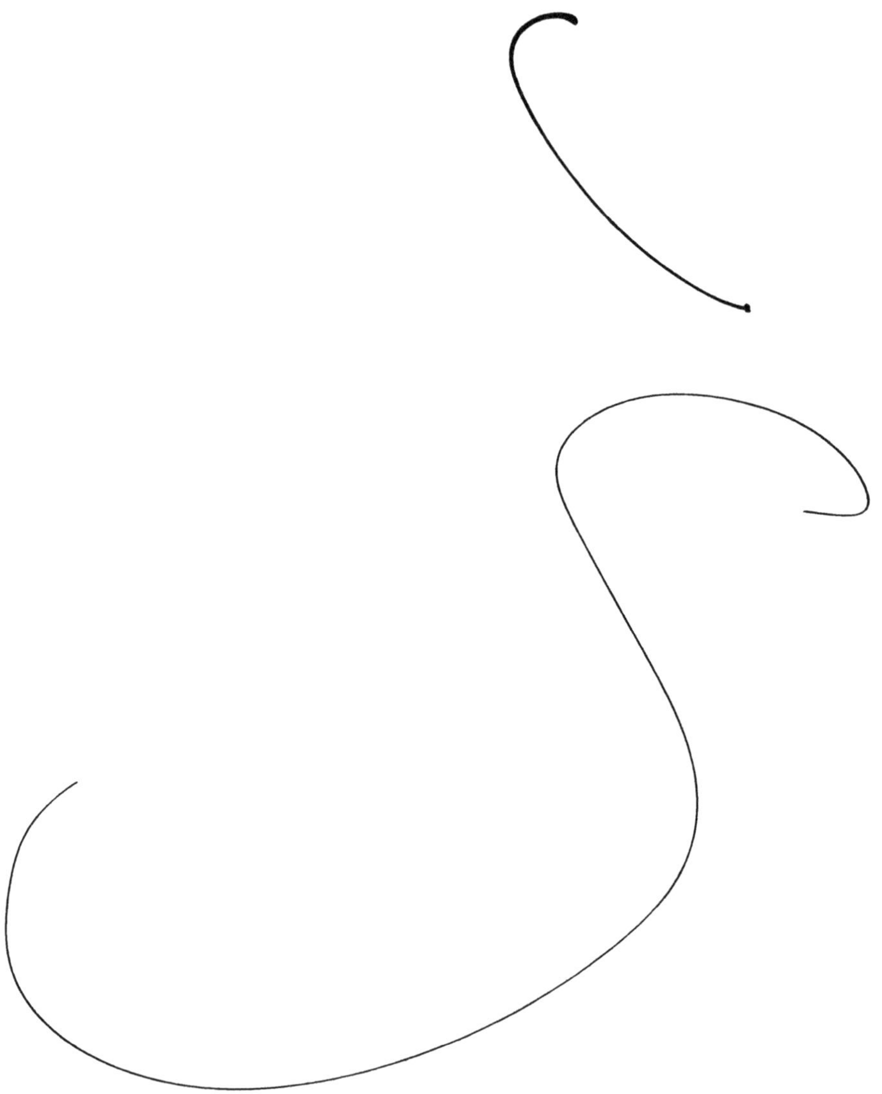

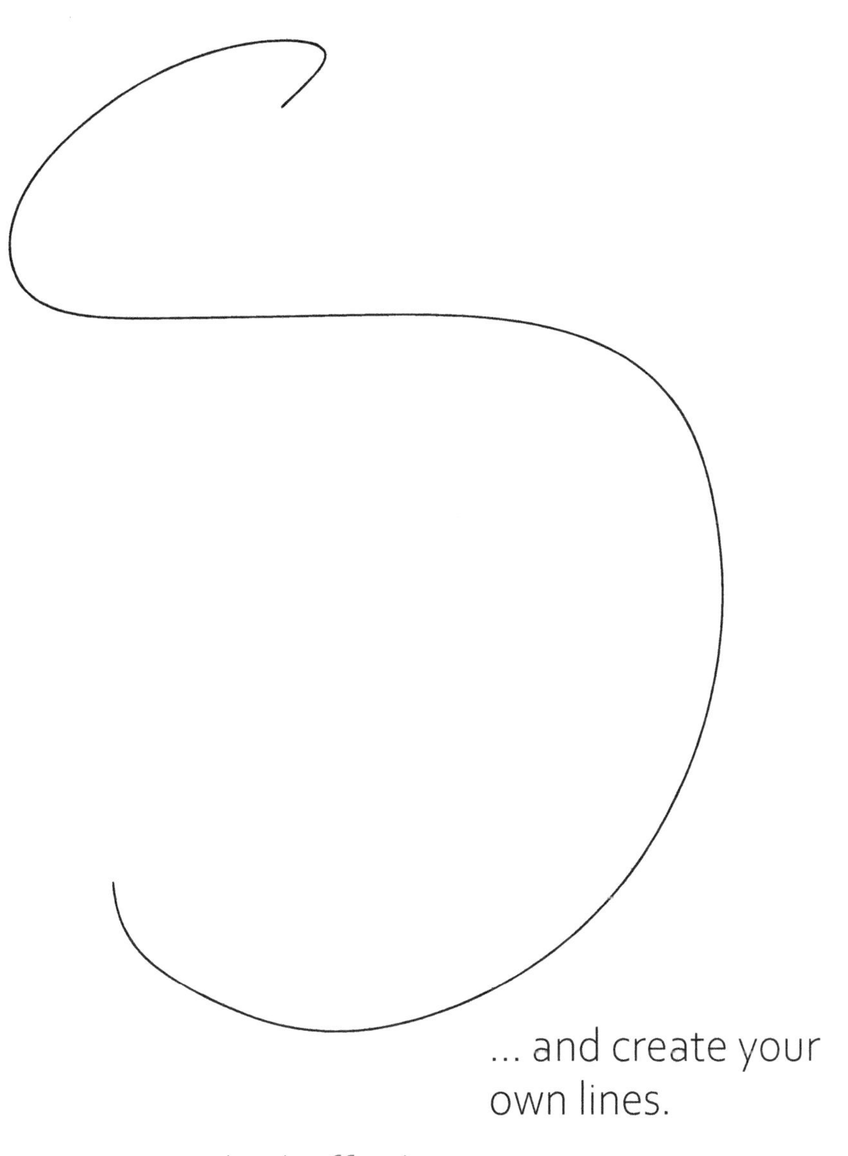

... and create your
own lines.

... und schaffe deine
eigenen Linien.

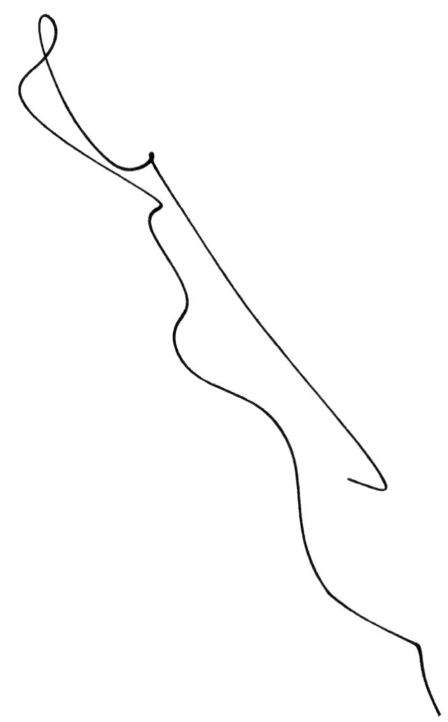

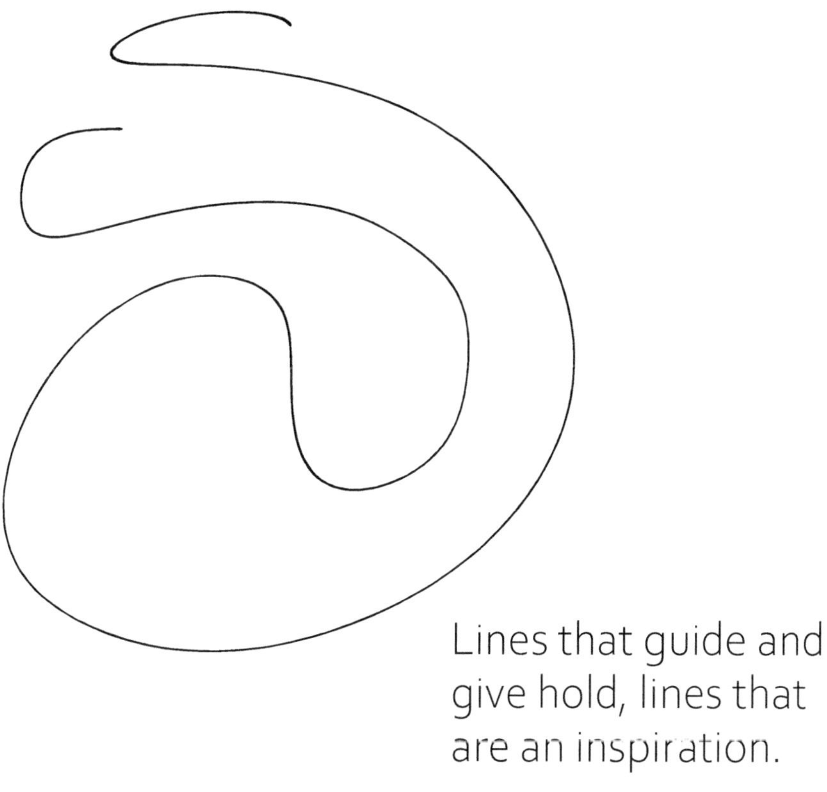

Lines that guide and
give hold, lines that
are an inspiration.

Linien, die leiten und
Halt geben, Linien, die
eine Inspiration sind.

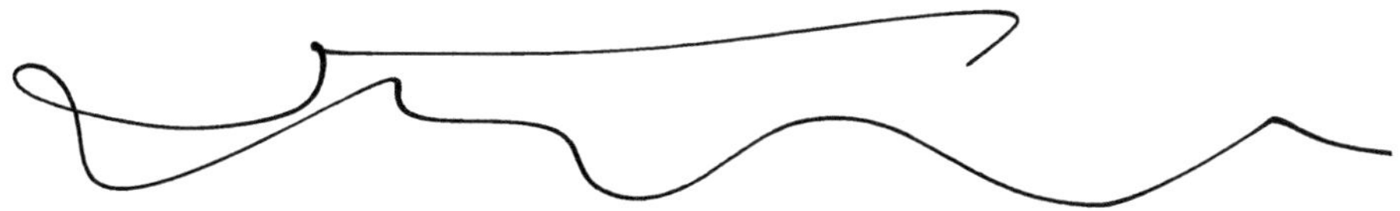

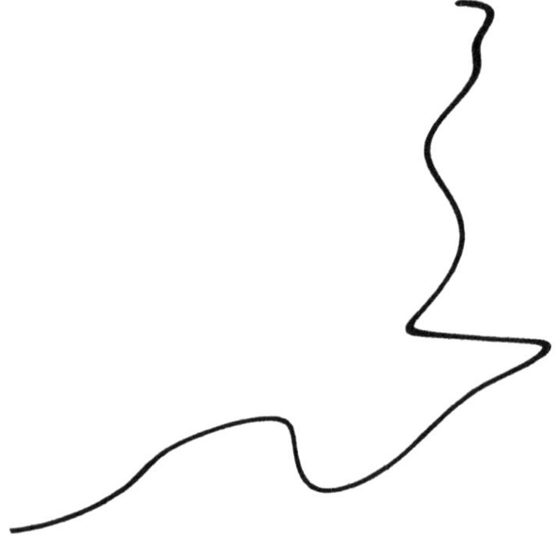

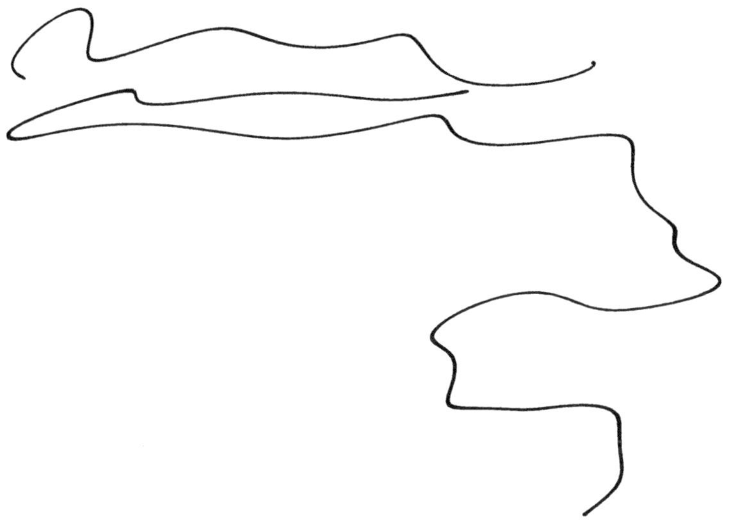

Like water flowing
and leading you to
the origins of life.

Wie Wasser, das fließt und
dich zu den Ursprüngen
des Lebens führt.

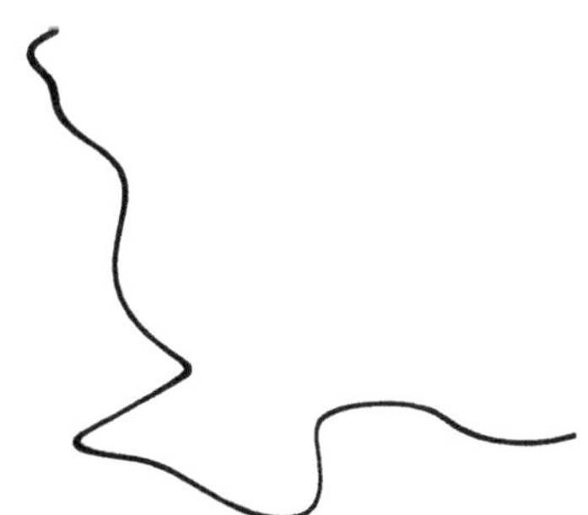

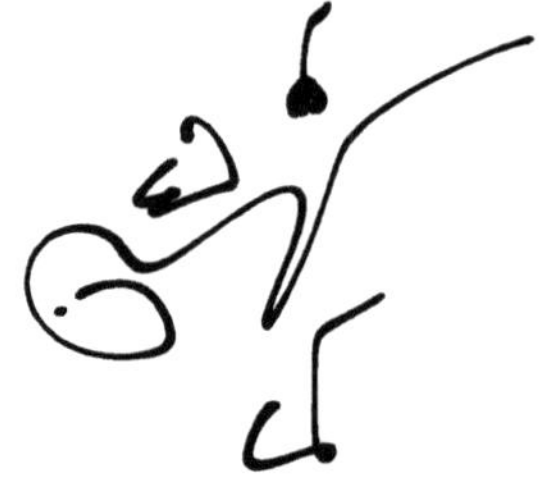

That perhaps will
not lead to the
understanding of
my drawings but to
understand what is
important for you.

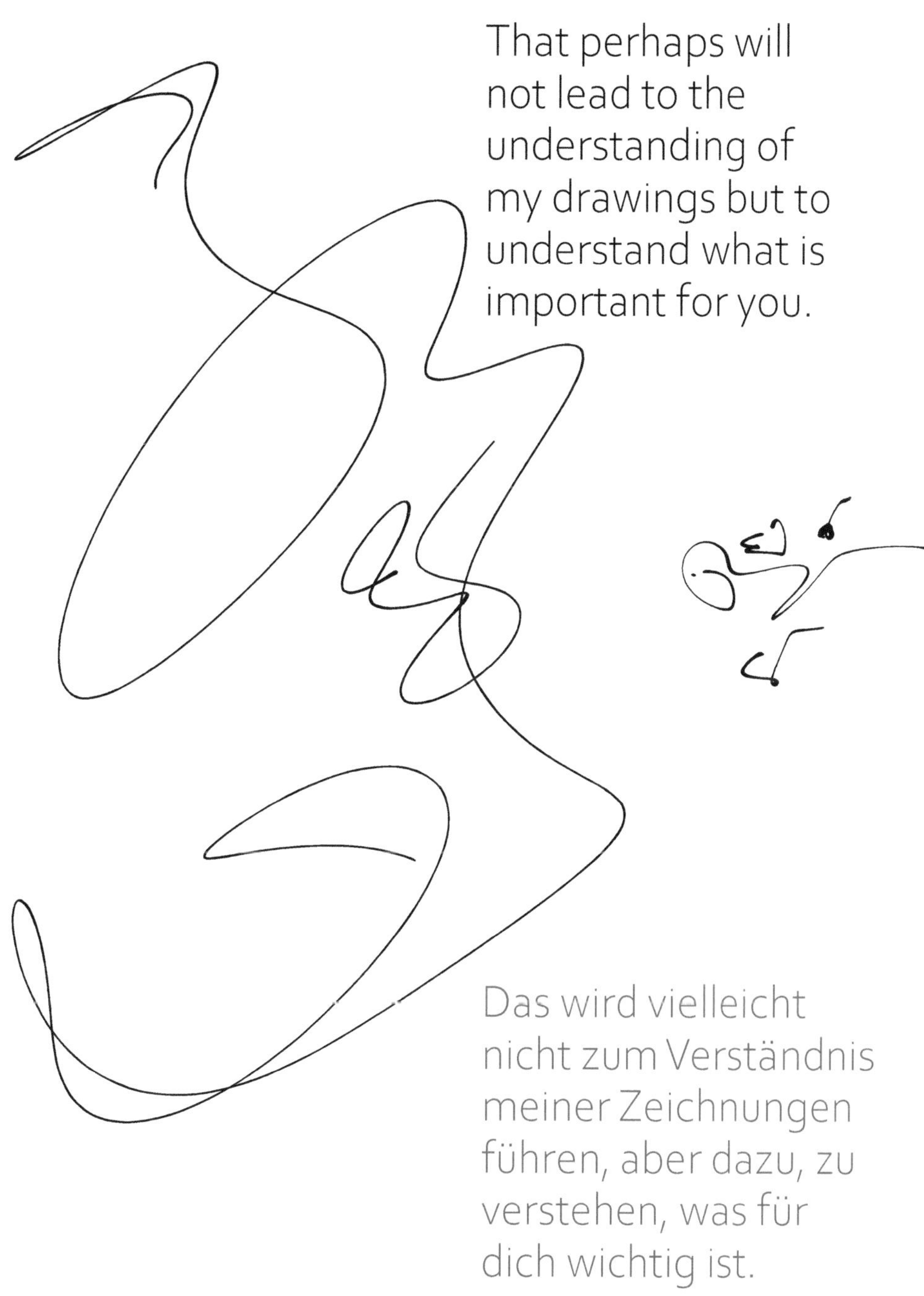

Das wird vielleicht
nicht zum Verständnis
meiner Zeichnungen
führen, aber dazu, zu
verstehen, was für
dich wichtig ist.

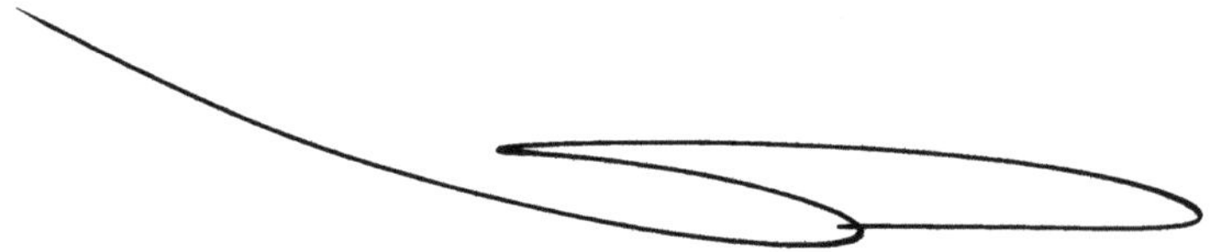

And that is what my
drawings are about.

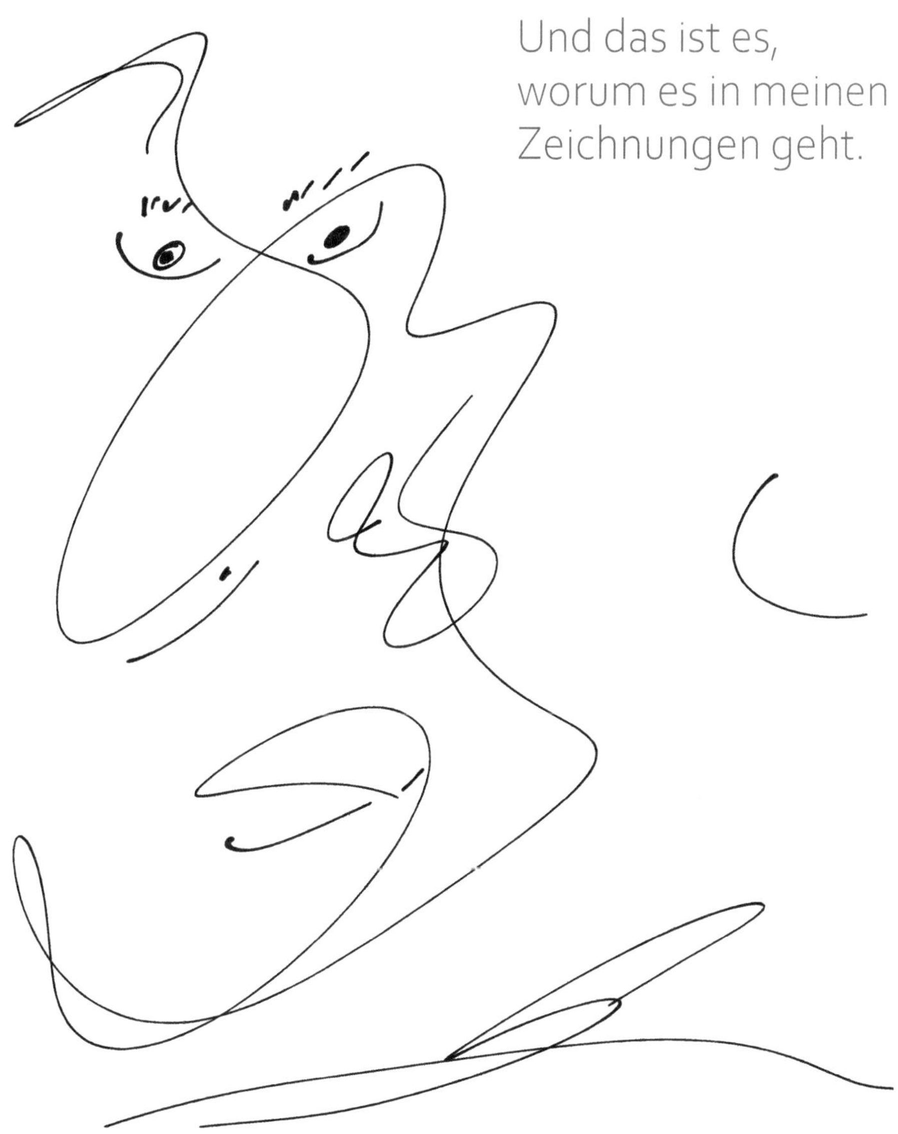

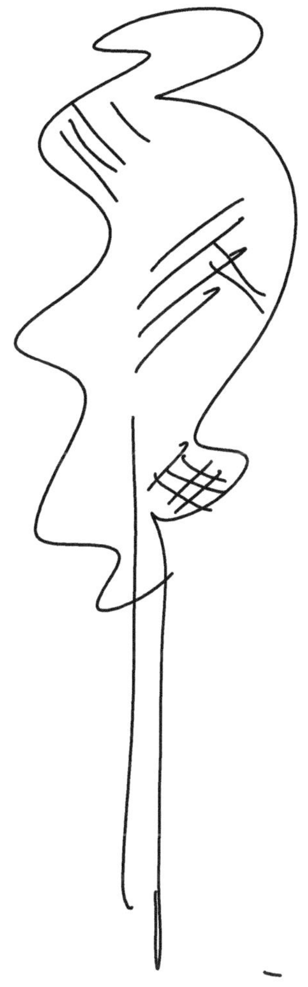

Sketchbook № 398.765, January 21st, 2021

Postcard to a Stranger
Postkarte an einen Fremden

STRANGERS

live in totally normal places in
completely normal flats.

FREMDE

leben in ganz normalen Orten in
ganz normalen Wohnungen.

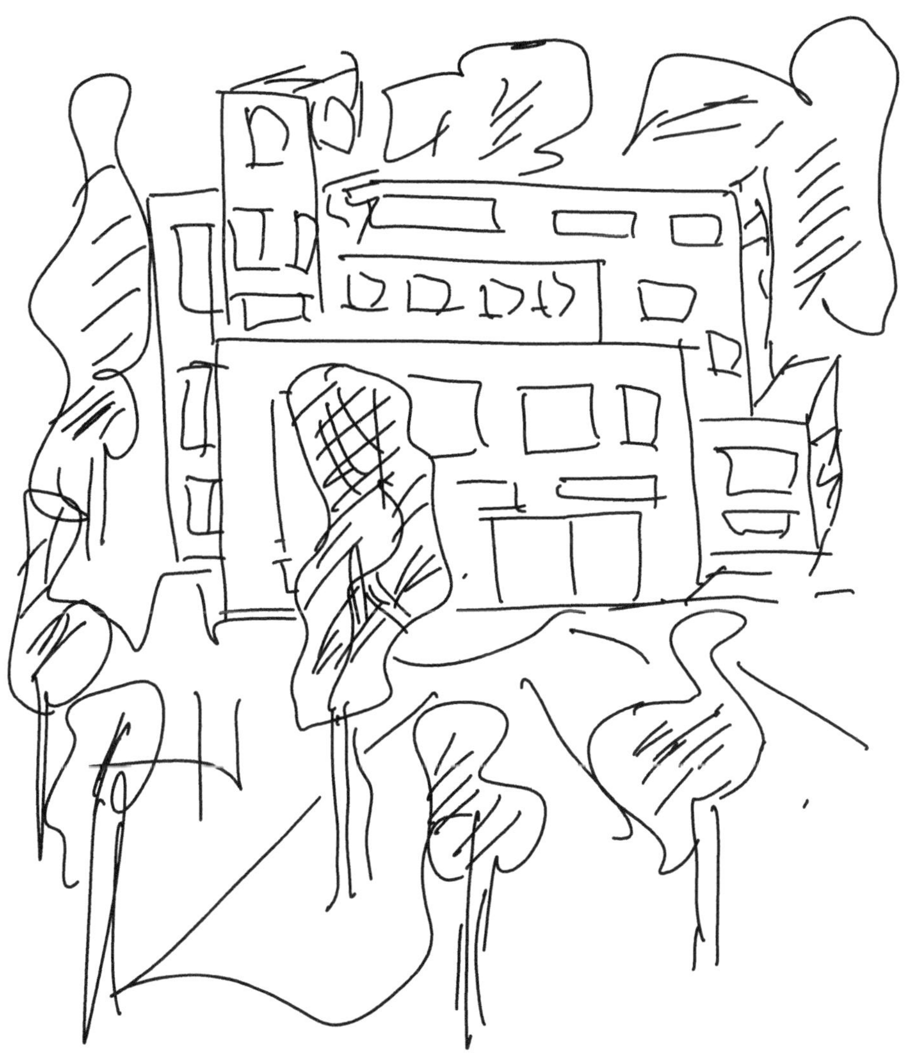

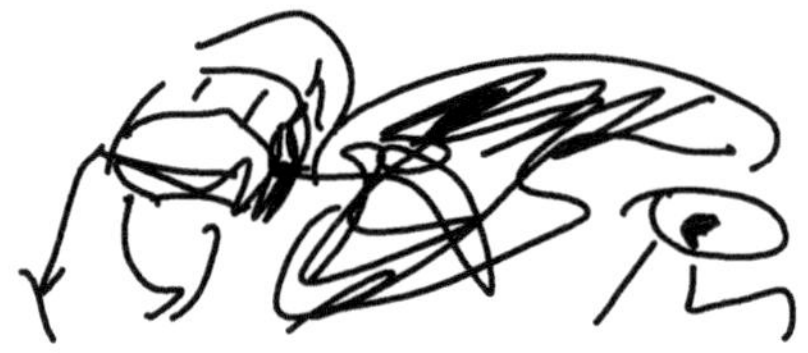

Sometimes I only want to stay
at home tough I never exactly know
where that is.

Manchmal möchte ich einfach
nur zu Hause bleiben, obwohl ich
nie so ganz genau weiß, wo das ist.

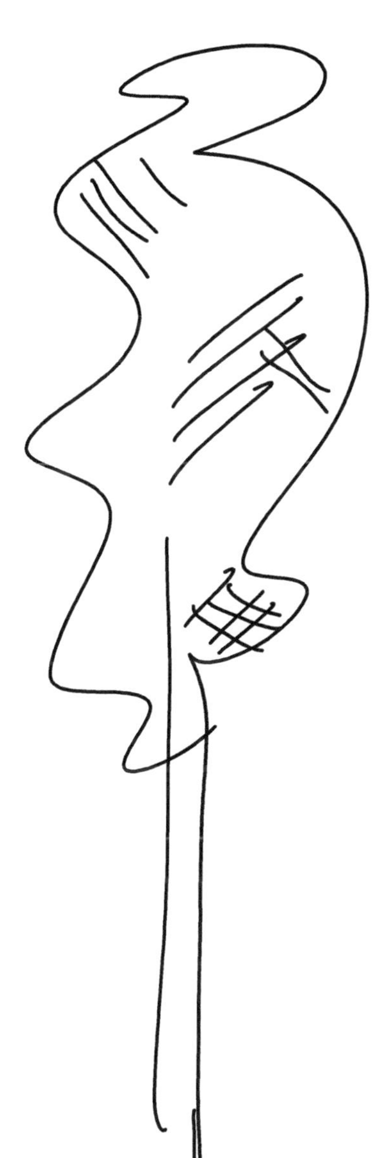

THE
STORY
STARTS
THE ^{IN}
FORREST

DIE
GESCHICHTE
BEGINNT
IM
WALD

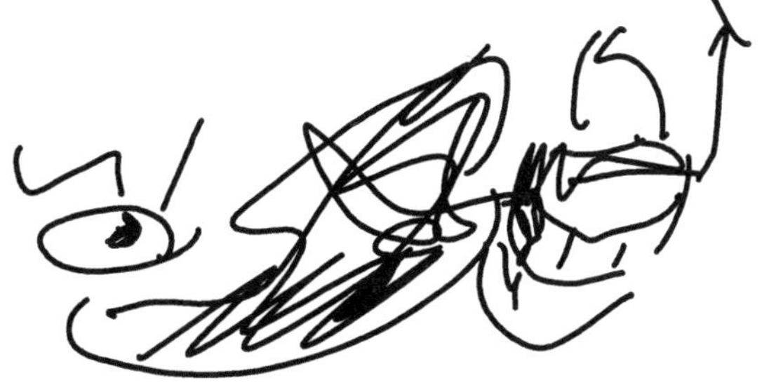

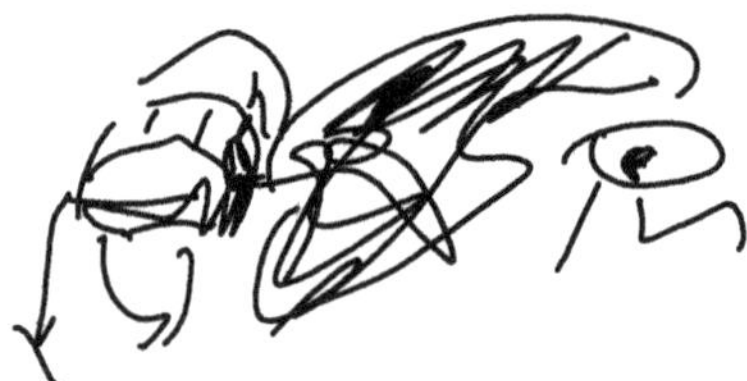

All creepy stories start in the woods,
she thought, scratching her head.

Alle unheimlichen Geschichten beginnen
im Wald, dachte sie und kratzte sich am Kopf.

A forest consists of trees. One stands next to the other, sometimes a little further away, sometimes a little closer.

Ein Wald besteht aus Bäumen. Einer steht neben dem anderen, manchmal etwas weiter voneinander entfernt, manchmal etwas näher.

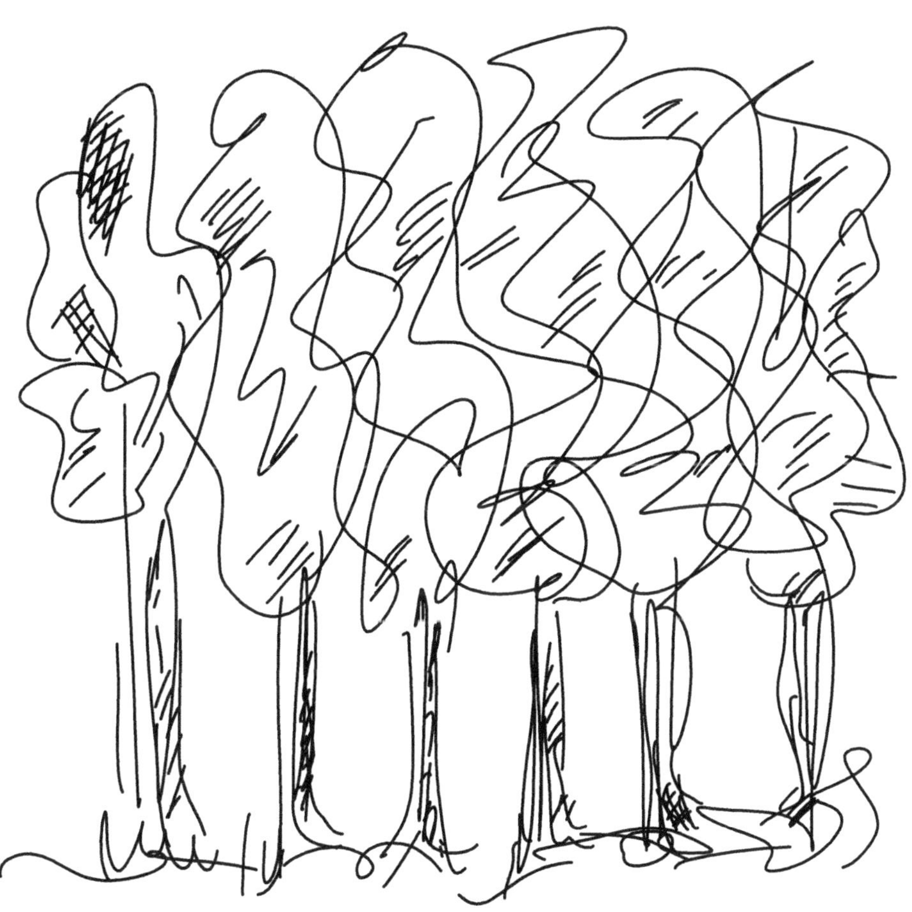

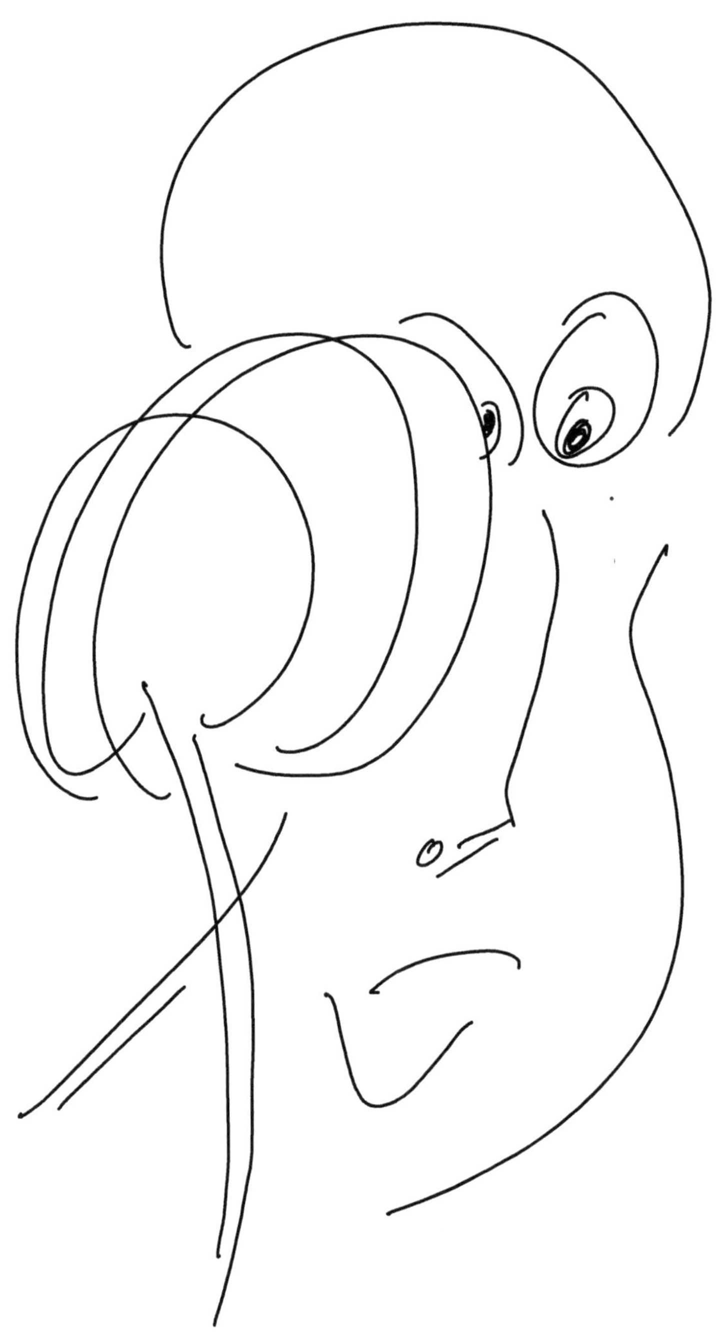

Sometimes it is not hard at all to
hide behind a tree or a bigger bush.

Manchmal ist es gar nicht schwer,
sich hinter einem Baum zu verstecken
oder einem größeren Busch.

But sometimes there is nothing
you can use to hide behind at all.

Aber manchmal gibt es überhaupt nichts,
hinter dem man sich verstecken kann.

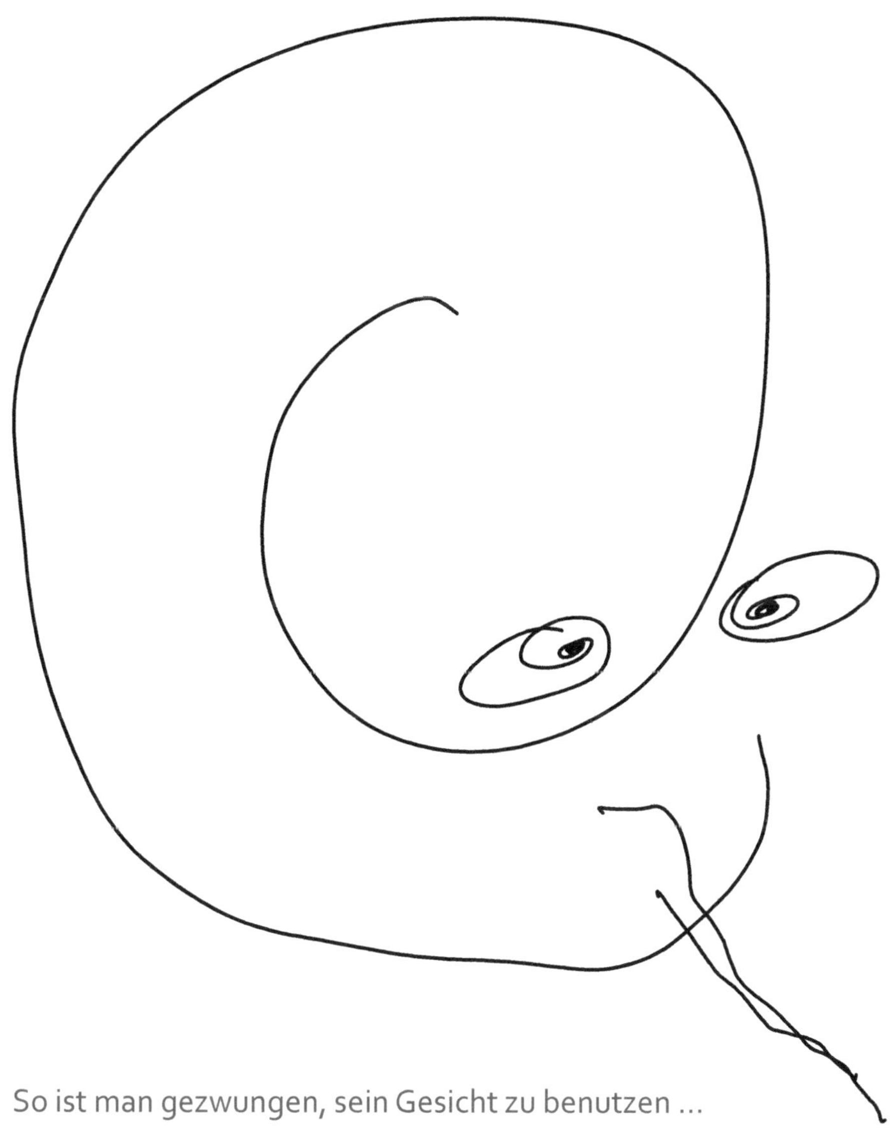

So ist man gezwungen, sein Gesicht zu benutzen …

... or that what is left of it.

... oder das, was davon übrig ist.

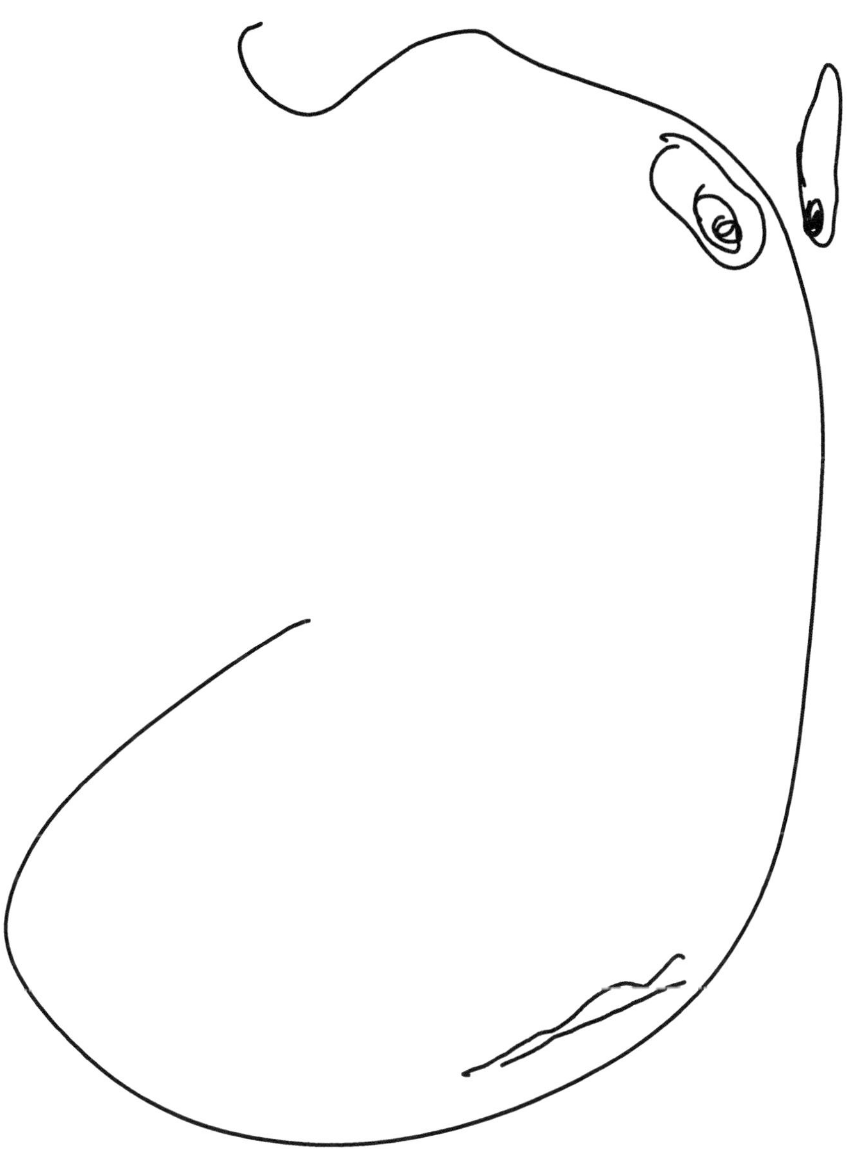

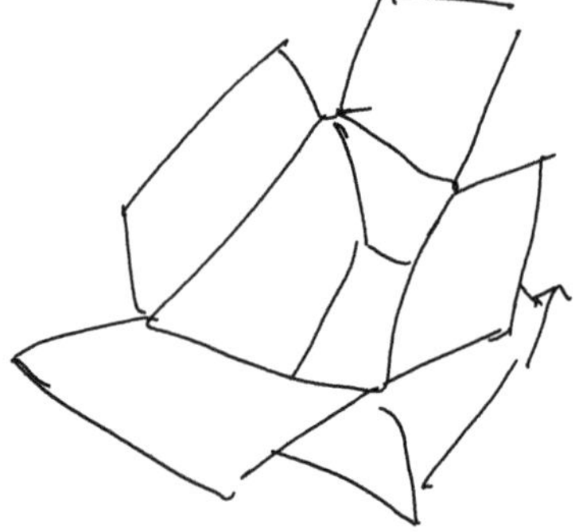

And sometimes you feel
like an empty box.

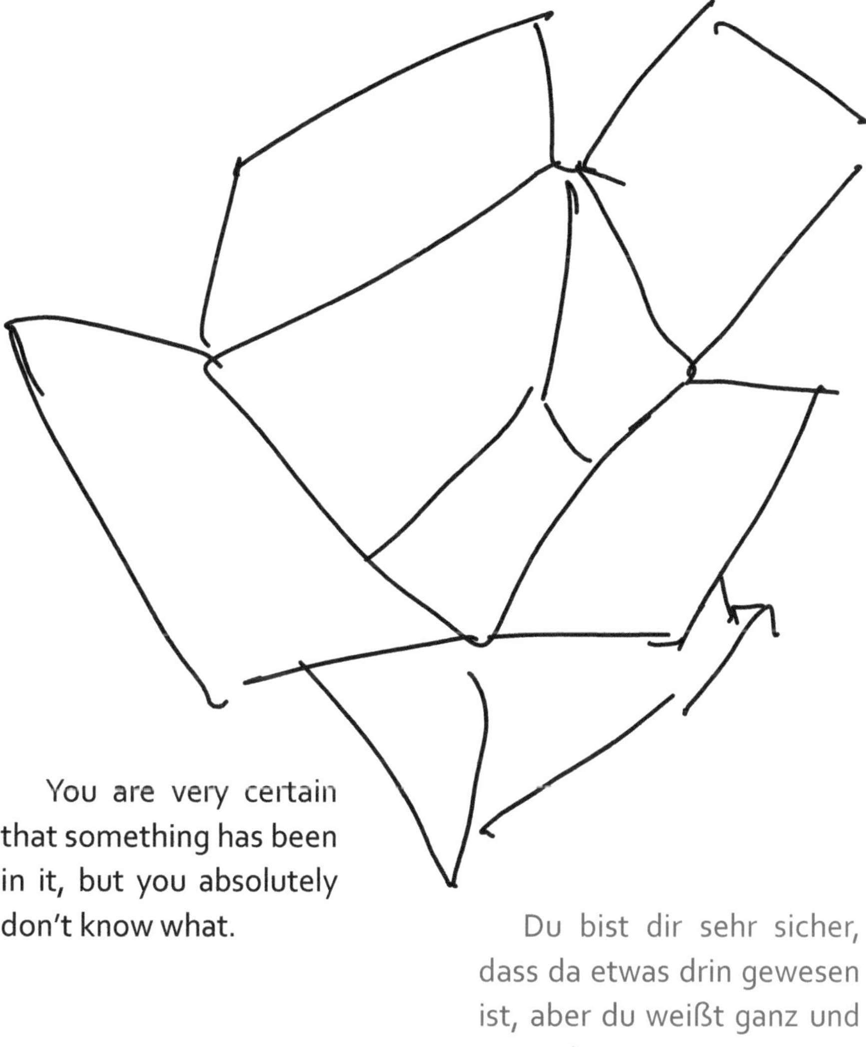

You are very certain
that something has been
in it, but you absolutely
don't know what.

This is especially confusing when you look in
a mirror and see absolutely nothing.

Das ist besonders verwirrend wenn du in einen
Spiegel schaust und absolut nichts siehst.

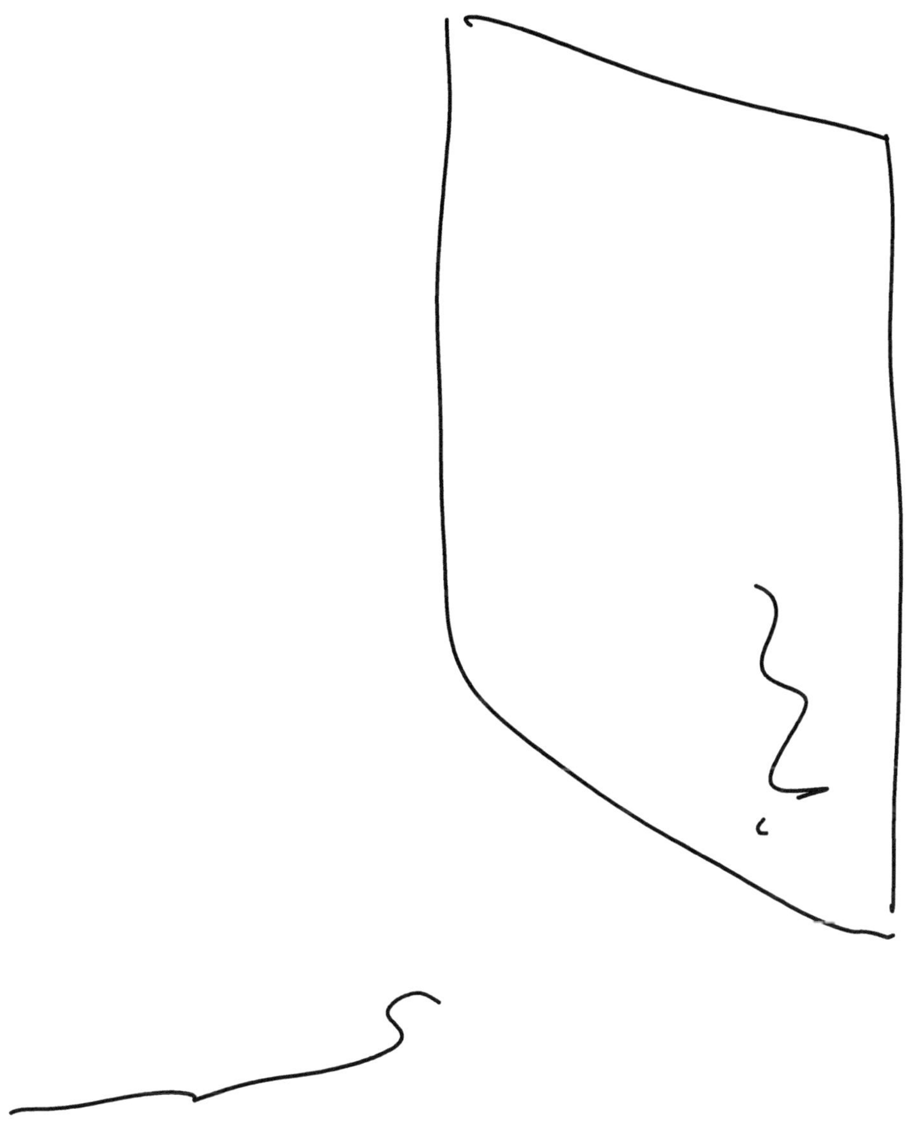

Perhaps you meet some strange strangers …

Vielleicht triffst du ein paar fremdartige Fremde …

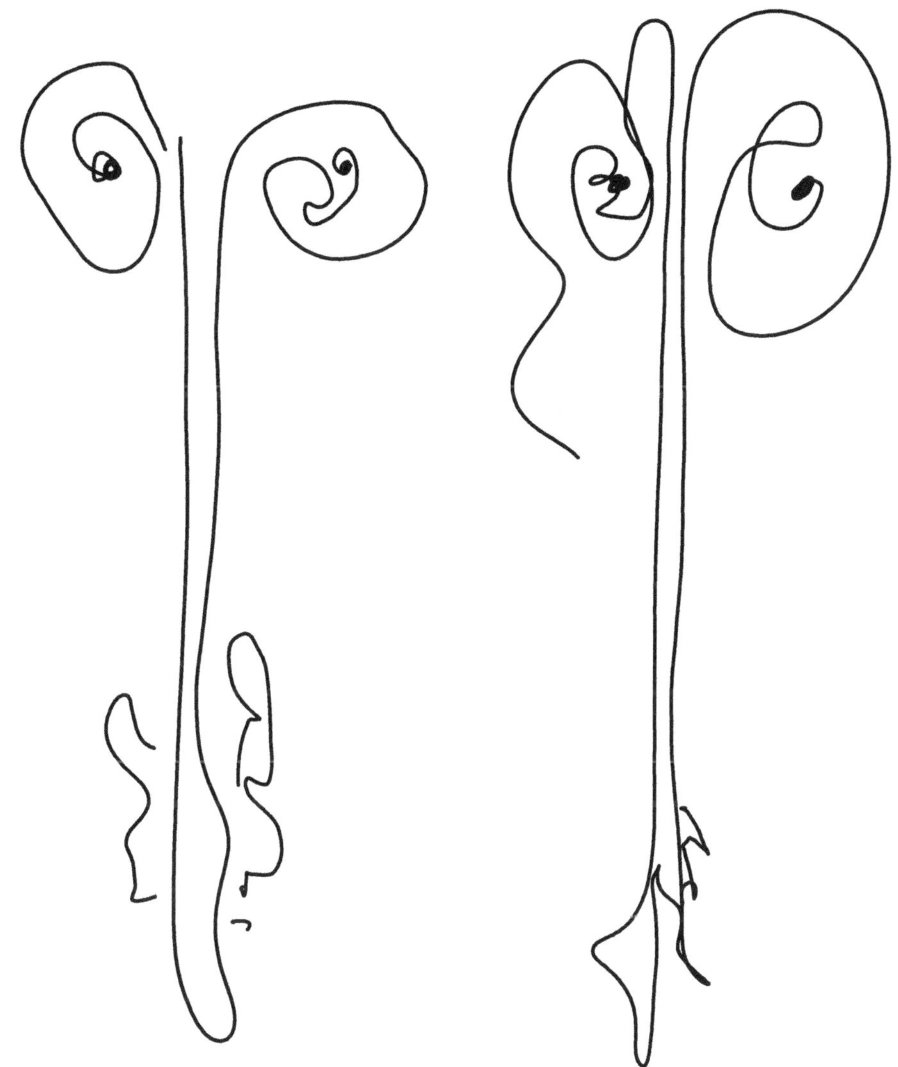

... with expressions on their faces
you can't read at all.

... mit Ausdrücken auf ihren Gesichtern,
die du überhaupt nicht lesen kannst.

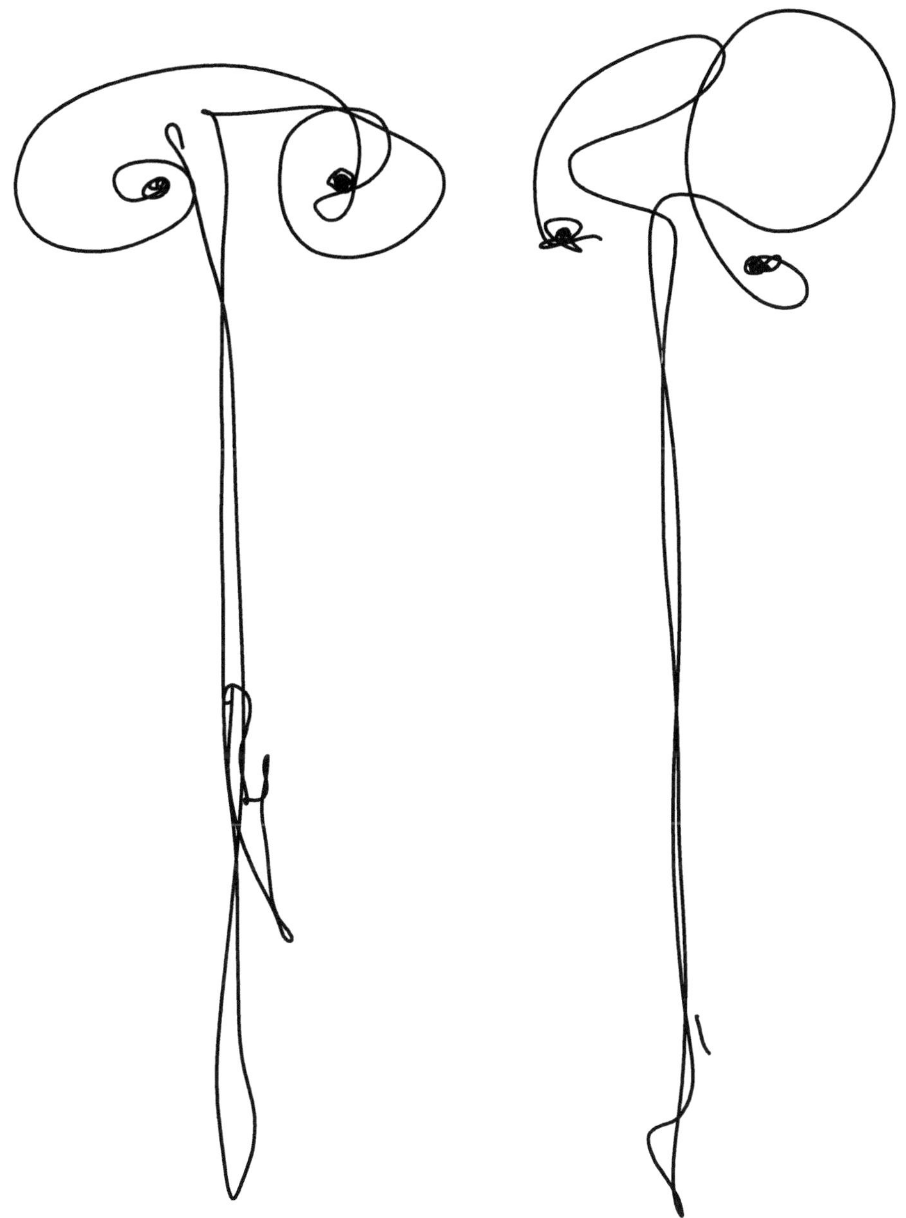

And in your lost face, if it yet wouldn't
be lost, there only would be simple fear!

Und in deinem verlorenen Gesicht wäre,
wenn es nicht schon verloren wäre, einfach
nur Angst!

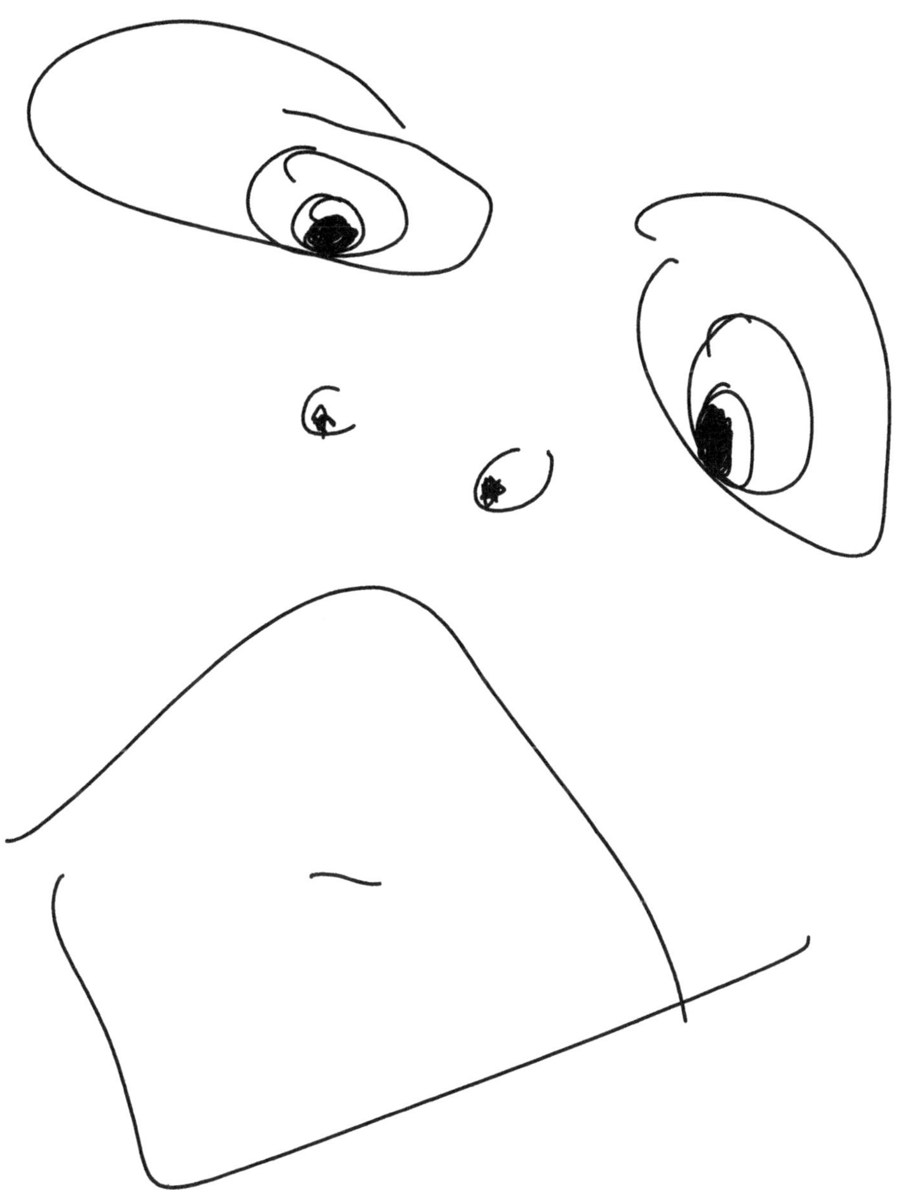

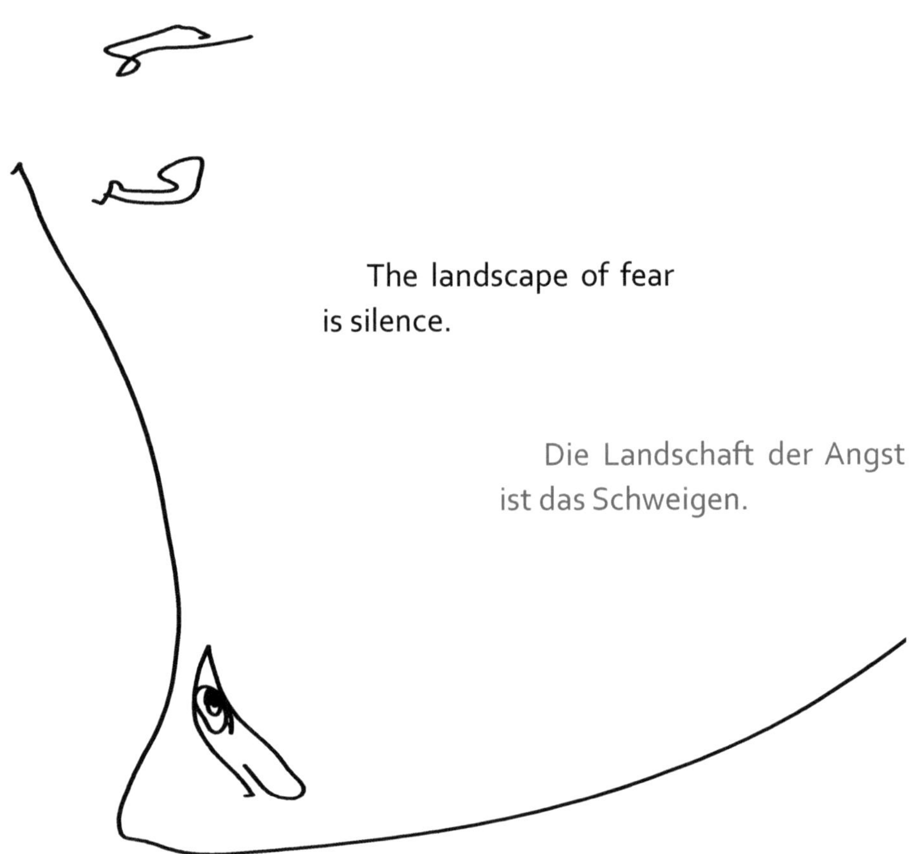

The landscape of fear
is silence.

Die Landschaft der Angst
ist das Schweigen.

This is what happens
in a world of prejudices.

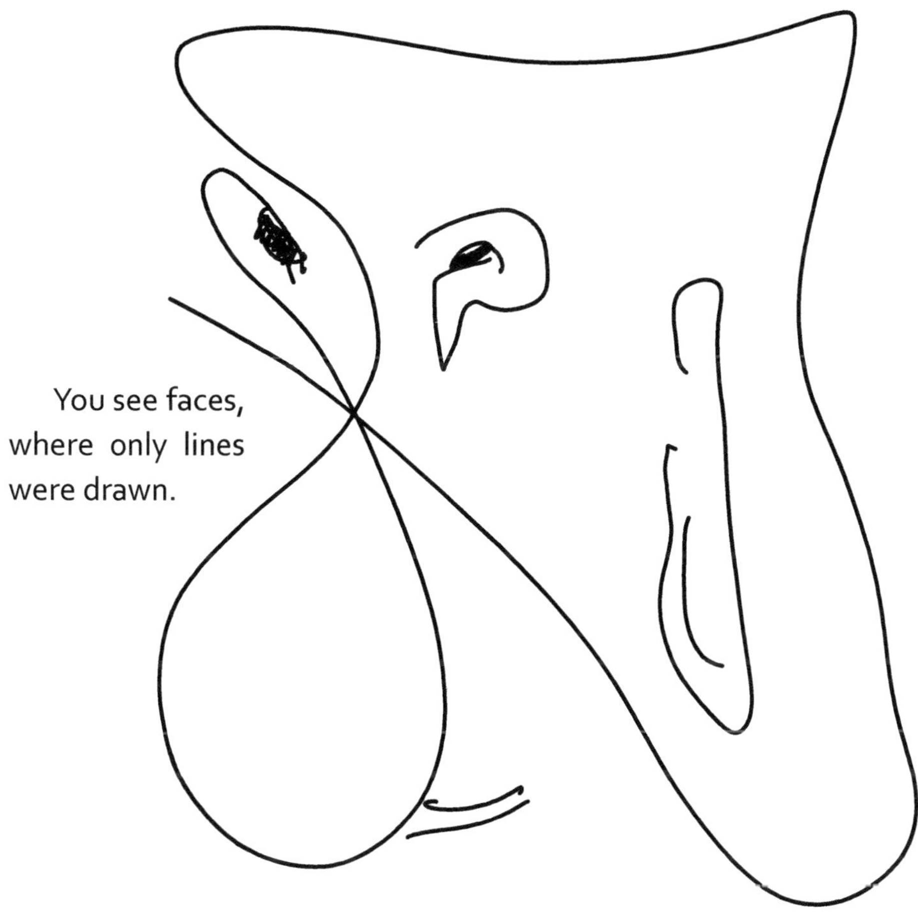

You see faces,
where only lines
were drawn.

So ist das in einer
Welt der Vorurteile.

Man sieht Gesichter, wo
nur Linien gemalt wurden.

And you can't draw a line
when you should face reality.

Und man kann keine Linie malen,
wenn man sich der Realität stellen sollte.

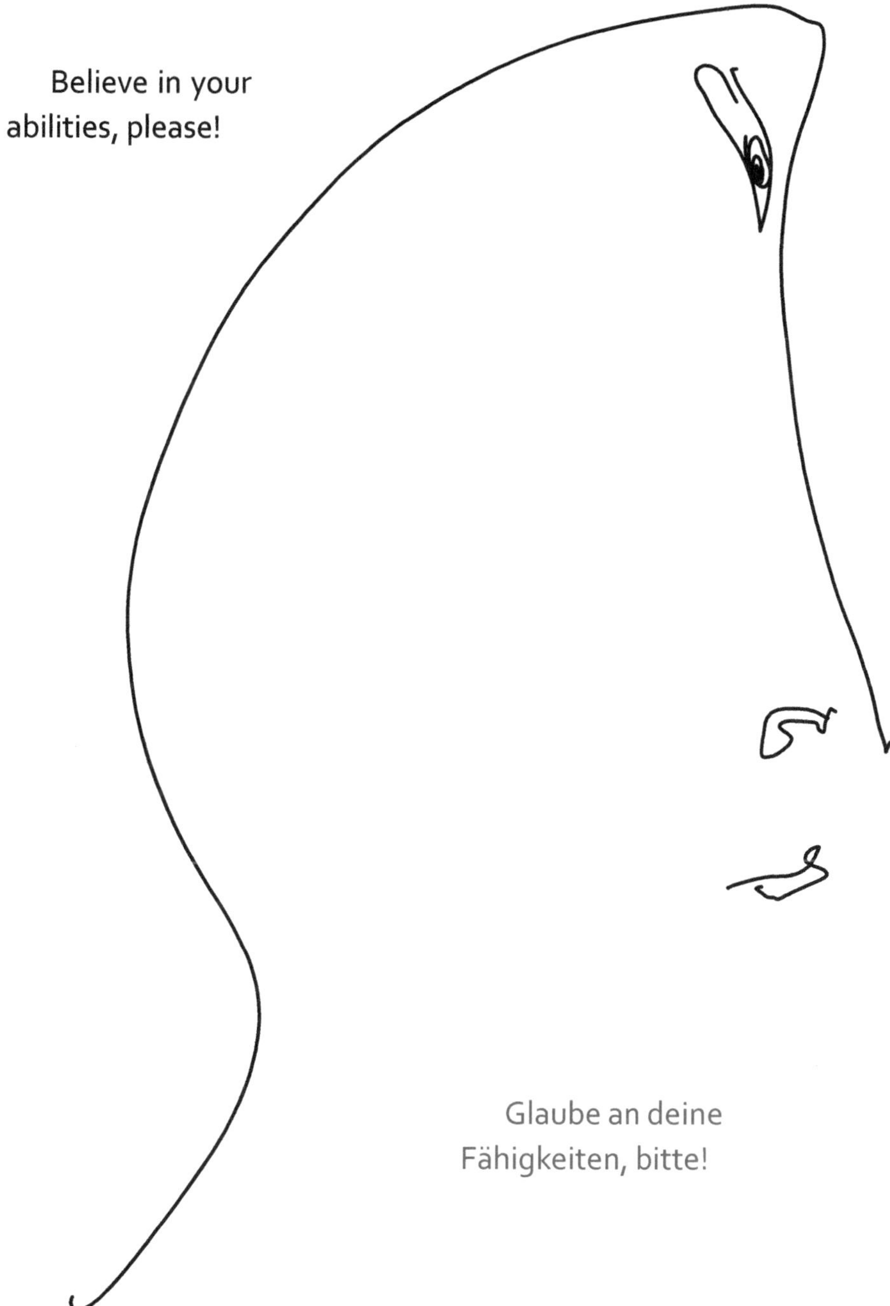
Believe in your
abilities, please!

Glaube an deine
Fähigkeiten, bitte!

Put it on a postcard and
send it to a friend ...

Schreib es auf eine Postkarte und
schicke sie an einen Freund ...

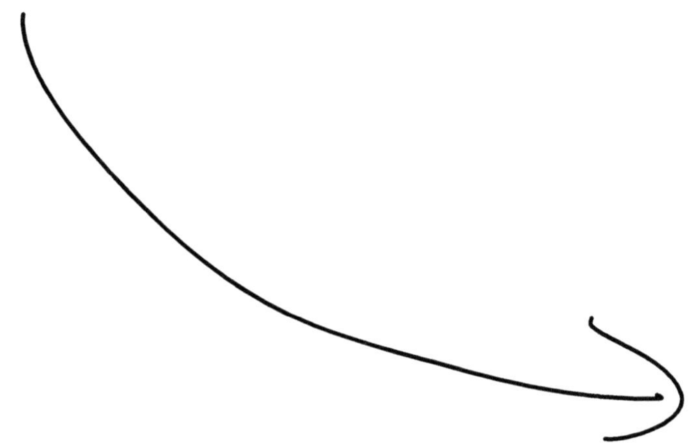

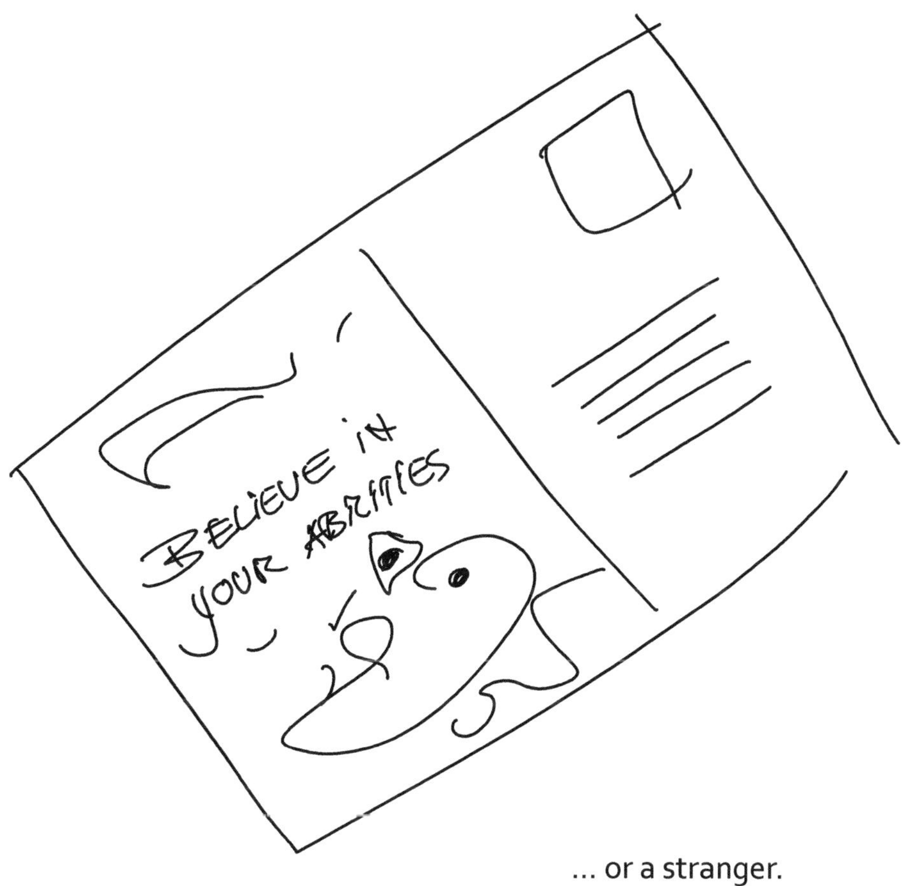

... or a stranger.

... oder an einen Fremden.

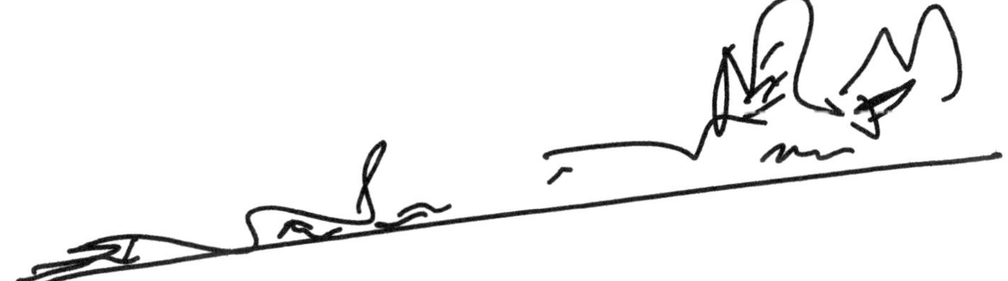

The Night Gardener
Der Nacht Gärtner

People live in houses and if they are happy they have a garden in front, behind or around the whole house.

Menschen leben in Häusern und wenn sie glücklich sind, haben sie vor, hinter oder um das ganze Haus herum einen Garten.

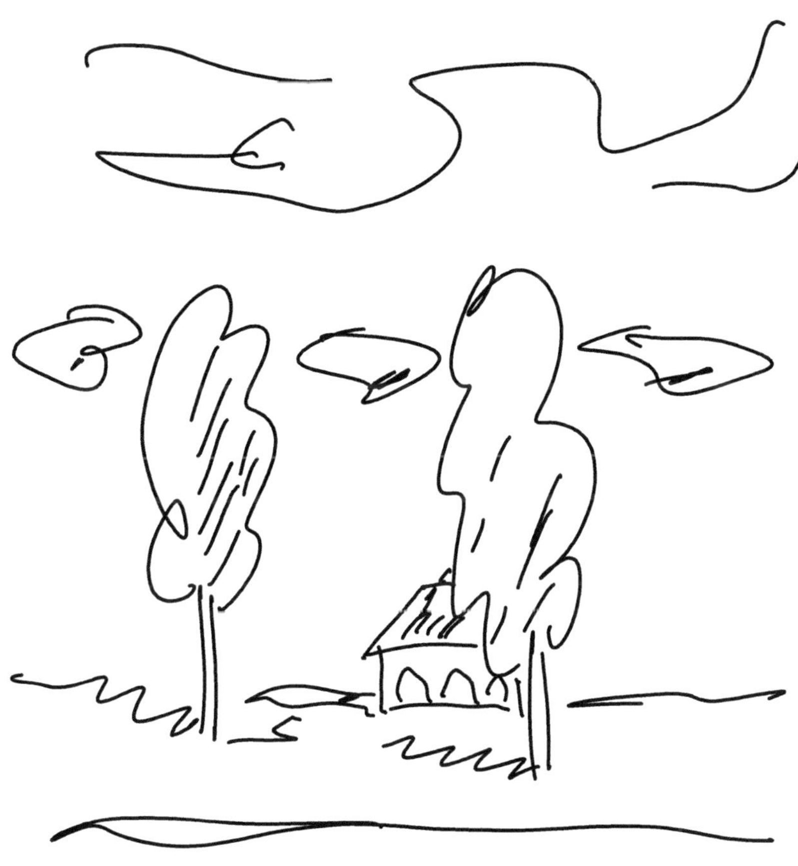

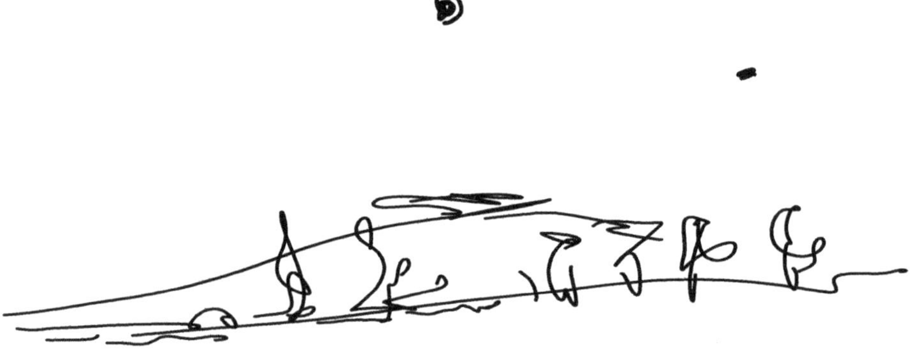

This night the moon was very bright.

In dieser Nacht war der Mond sehr hell.

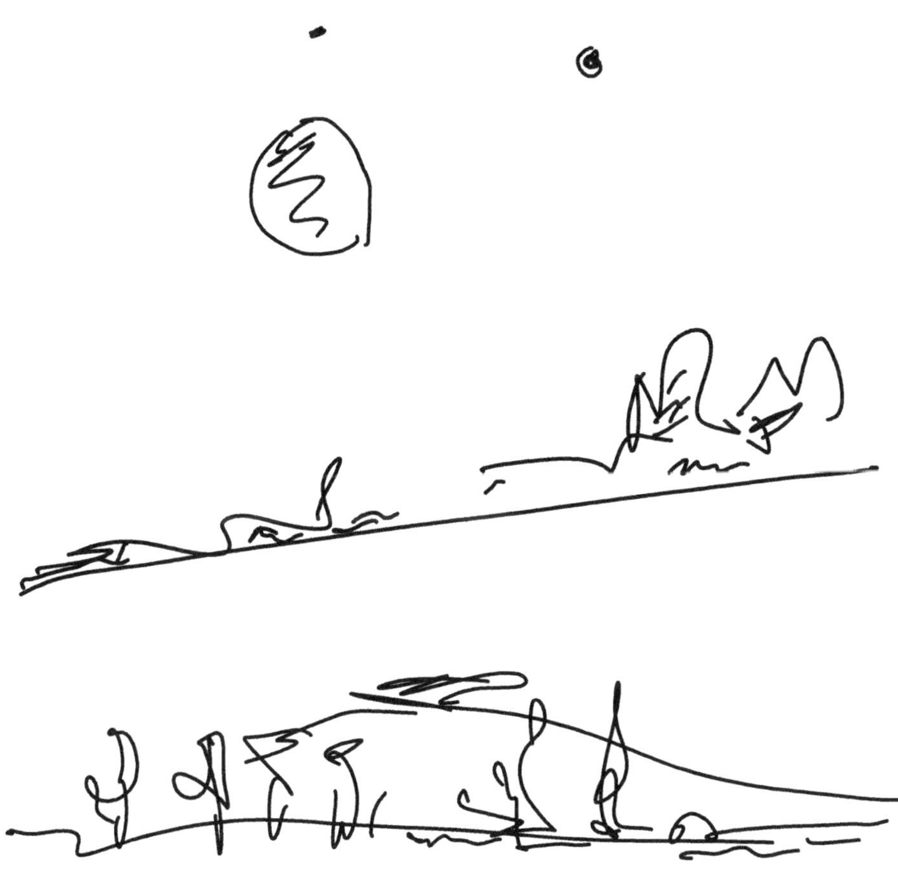

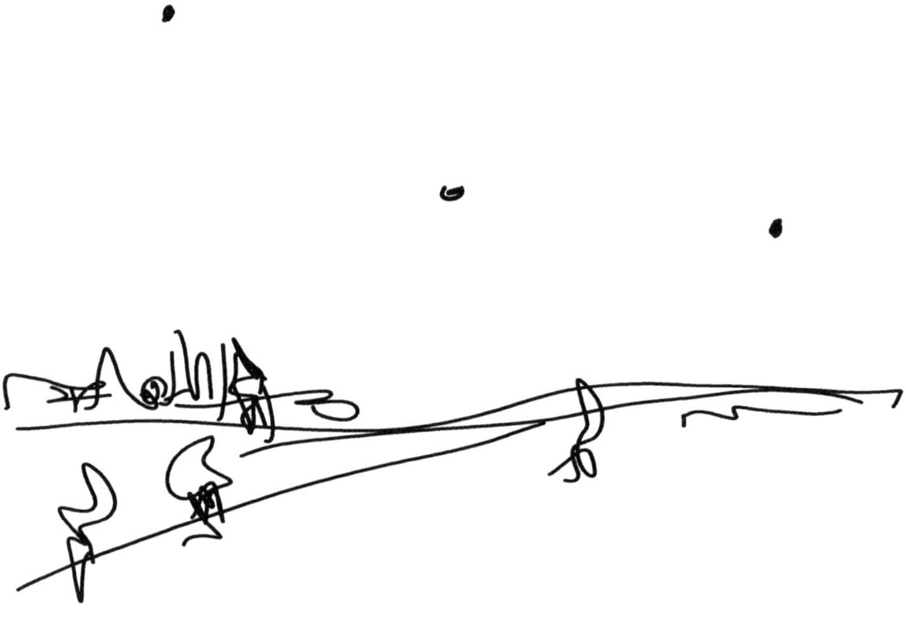

But despite the bright moon,
some stars were still visible.

Doch trotz des hellen Mondes waren
noch einige Sterne zu sehen.

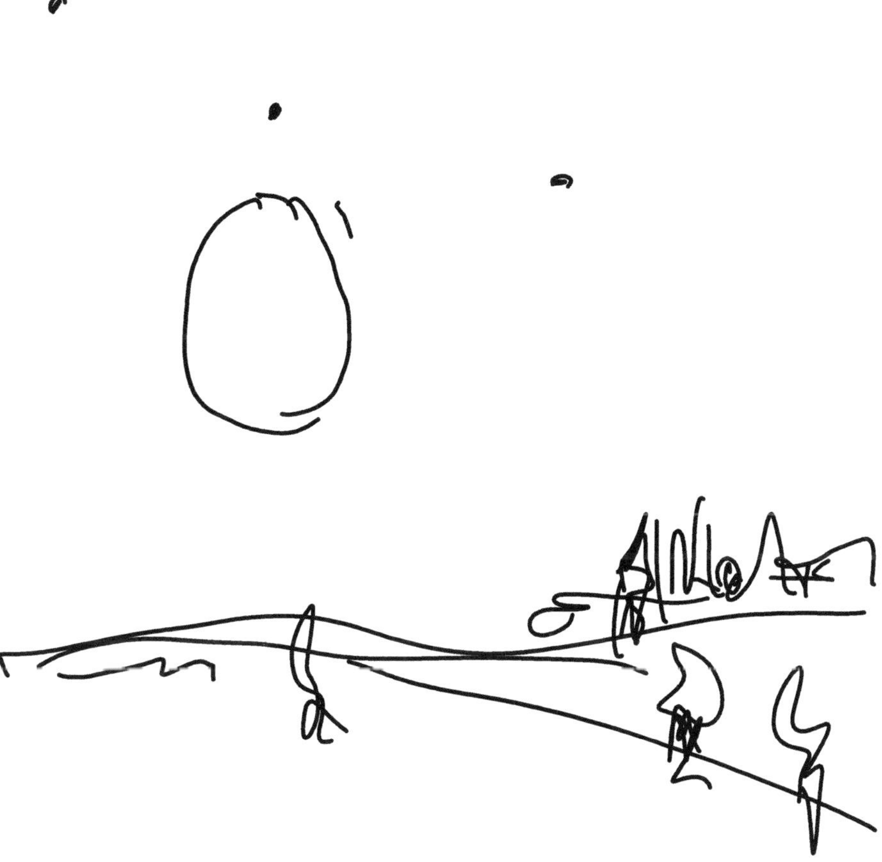

If the sky would be a
garden, who would
take care of it, Paul
wondered, and who
would reap the fruits?

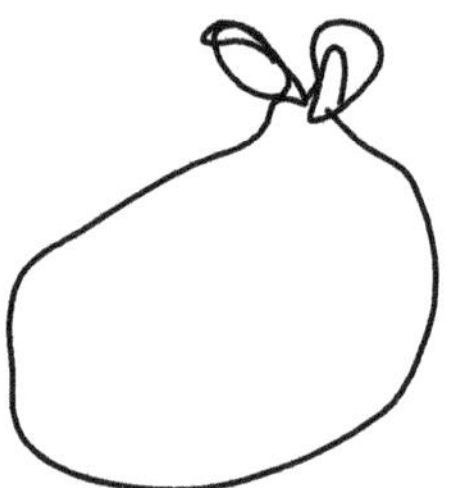

Wenn der Himmel ein
Garten wäre, wer würde
Ihn dann pflegen, fragte
sich Paul und wer würde
die Früchte ernten?

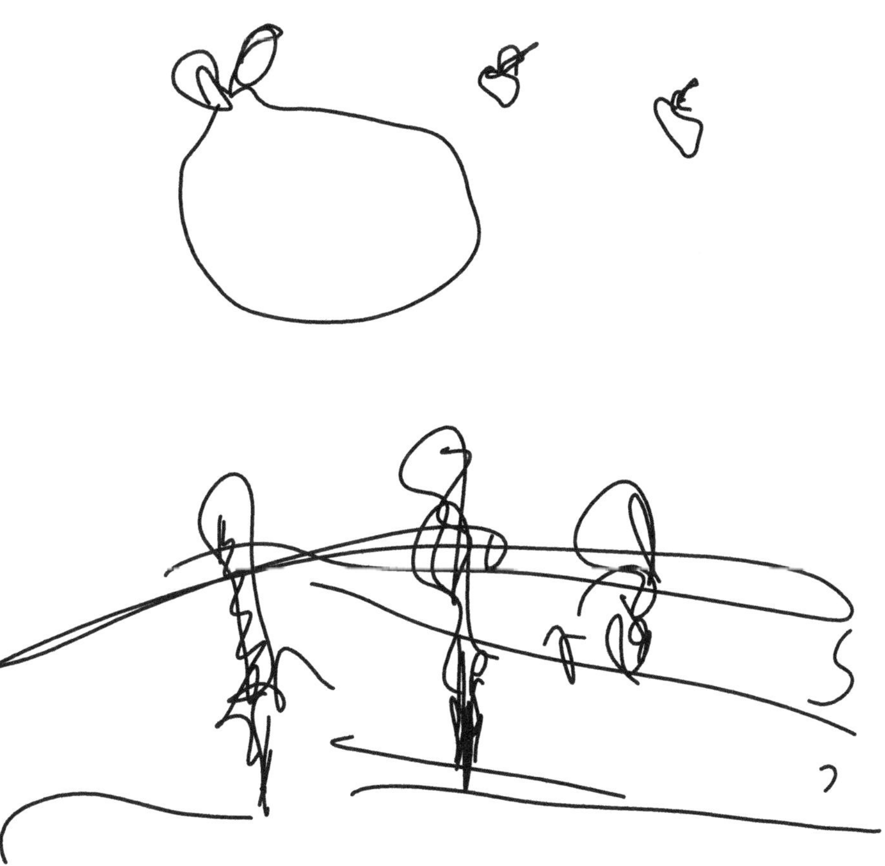

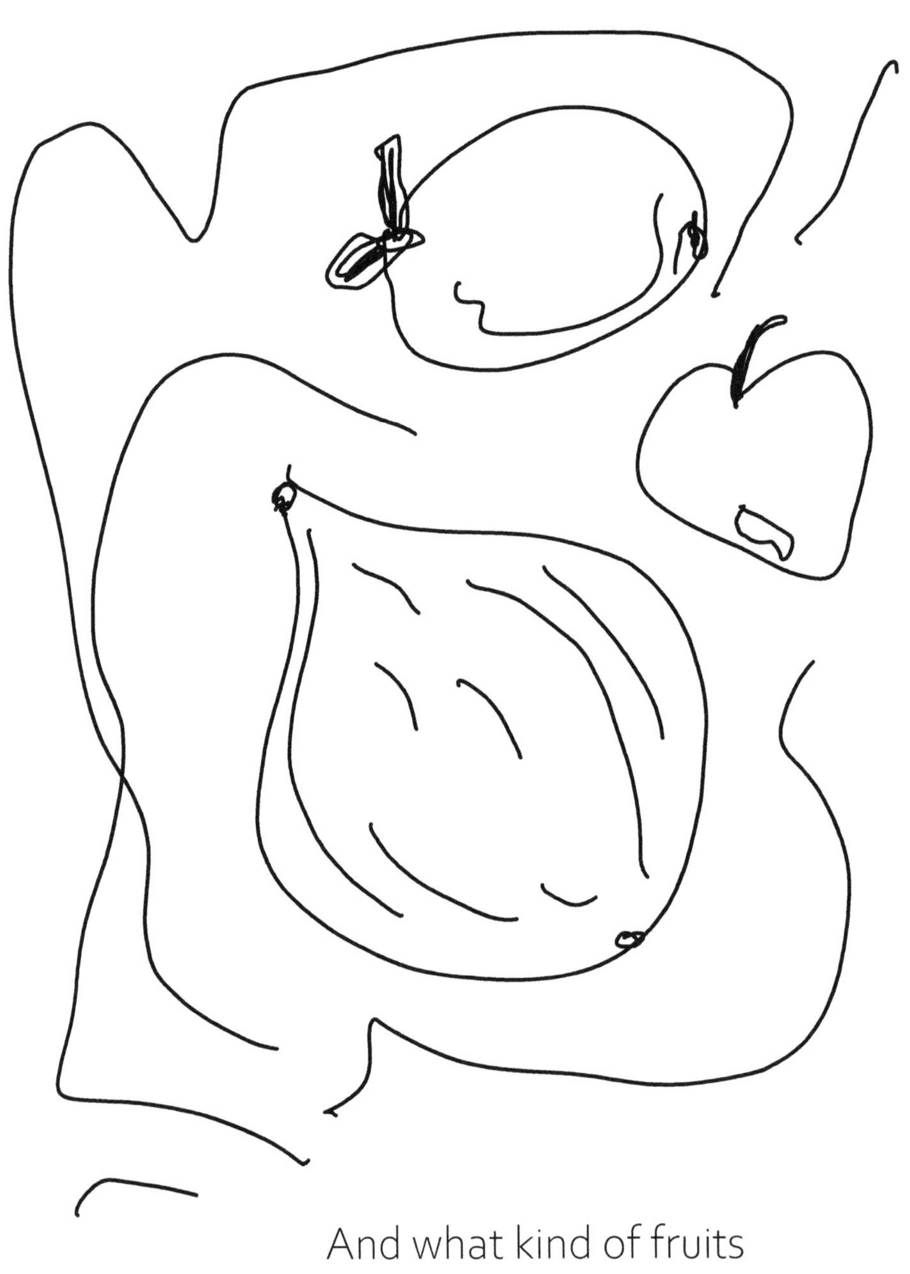

And what kind of fruits
would that be in such a sky?

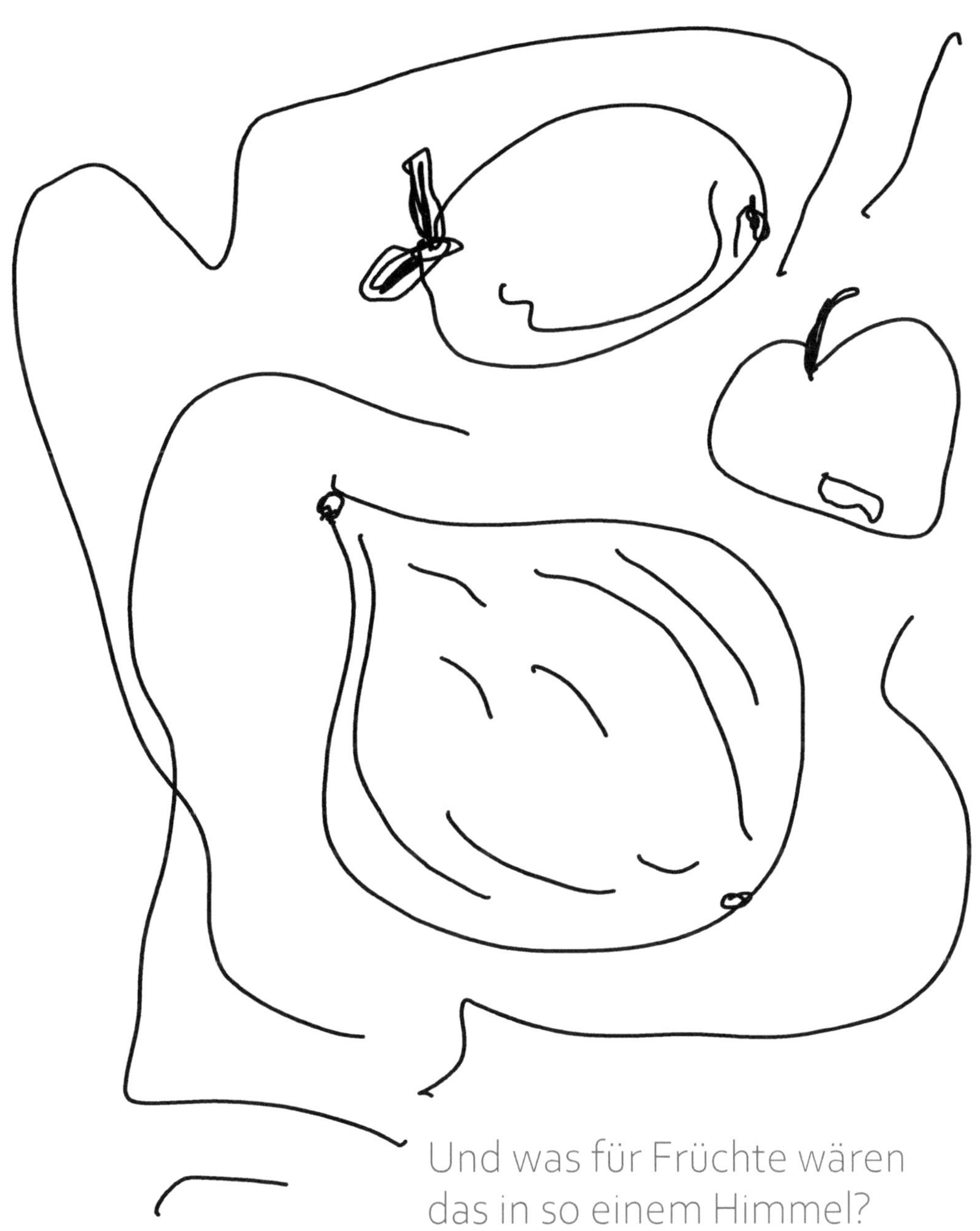

Und was für Früchte wären
das in so einem Himmel?

Humans had named the
small luminous dots after
the creatures of their
myths and stories.

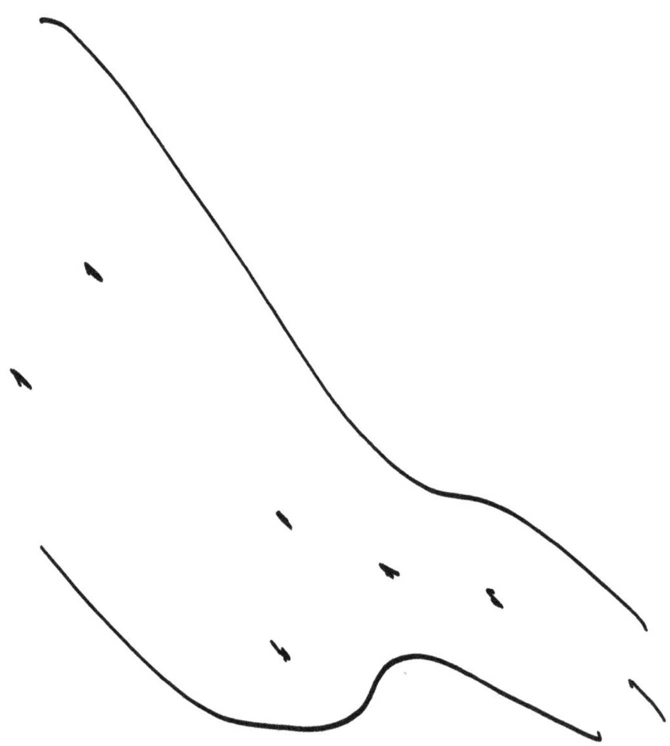

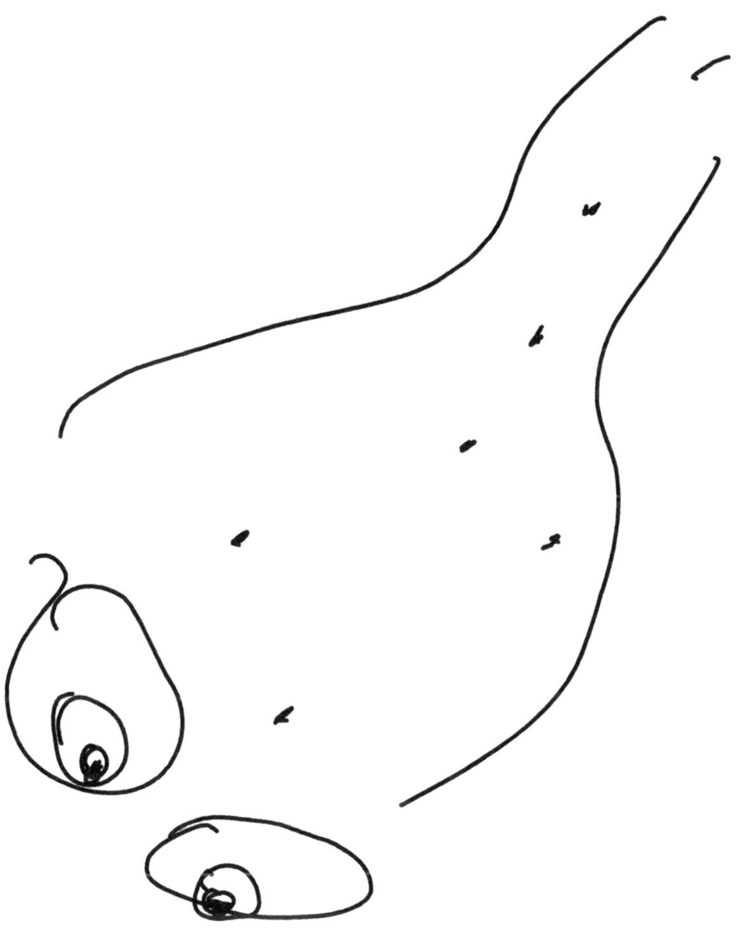

Die Menschen hatten die
kleinen leuchtenden Punkte
nach den Wesen ihrer Mythen
und Geschichten benannt.

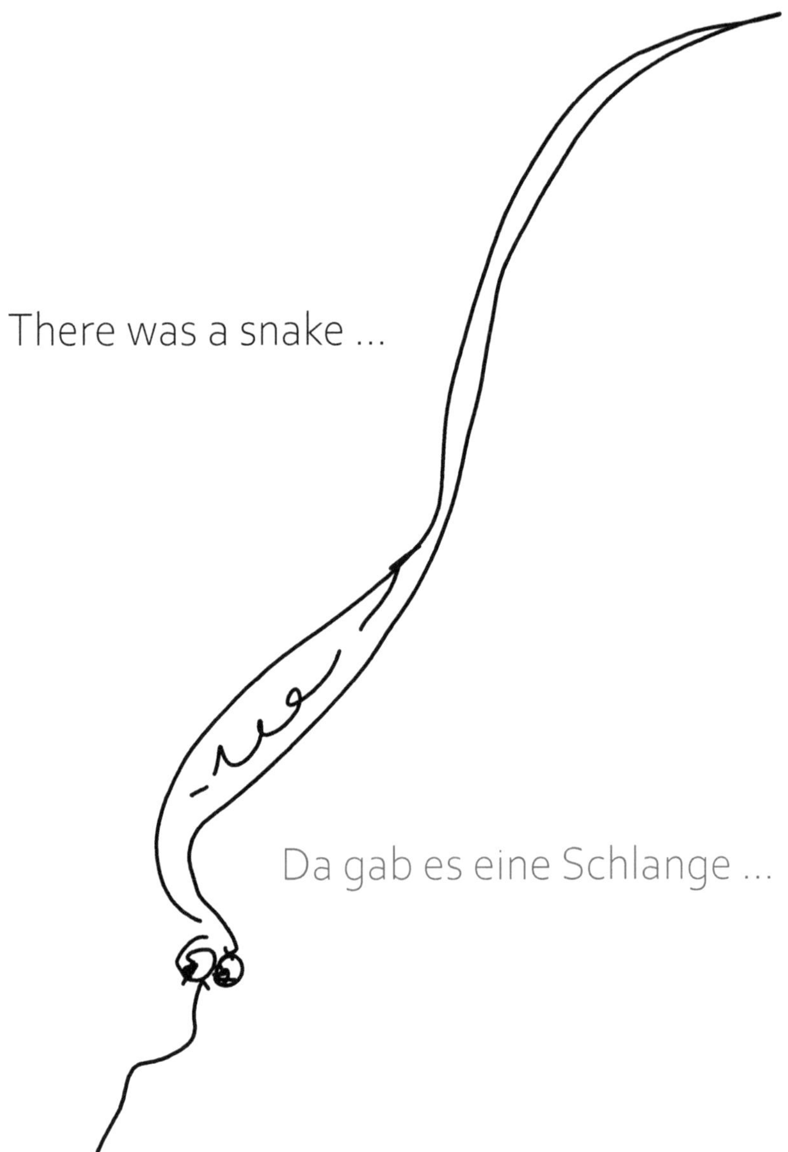
There was a snake ...

Da gab es eine Schlange ...

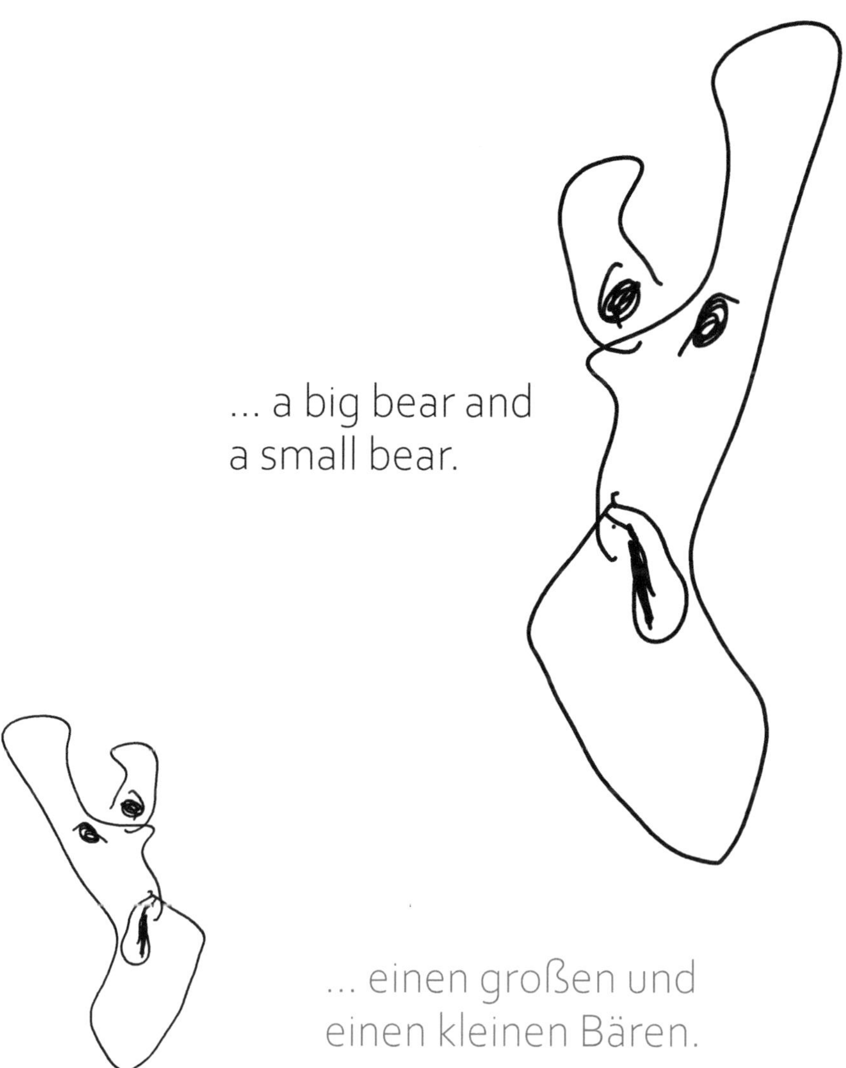

... a big bear and
a small bear.

... einen großen und
einen kleinen Bären.

A dragon ...

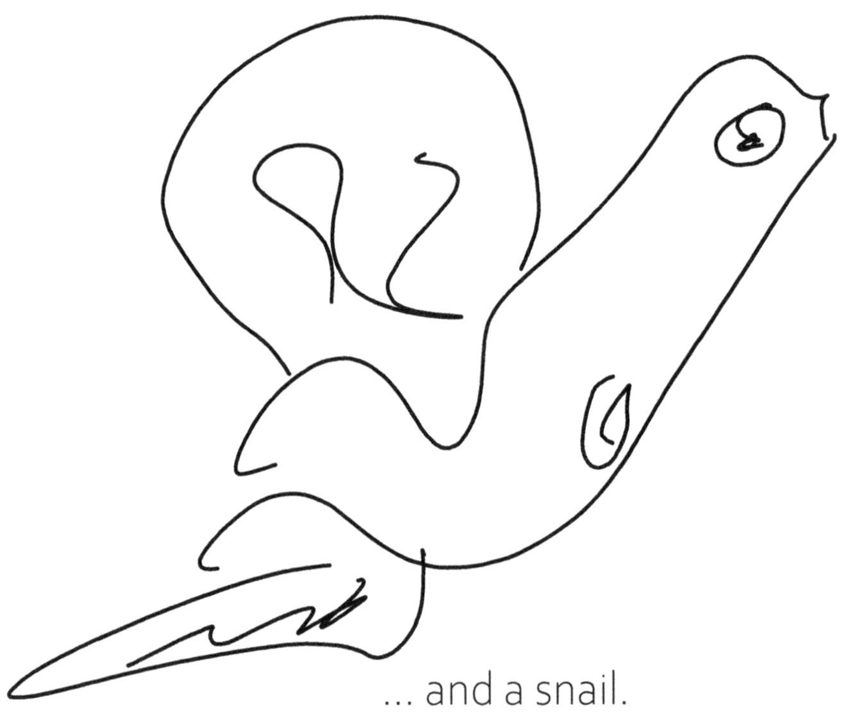

... and a snail.

Or even
some simple
geometric
shapes, such as
a triangle.

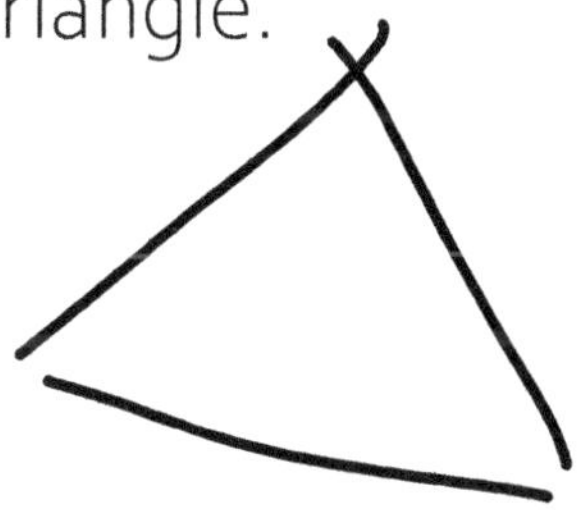

But what would sky
look like if it would
be a garden?

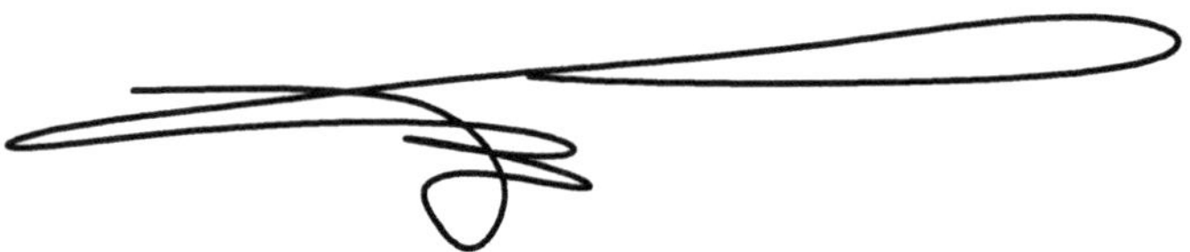

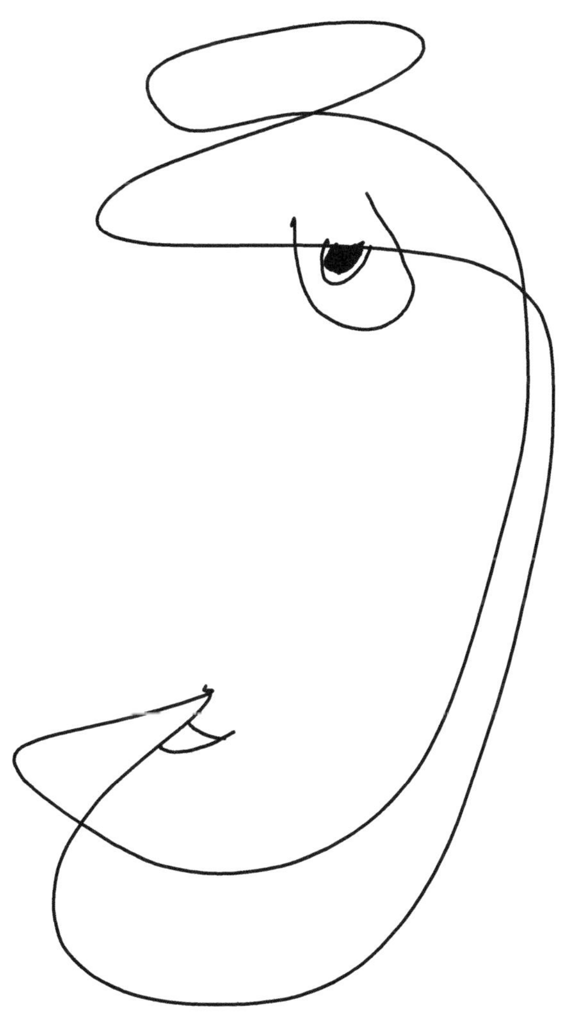

If the garden was
watered, it would
rain on the earth,
Paul thought.

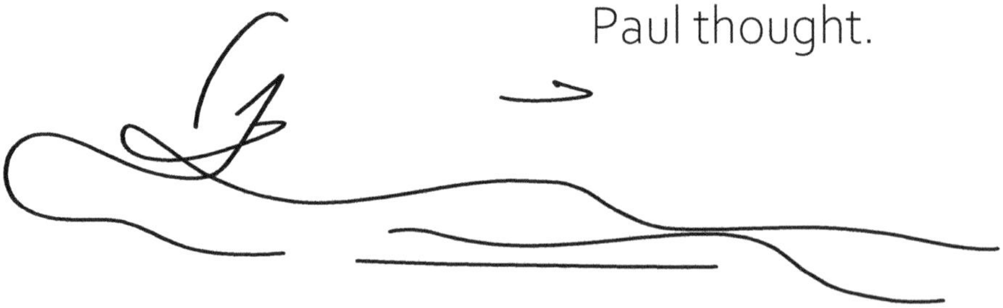

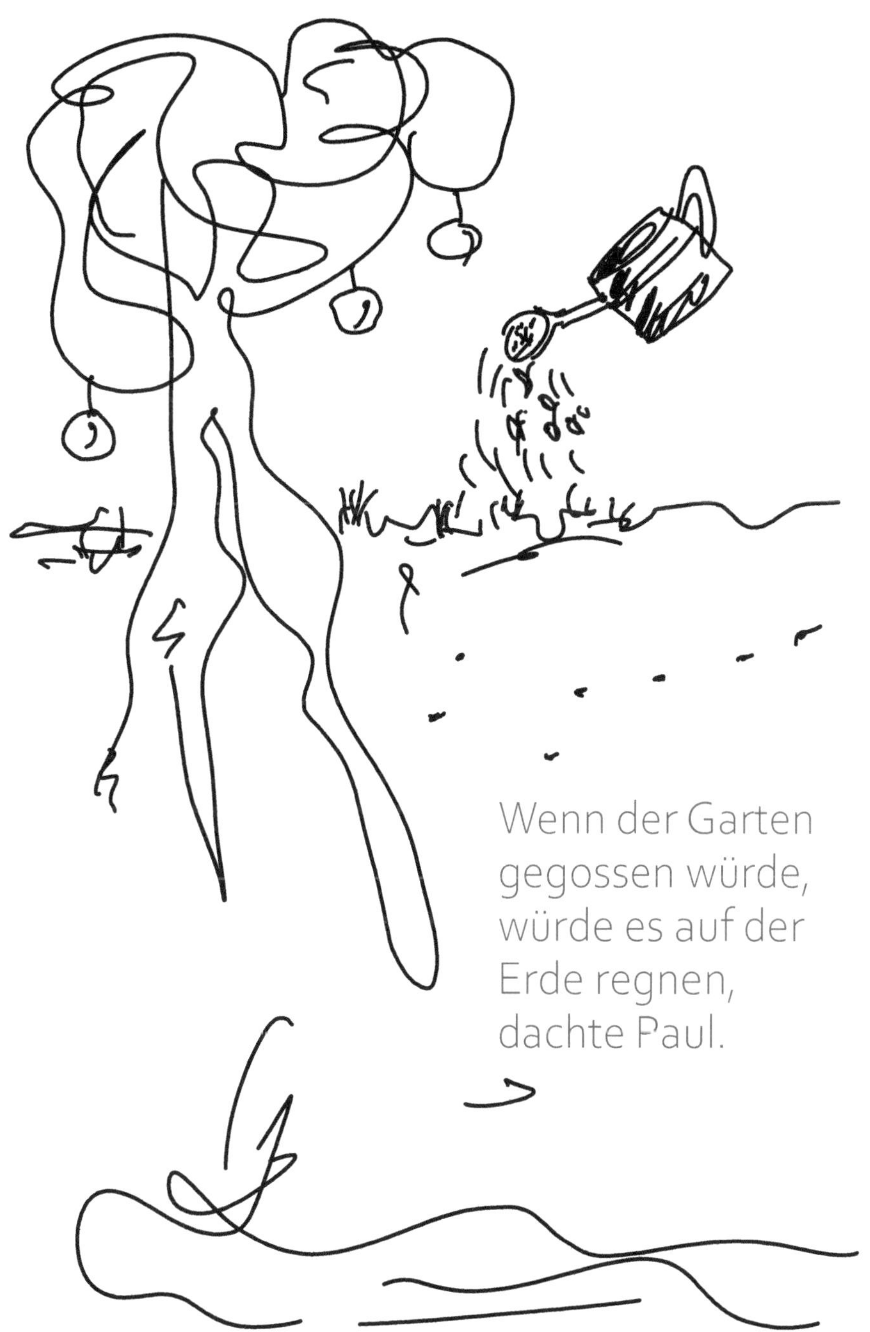

Wenn der Garten
gegossen würde,
würde es auf der
Erde regnen,
dachte Paul.

And because it hadn't rained in so
long, he thought it was a good idea.

Und weil es schon so lange nicht mehr
geregnet hatte, fand er das eine gute Idee.

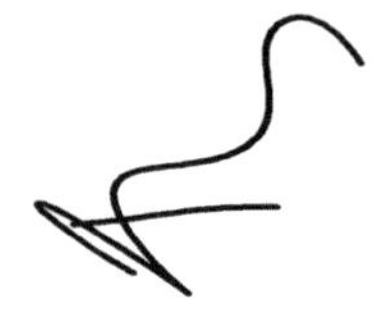

With a smile, Paul
fell asleep.

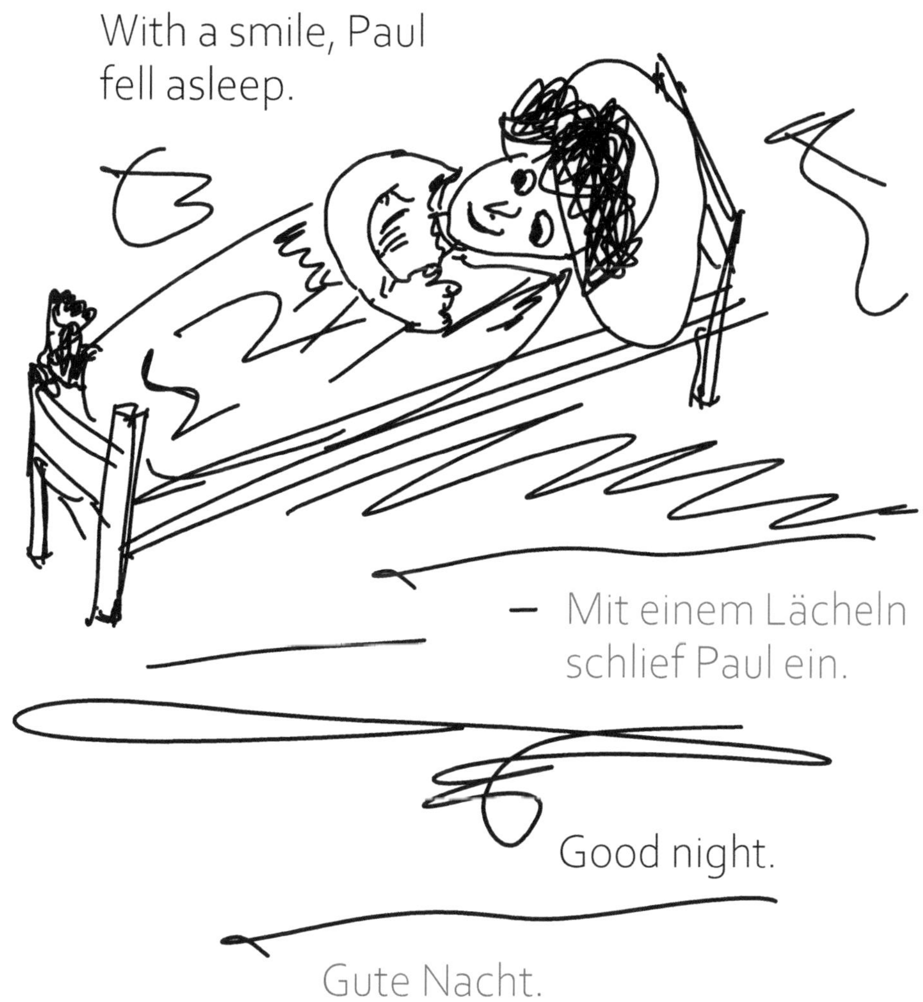

– Mit einem Lächeln
schlief Paul ein.

Good night.

Gute Nacht.

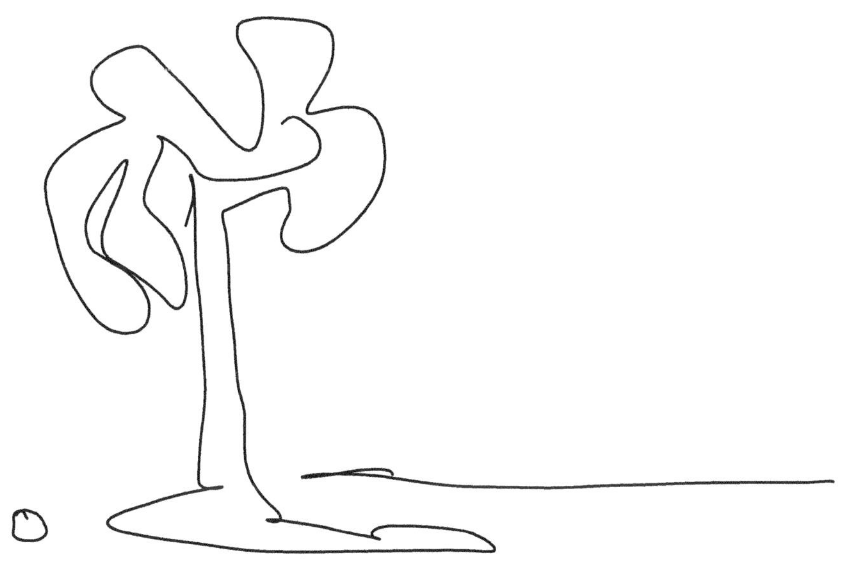

Sketchbook № 453.724, July 1st, 2022

The Sleeping God
Der schlafende Gott

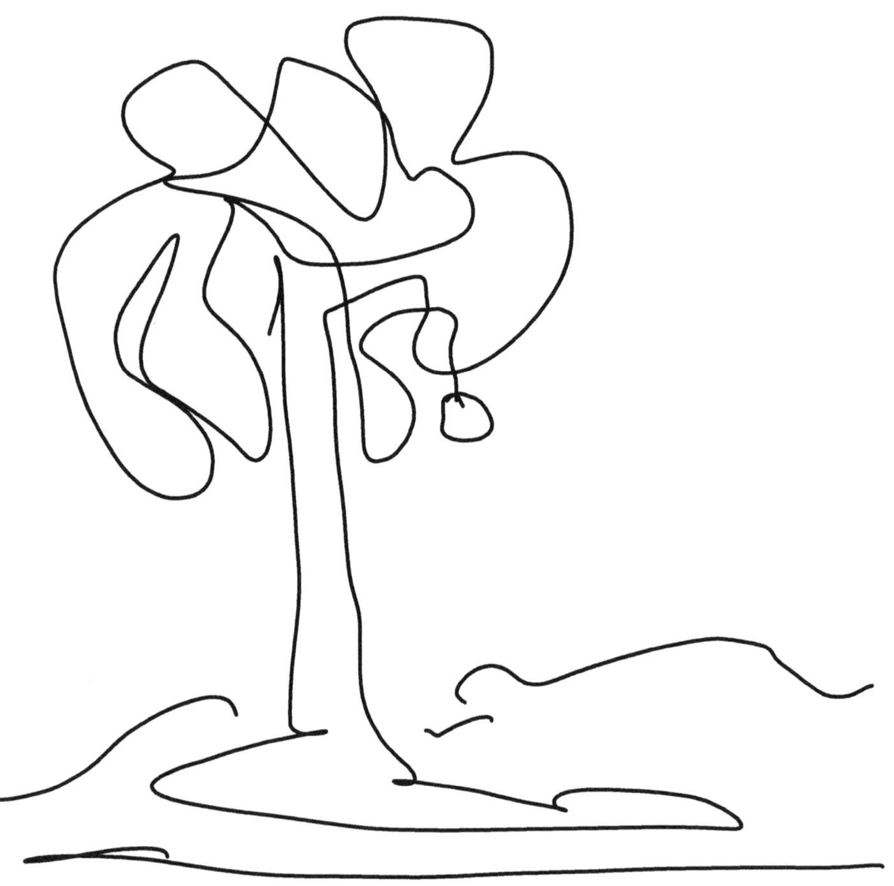

It is said that gods love gardens.

Es heißt, dass Götter Gärten lieben.

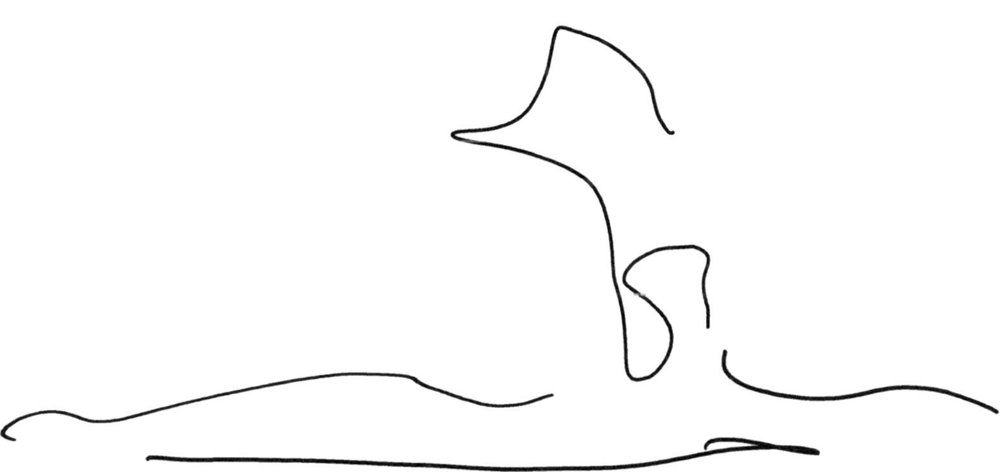

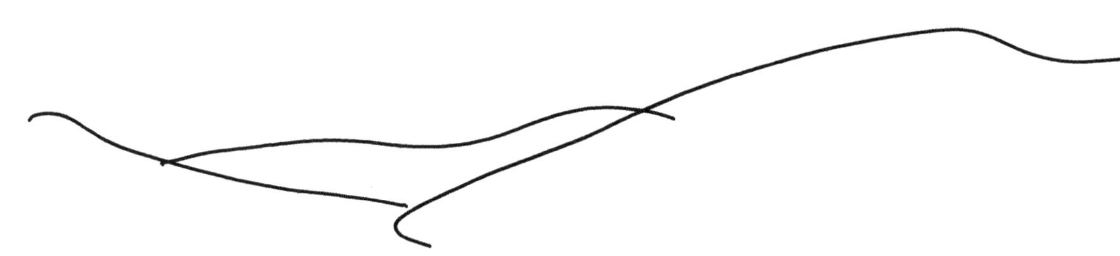

In the desert was a garden
that only a few knew.

In der Wüste war ein Garten,
den nur wenige kannten.

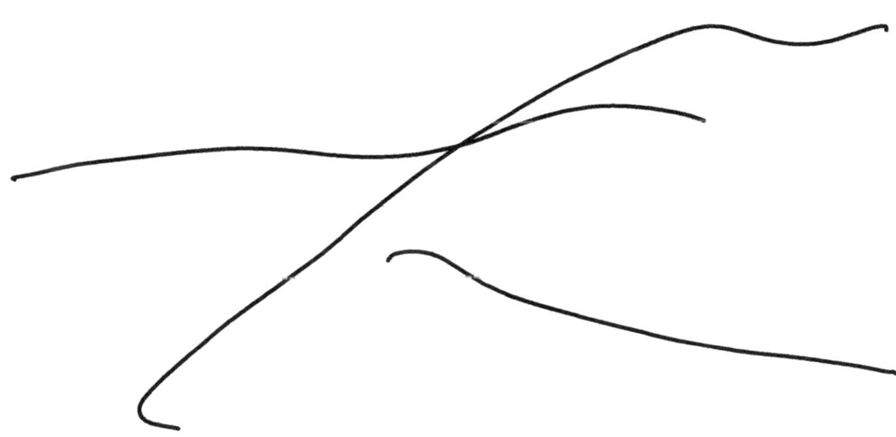

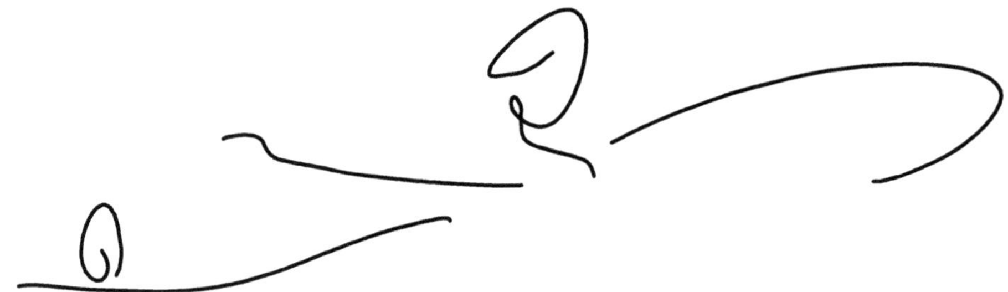

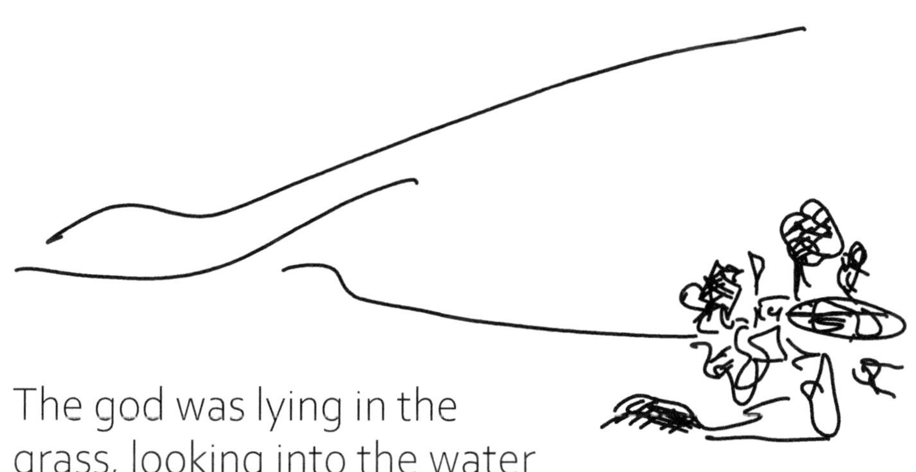

The god was lying in the
grass, looking into the water
of the lake that the gardener
had created many years ago.

Der Gott lag im Gras und
schaute in das Wasser des Sees,
den der Gärtner vor vielen
Jahren angelegt hatte.

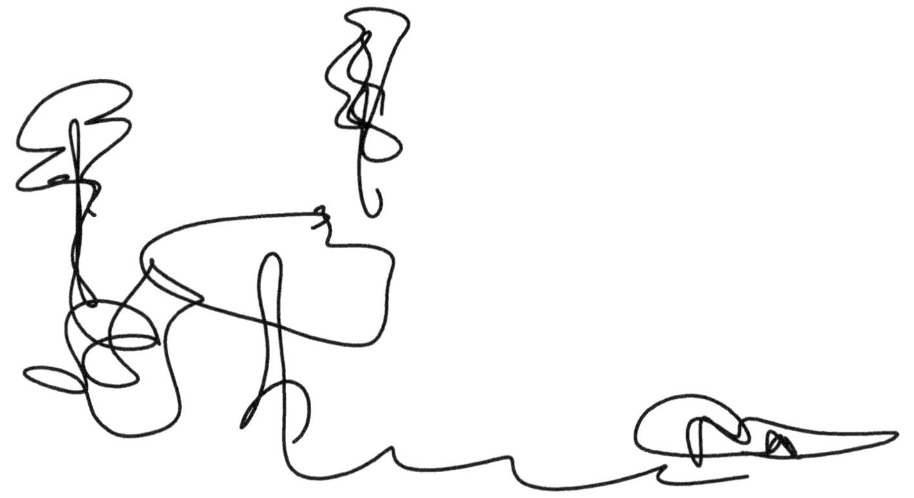

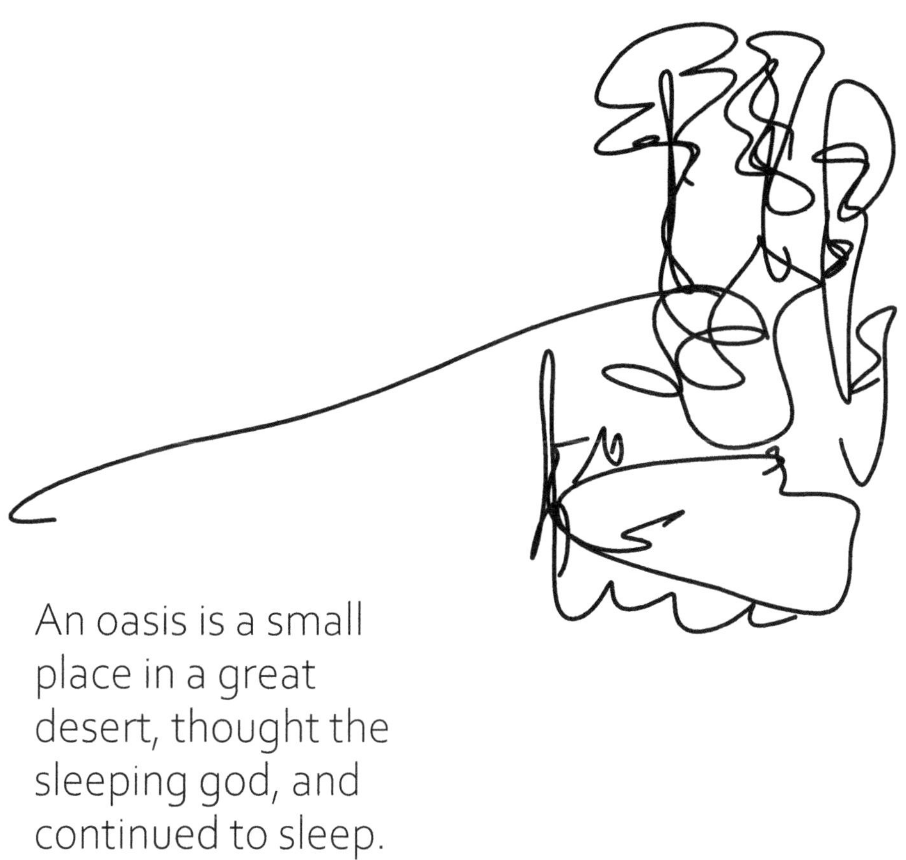

An oasis is a small
place in a great
desert, thought the
sleeping god, and
continued to sleep.

Eine Oase ist ein
kleiner Ort in einer
großen Wüste, dachte
der schlafende Gott,
und schlief weiter.

A gentle breeze swept
across the face of the
sleeping god.

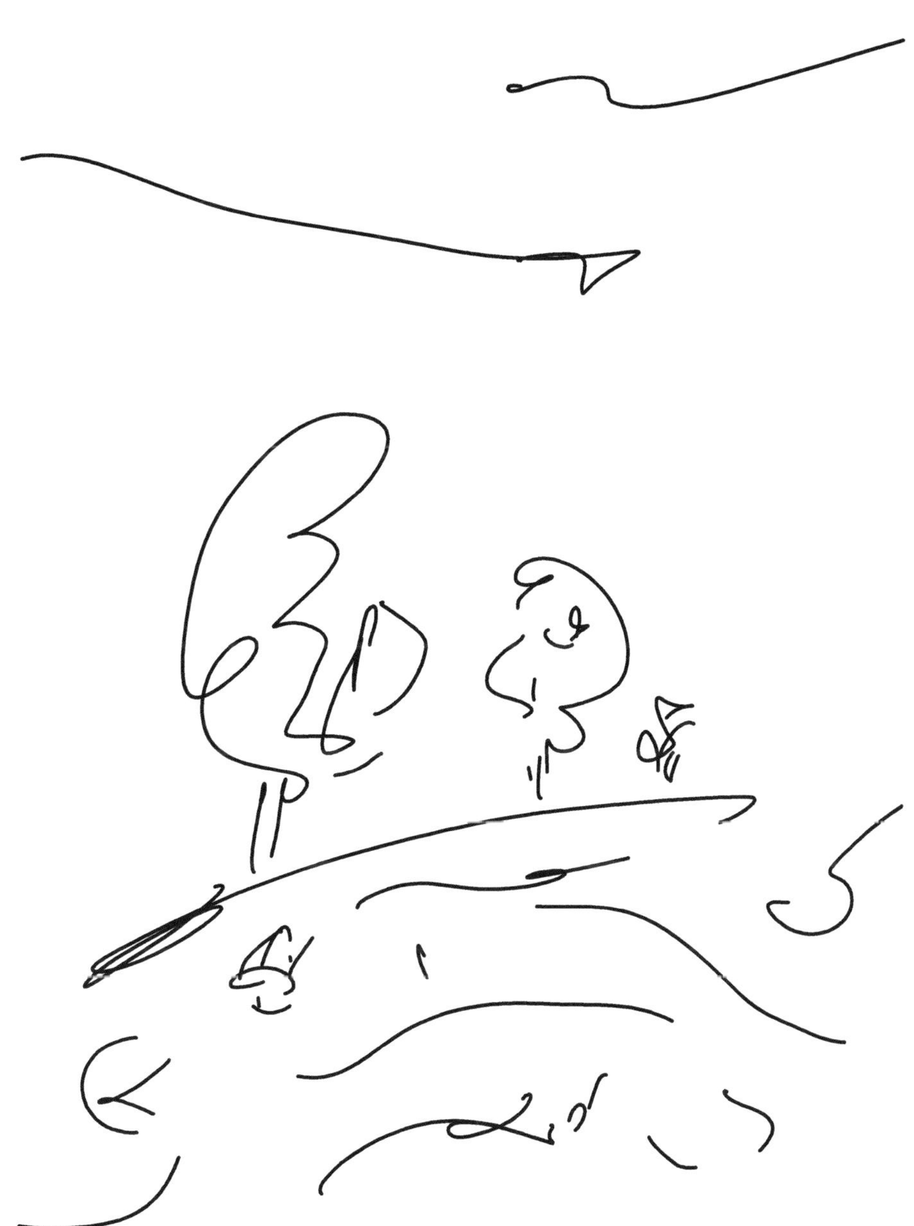

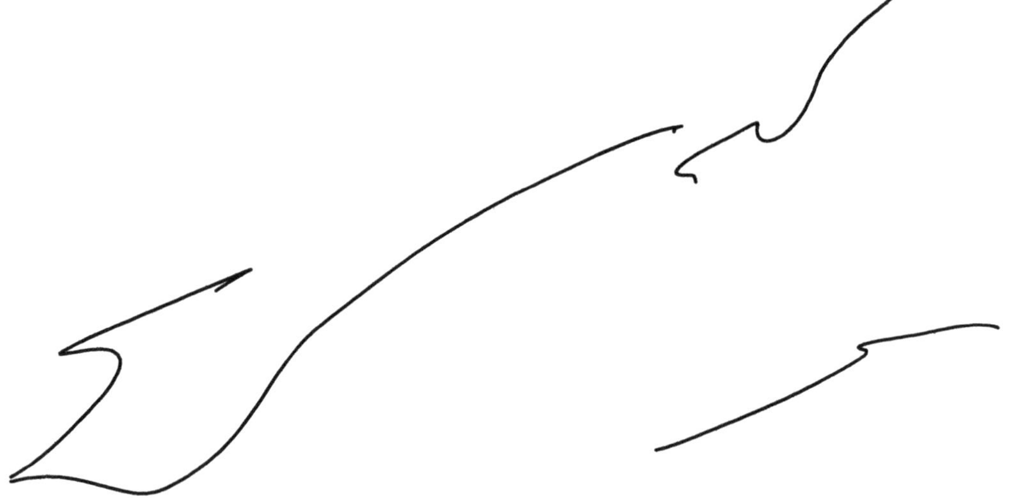

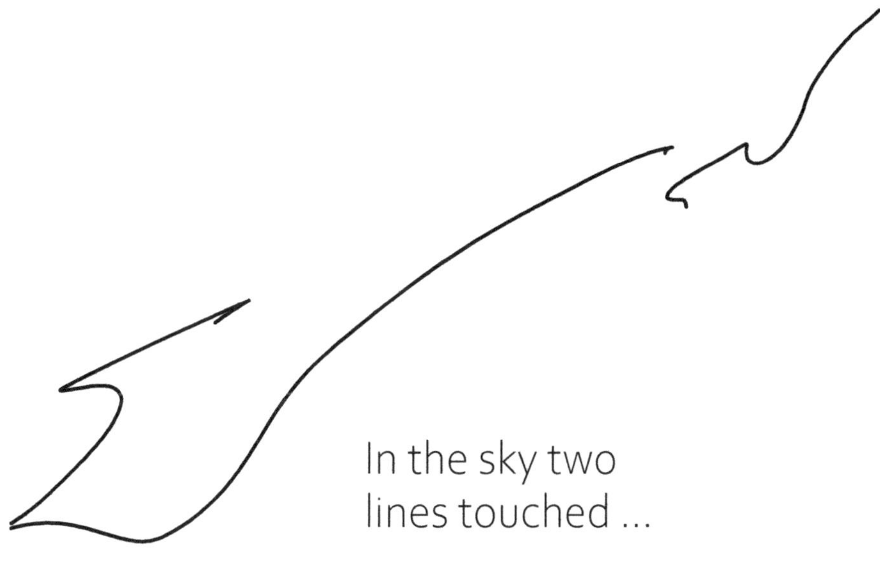

In the sky two
lines touched …

Am Himmel berührten
sich zwei Linien …

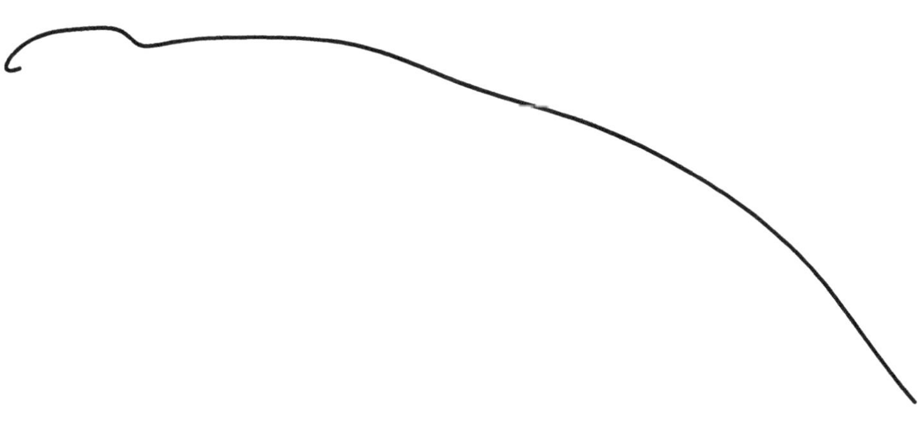

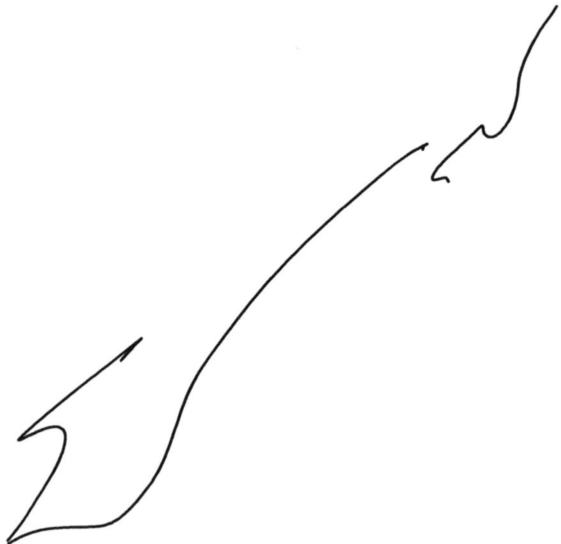

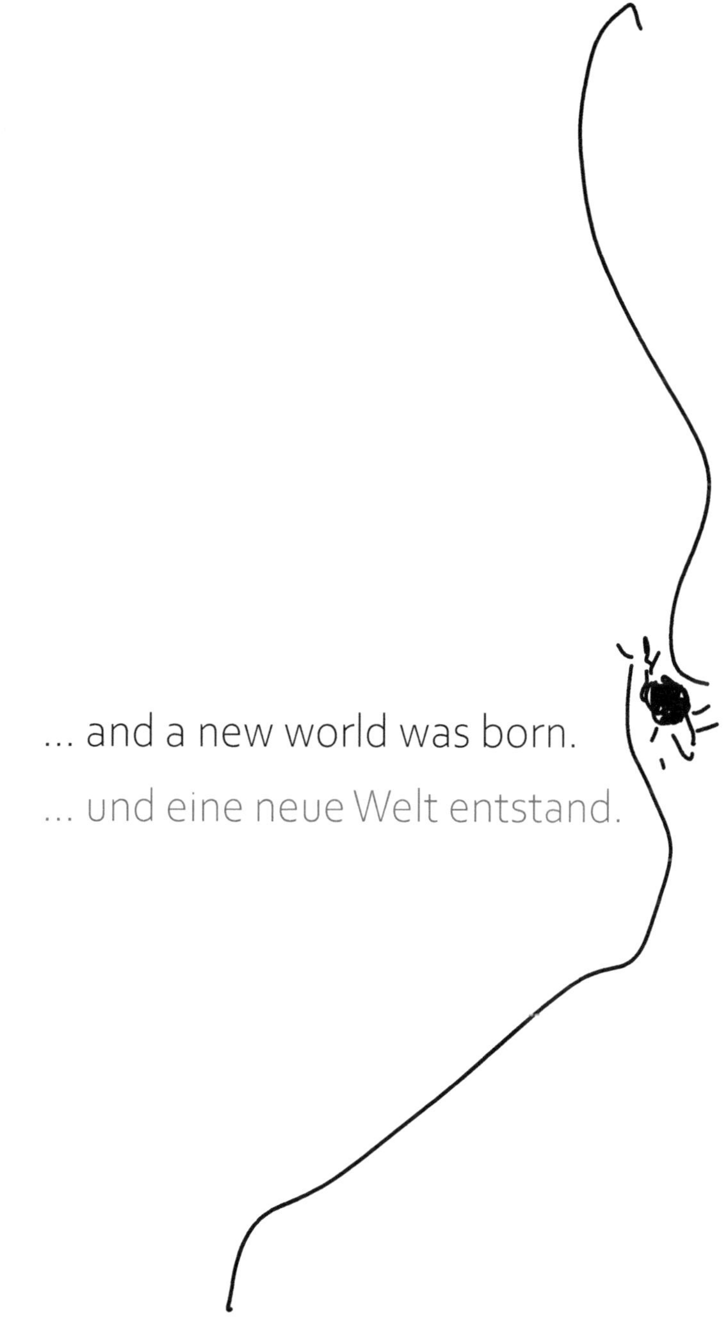

... and a new world was born.

... und eine neue Welt entstand.

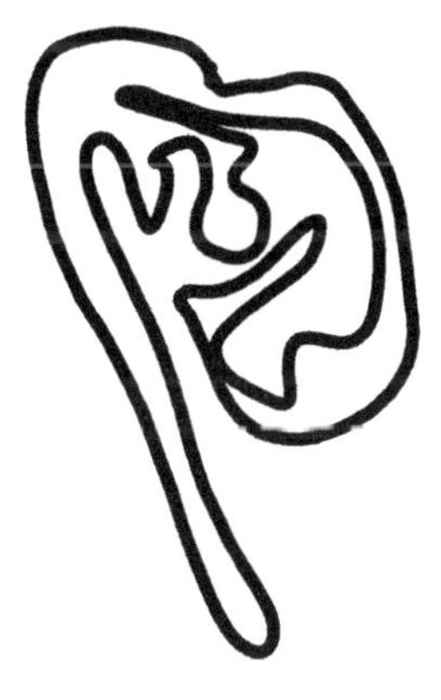

Sketchbook № 127.348, August 12th, 2021

Mind

Gedanken

Man has a brain ...
Der Mensch hat ein Gehirn ...

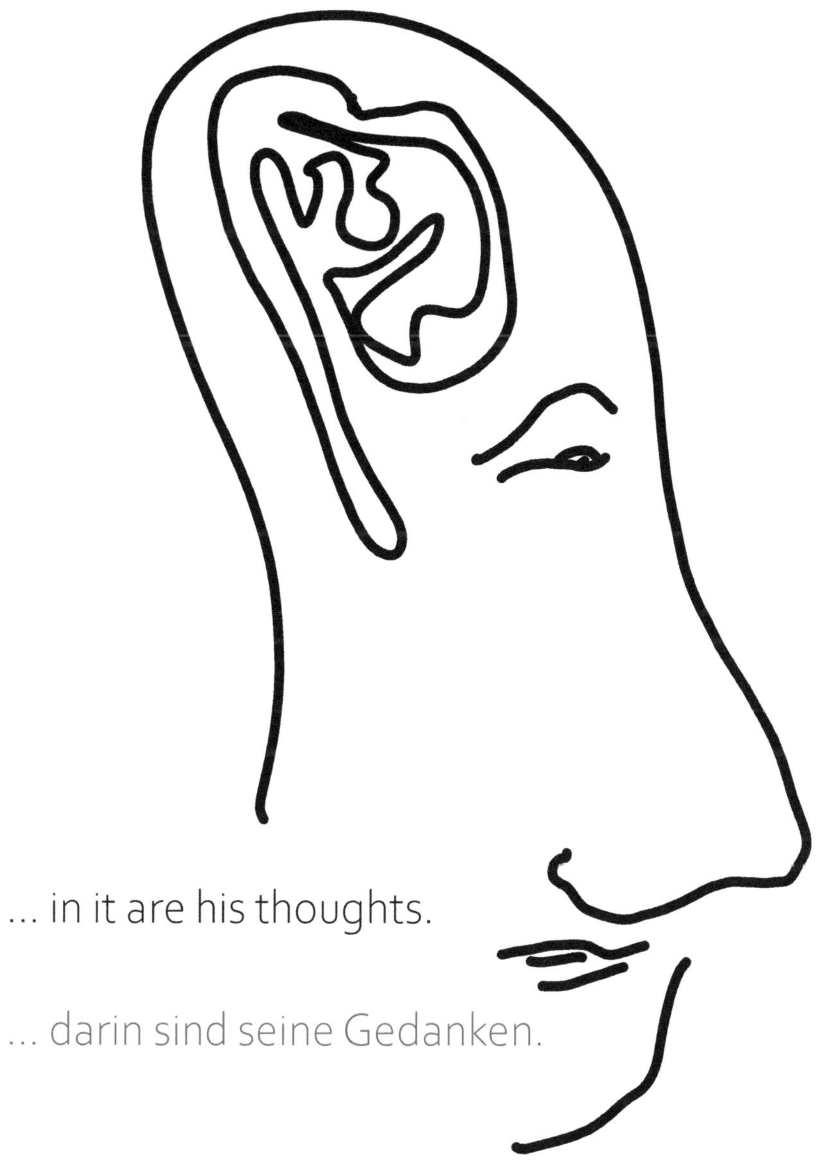

... in it are his thoughts.

... darin sind seine Gedanken.

They are quite muddled
in this day and age.

Die sind ziemlich verworren,
in der heutigen Zeit.

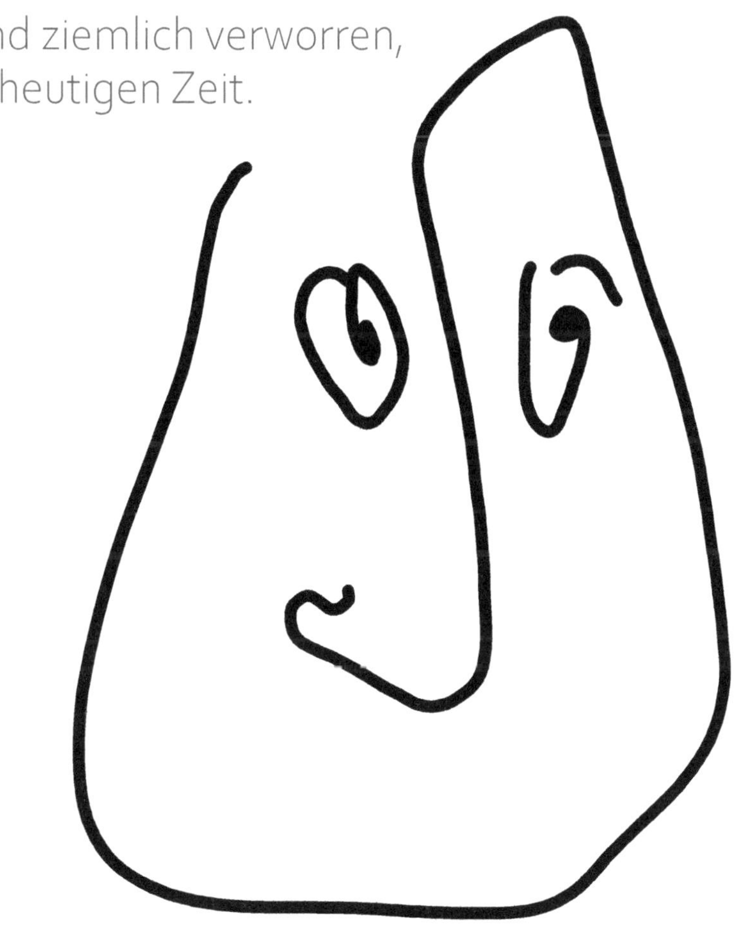

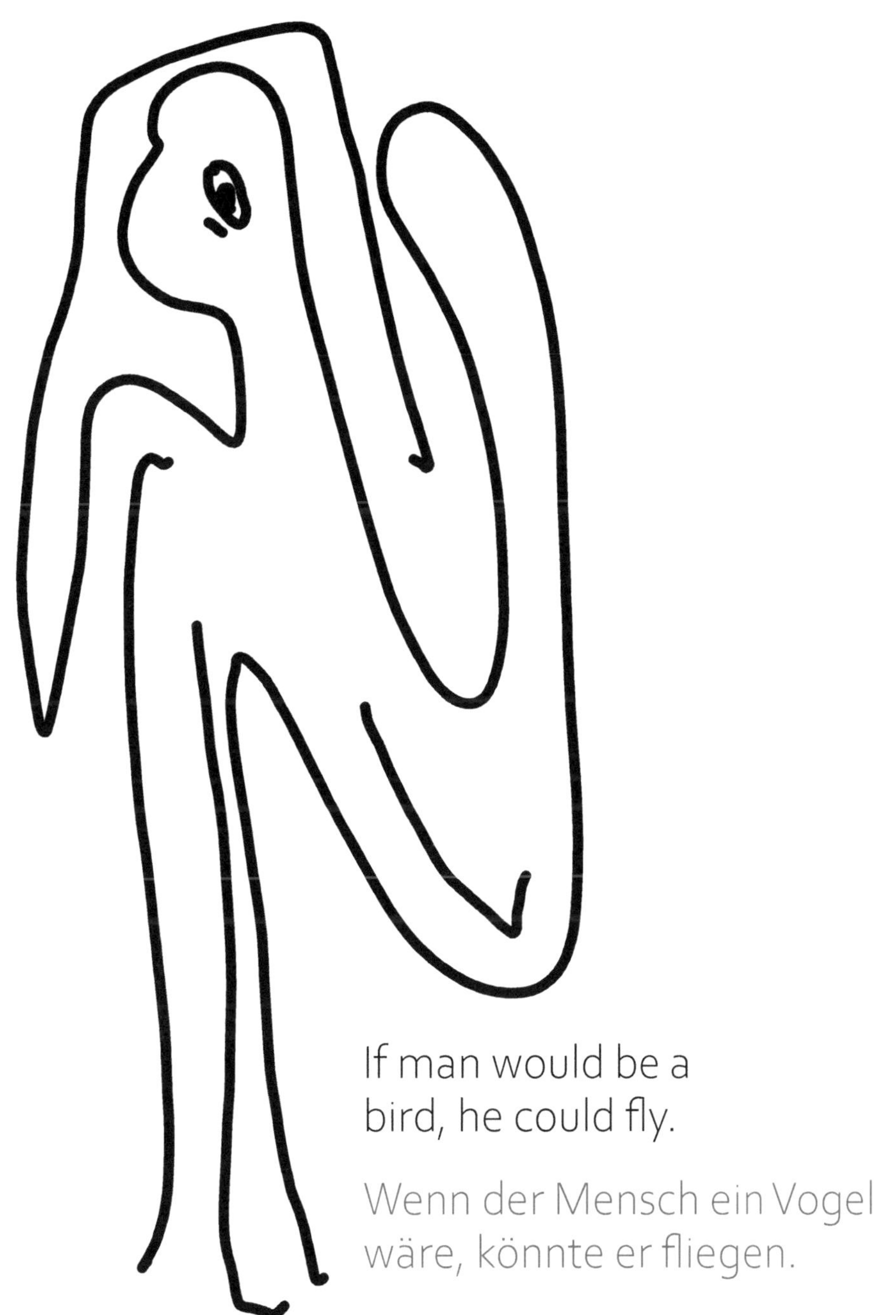

If man would be a
bird, he could fly.

Wenn der Mensch ein Vogel
wäre, könnte er fliegen.

If he would be a
talking cactus, he
could prick.

Wenn er ein
sprechender Kaktus
wäre, könnte er
stechen.

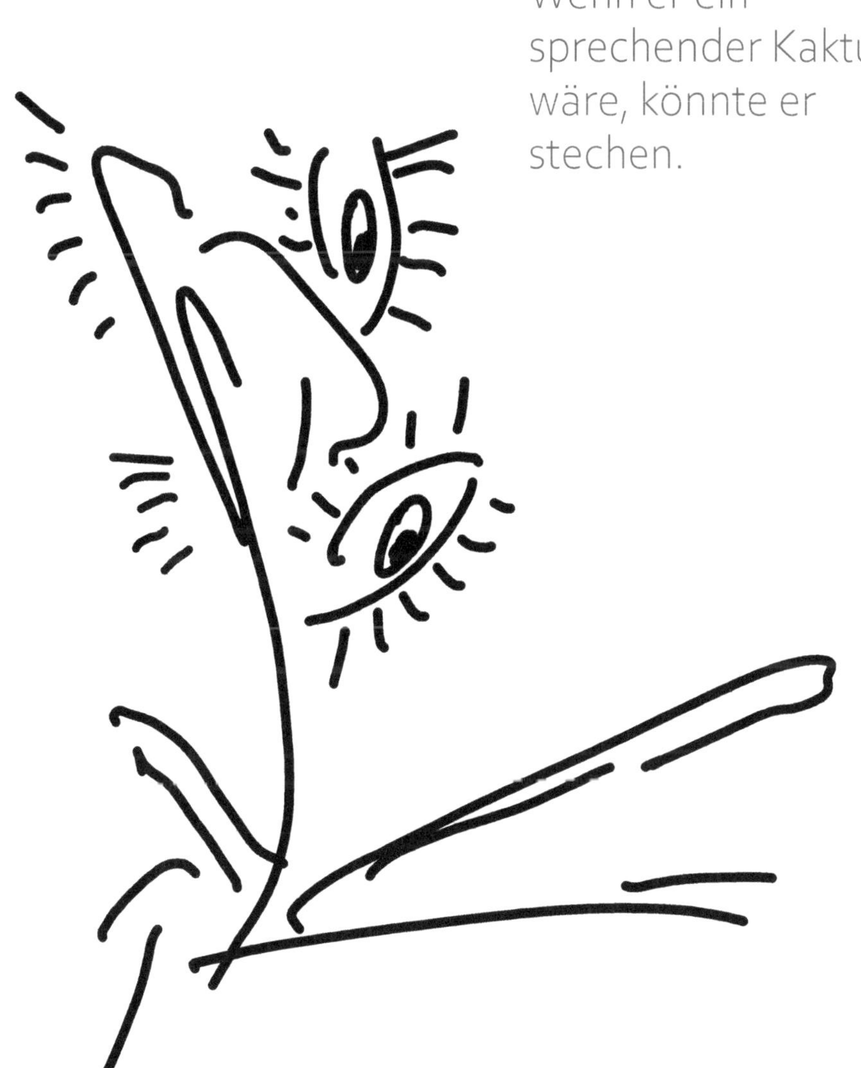

The glass stands in
front of the window
glass and stares out.

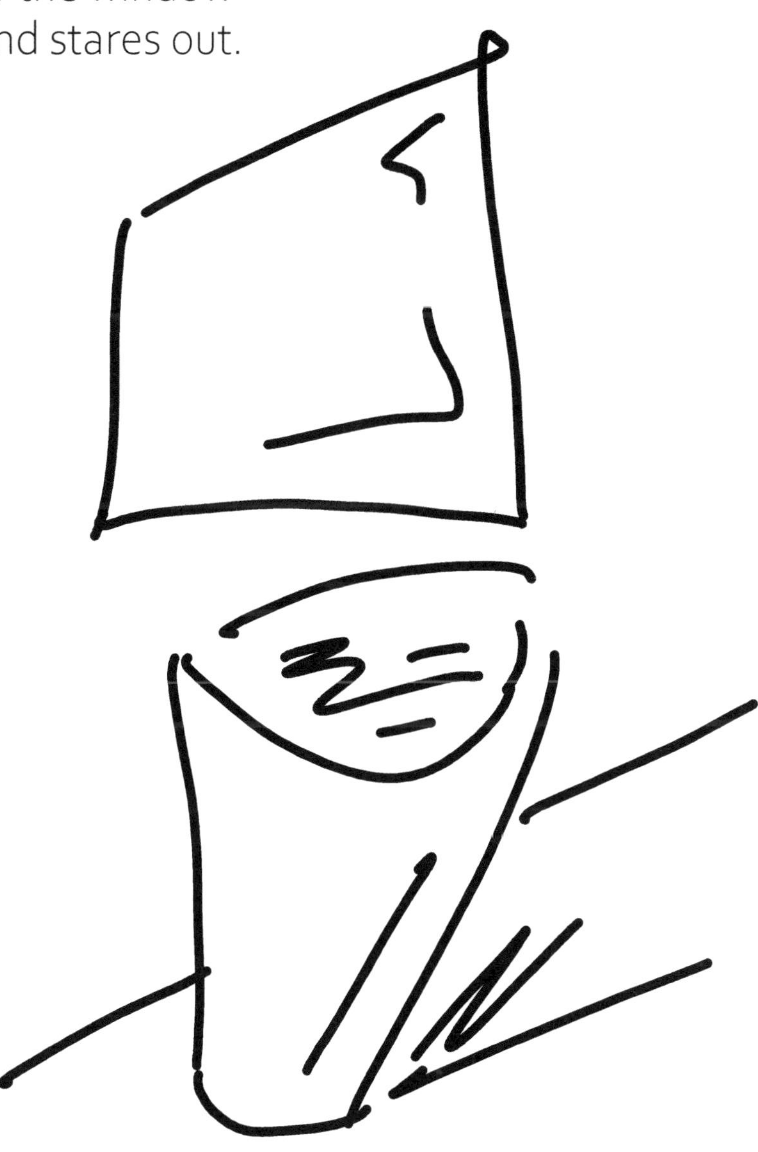

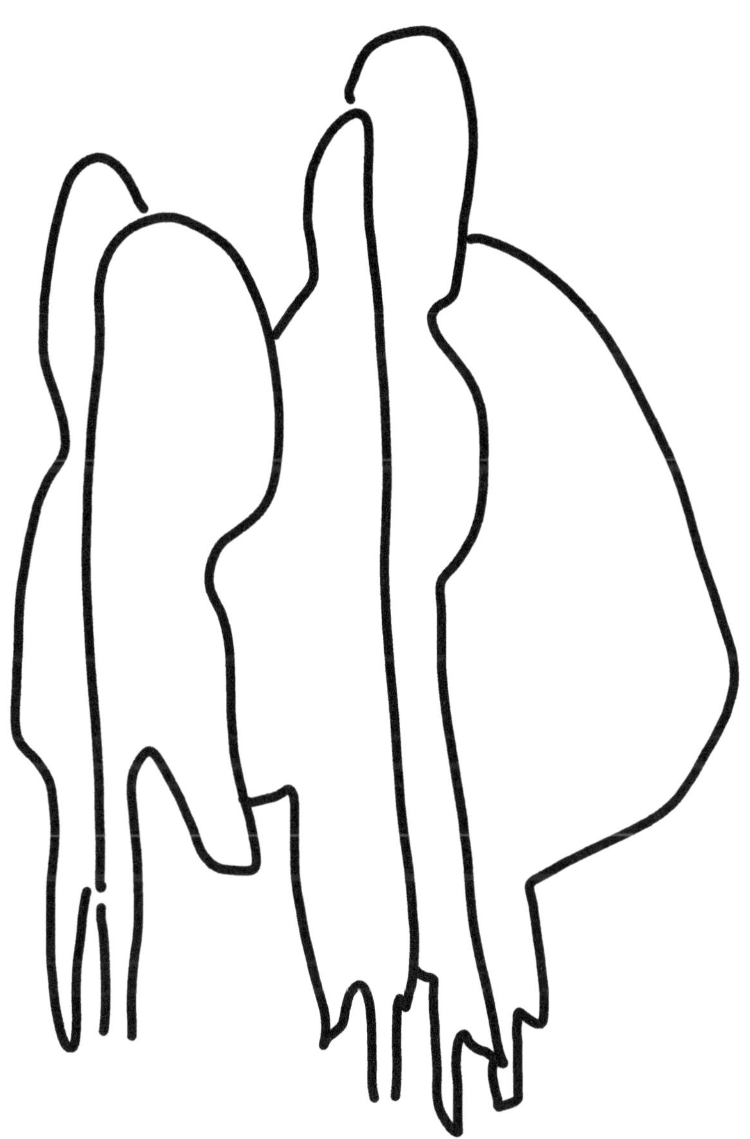

The trees have a bit of a conversation ...
Die Bäume unterhalten sich ein wenig ...

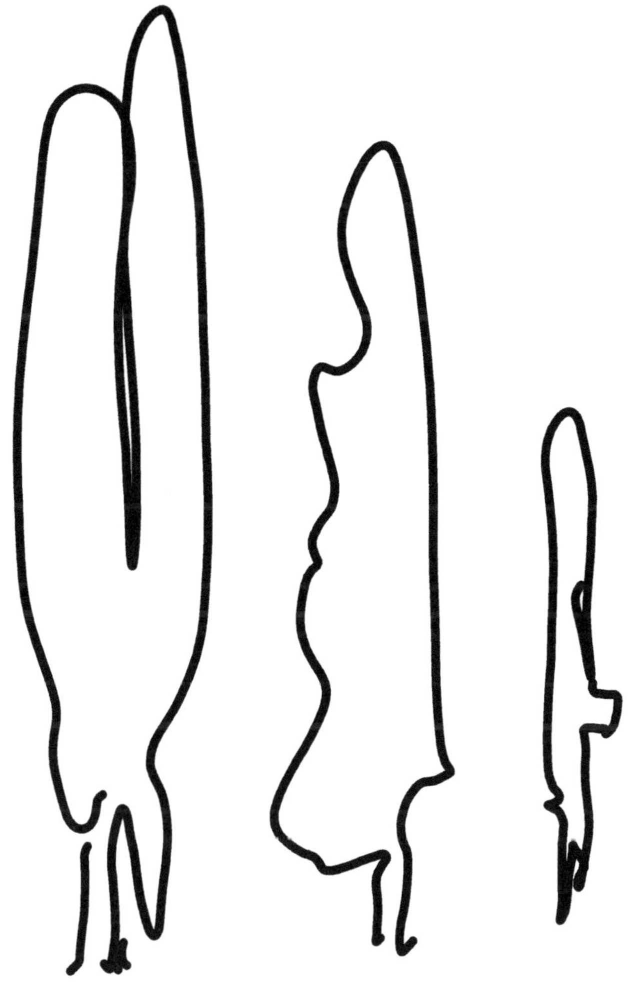

... and then they silently walk apart.
... und dann gehen sie stumm auseinander.

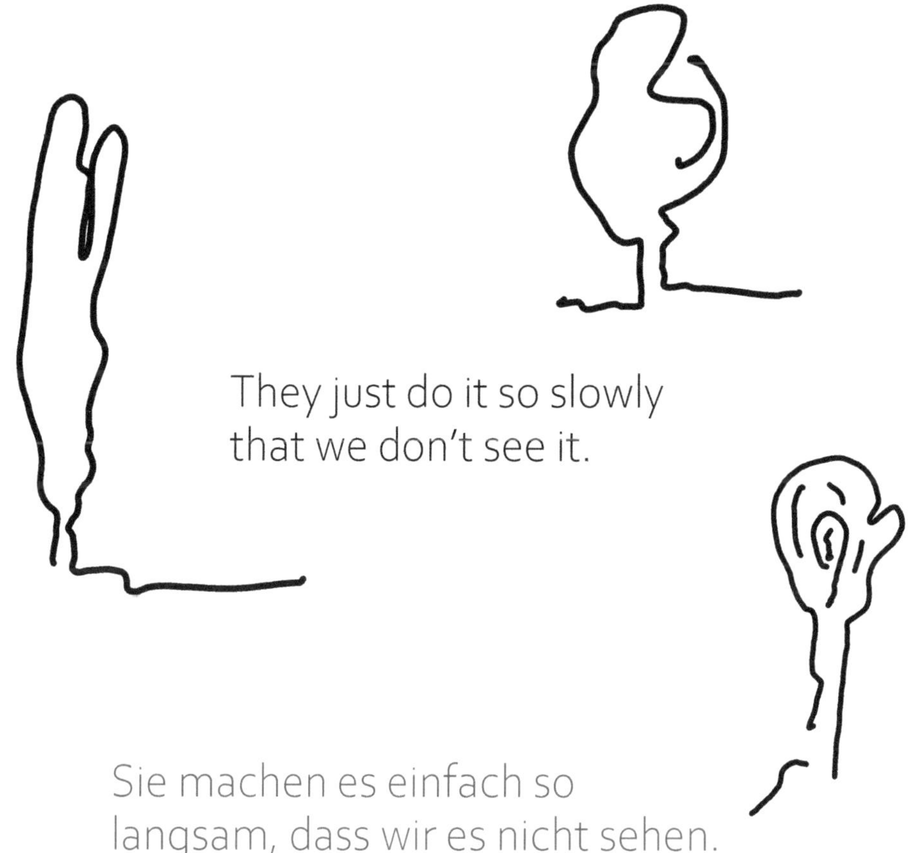

They just do it so slowly
that we don't see it.

Sie machen es einfach so
langsam, dass wir es nicht sehen.

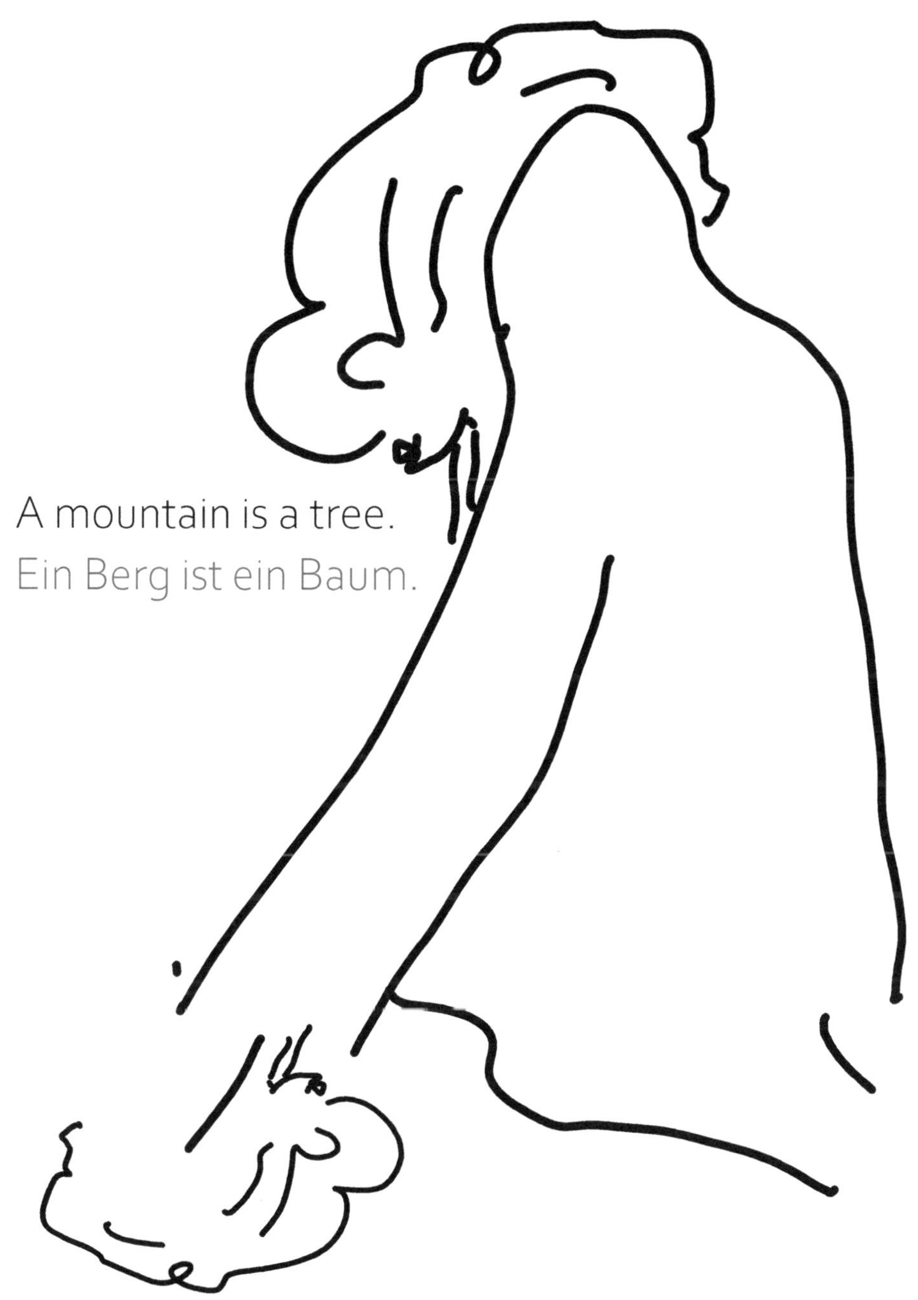

A mountain is a tree.
Ein Berg ist ein Baum.

Because not everything
is always done right ...

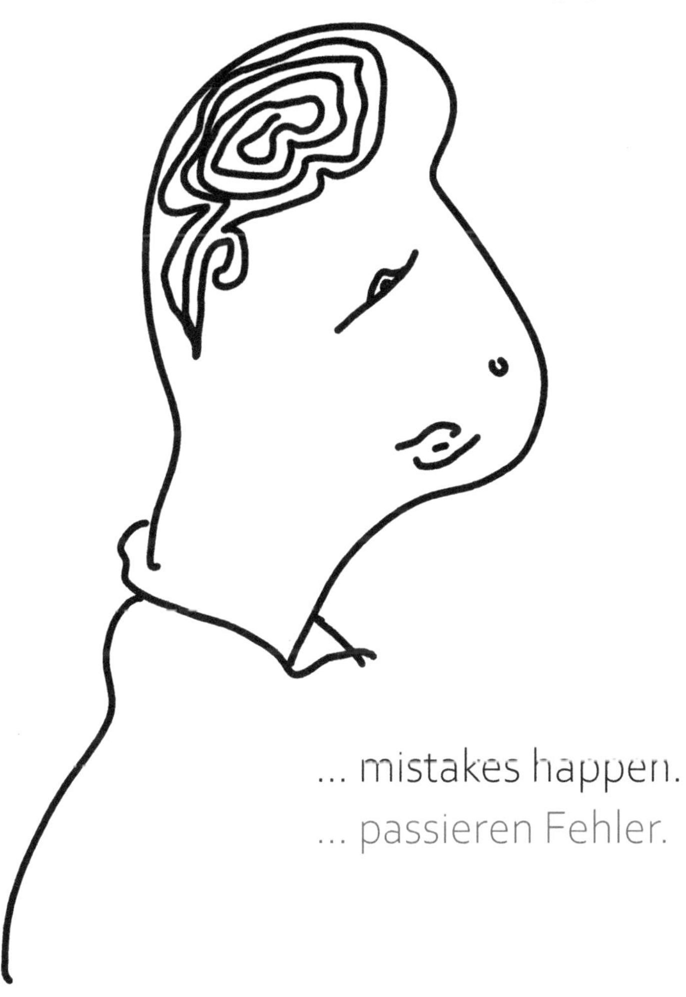

... mistakes happen.

The cow is an elephant.

Die Kuh ist ein Elefant.

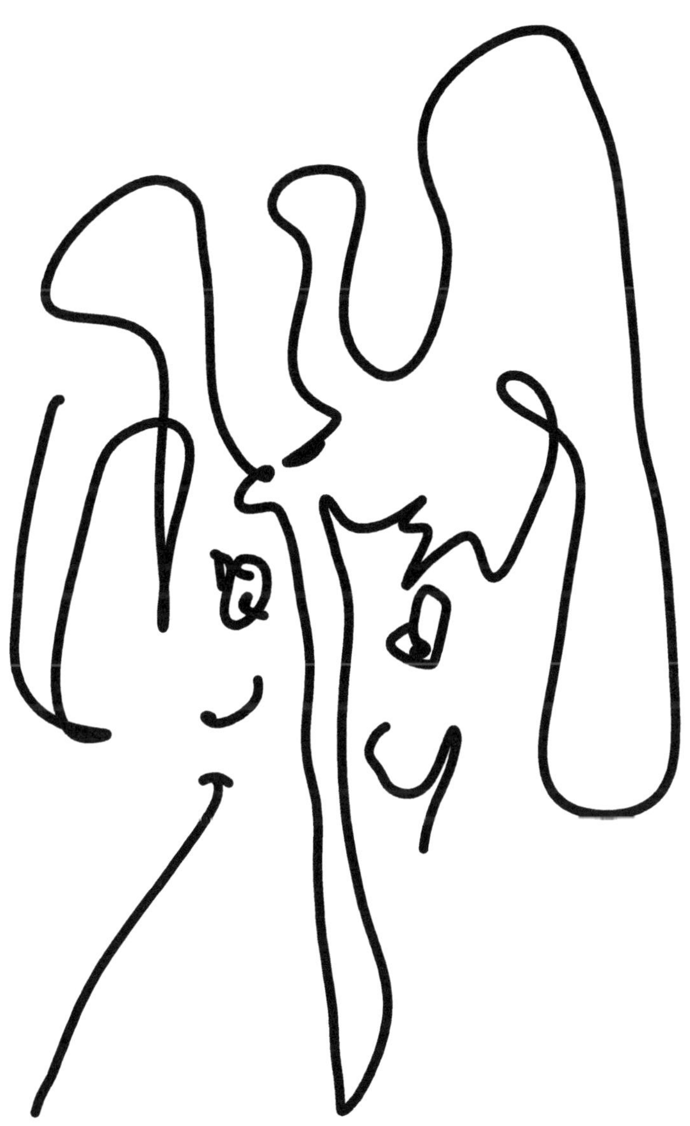

"We have to change the language to make the world a better place," the poster says.

„Wir müssen die Sprache verändern, um die Welt zu verbessern", steht auf dem Plakat.

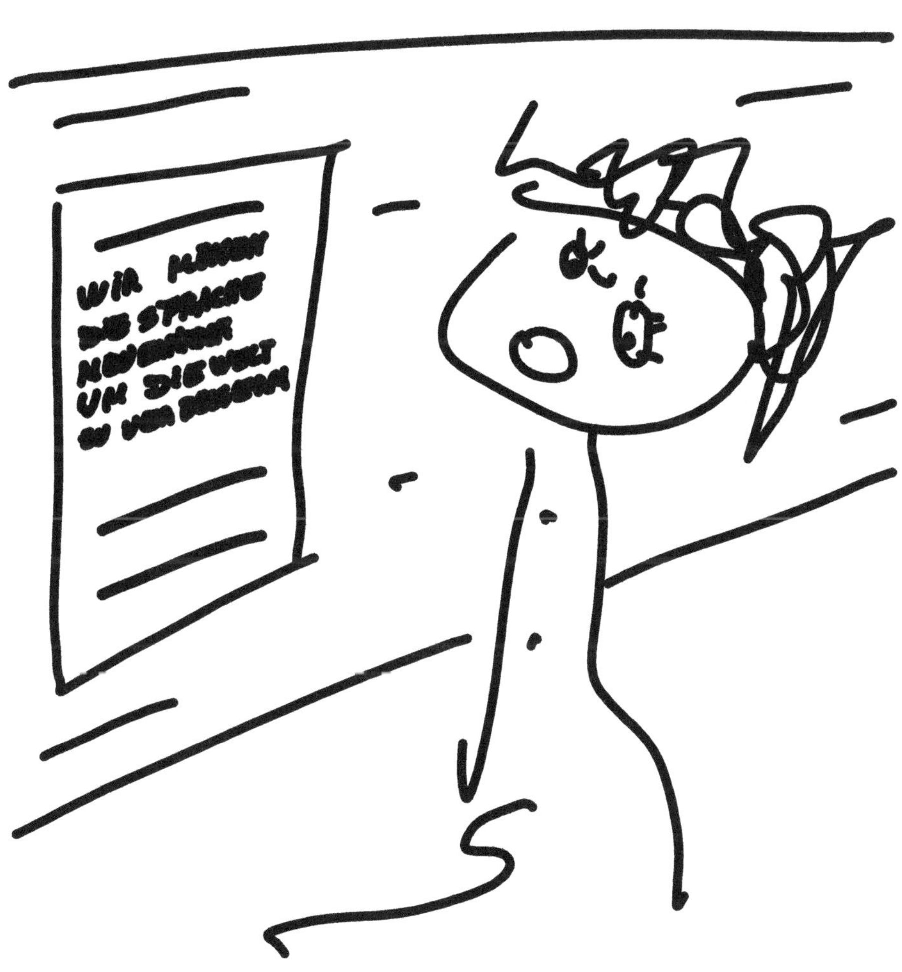

There are no walls, only in our minds.

Es gibt keine Mauern, nur in unseren Köpfen.

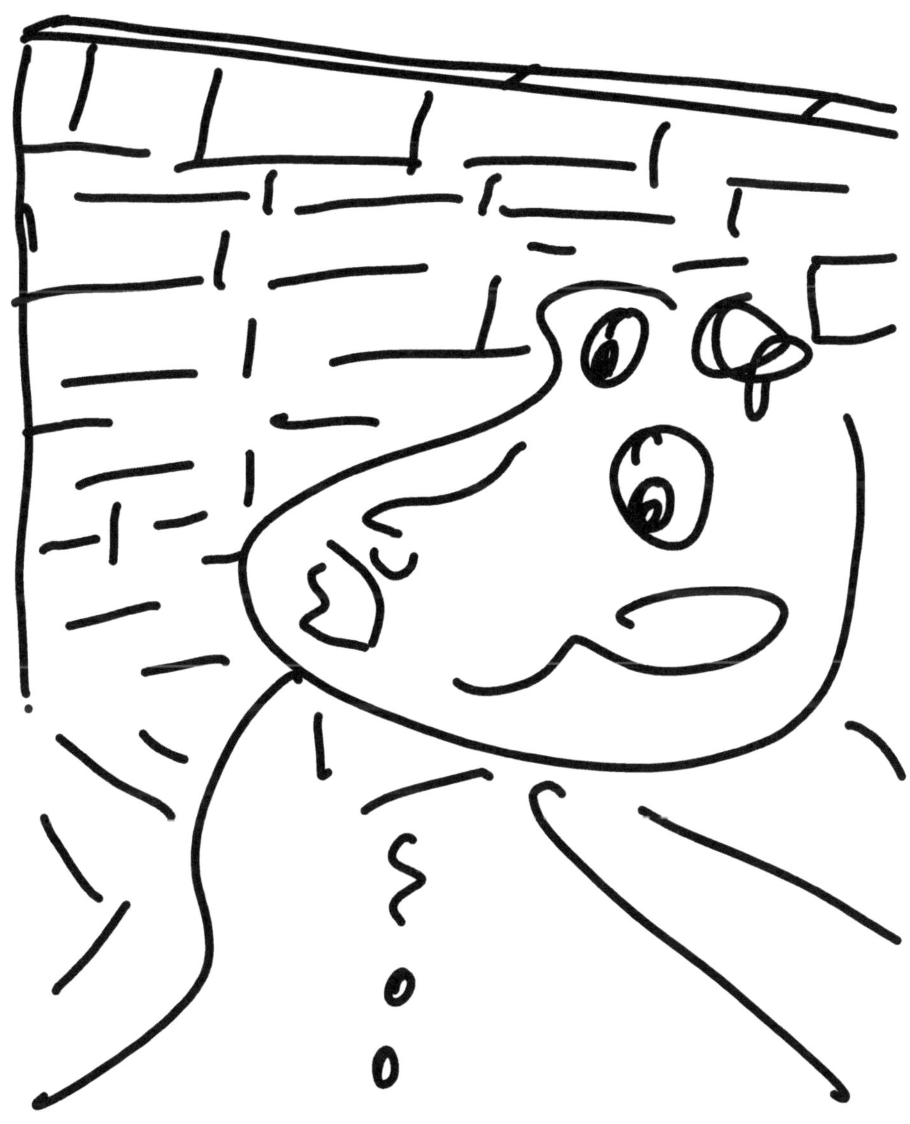

A man is a woman and
a woman is a man.

Ein Mann ist eine Frau und
eine Frau ist ein Mann.

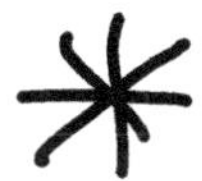

There are no images for this sentence.
Images create prejudices.
That's what the asterisk stands for.*

Zu diesem Satz gibt es keine Bilder.
Bilder erzeugen Vorurteile.
Dafür steht das Sternchen.*

*In an image, you see something and you think you know what
it is. But it is something else. That's why everything is an asterisk
now.

*Bei einem Bild sieht man etwas und meint, man weiß was es
ist. Aber es ist etwas anderes. Deshalb ist jetzt alles ein Sternchen.

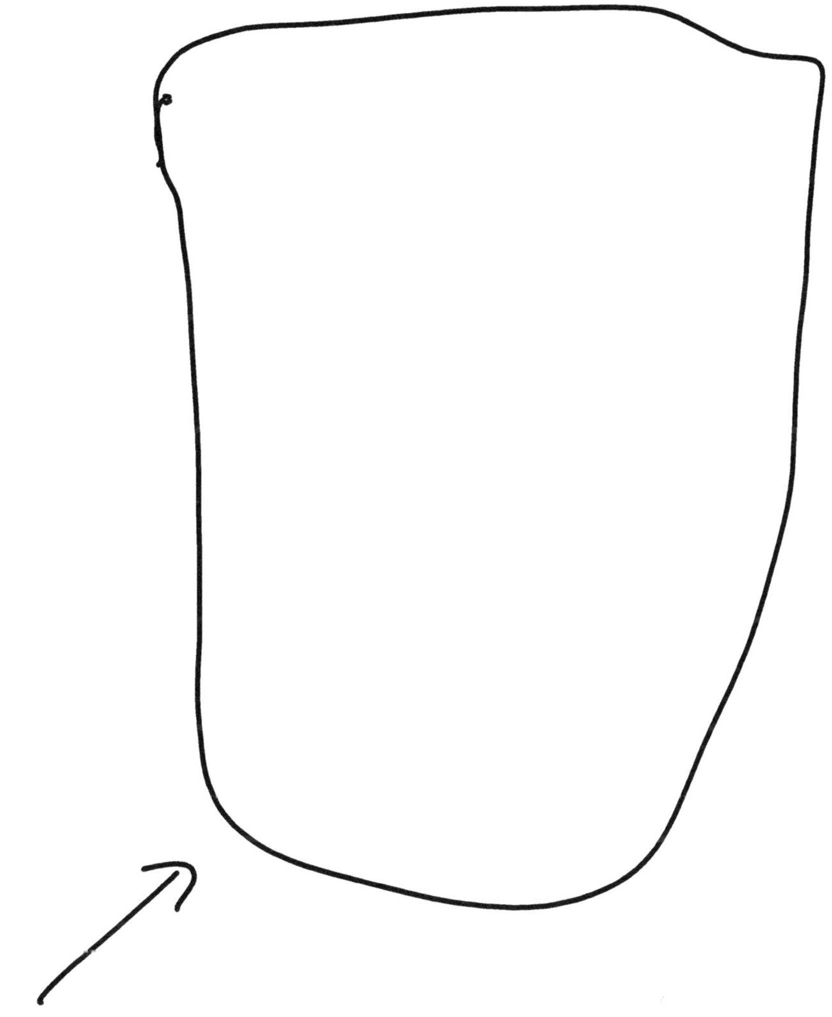

This is not an image. It is an empty space, not even an asterisk.

Dies ist kein Bild. Es ist eine leere Stelle, nicht einmal ein Sternchen.

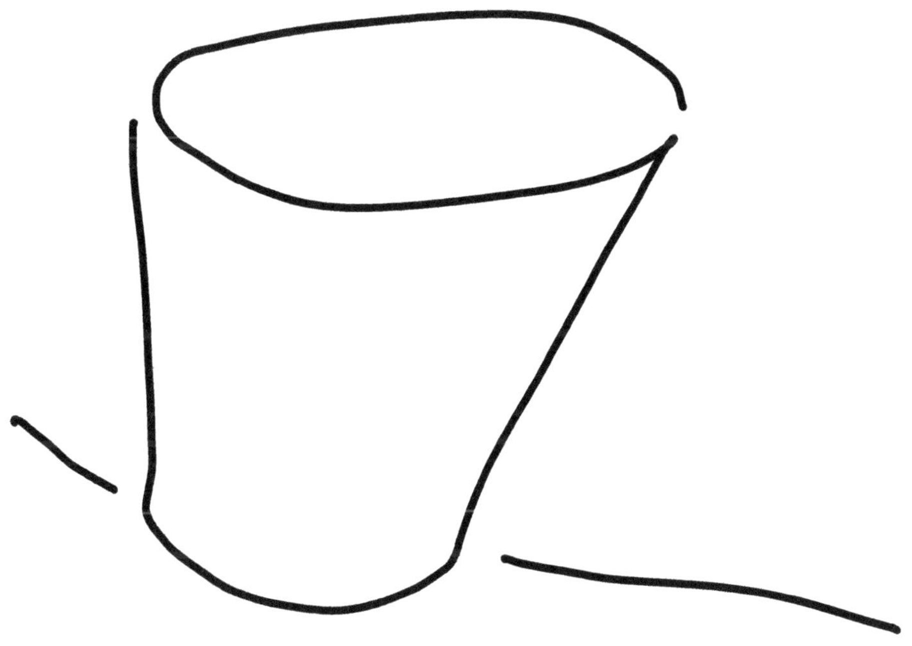

When everything is empty, that's the end.

Wenn alles leer ist, ist das das Ende.

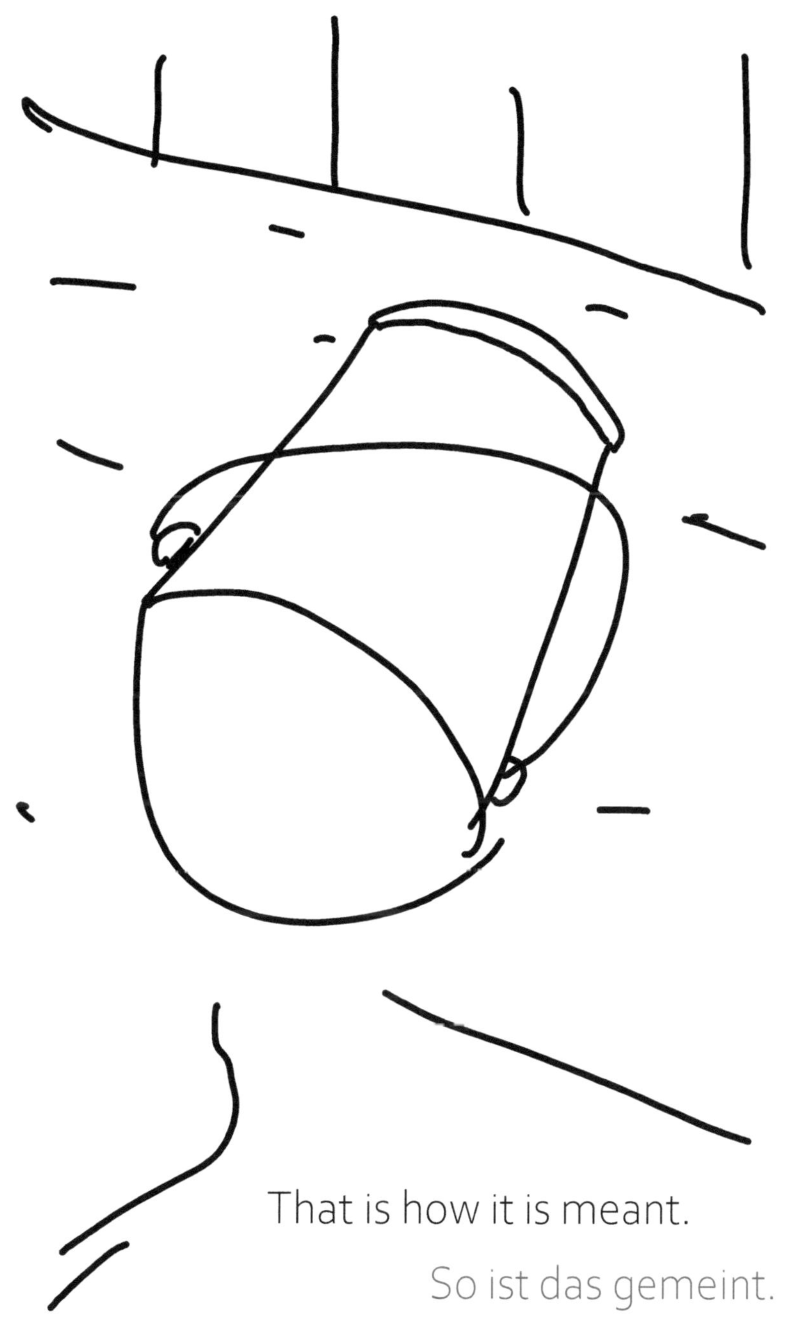

That is how it is meant.

So ist das gemeint.

Nighttime thoughts
Nachtgedanken

Between the afternoon and the
evening there is a line that is a
little less easy to draw than the
line with which the night begins.

Zwischen dem Nachmittag und
dem Abend ist eine Linie, die etwas
weniger gut zu zeichnen ist, als die
Linie mit der die Nacht beginnt.

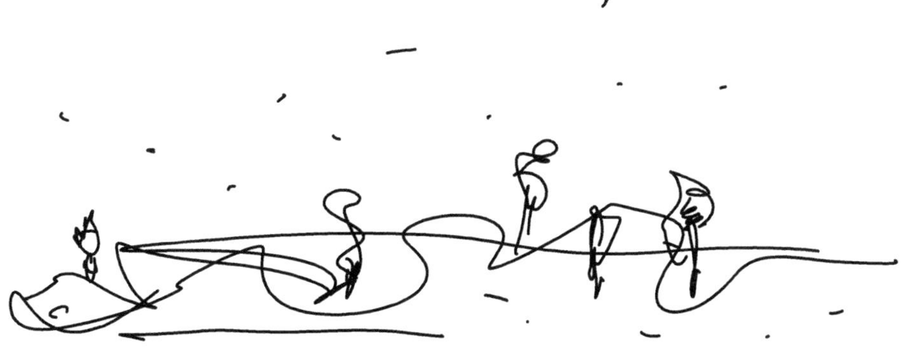

Julius was always really
surprised how quickly and
suddenly the night arrived.

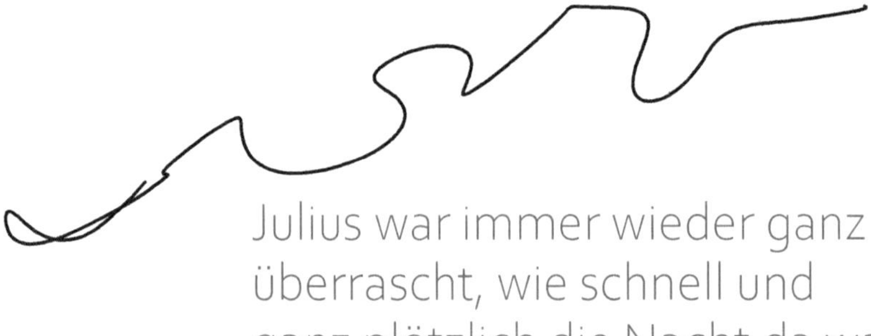

Julius war immer wieder ganz
überrascht, wie schnell und
ganz plötzlich die Nacht da war.

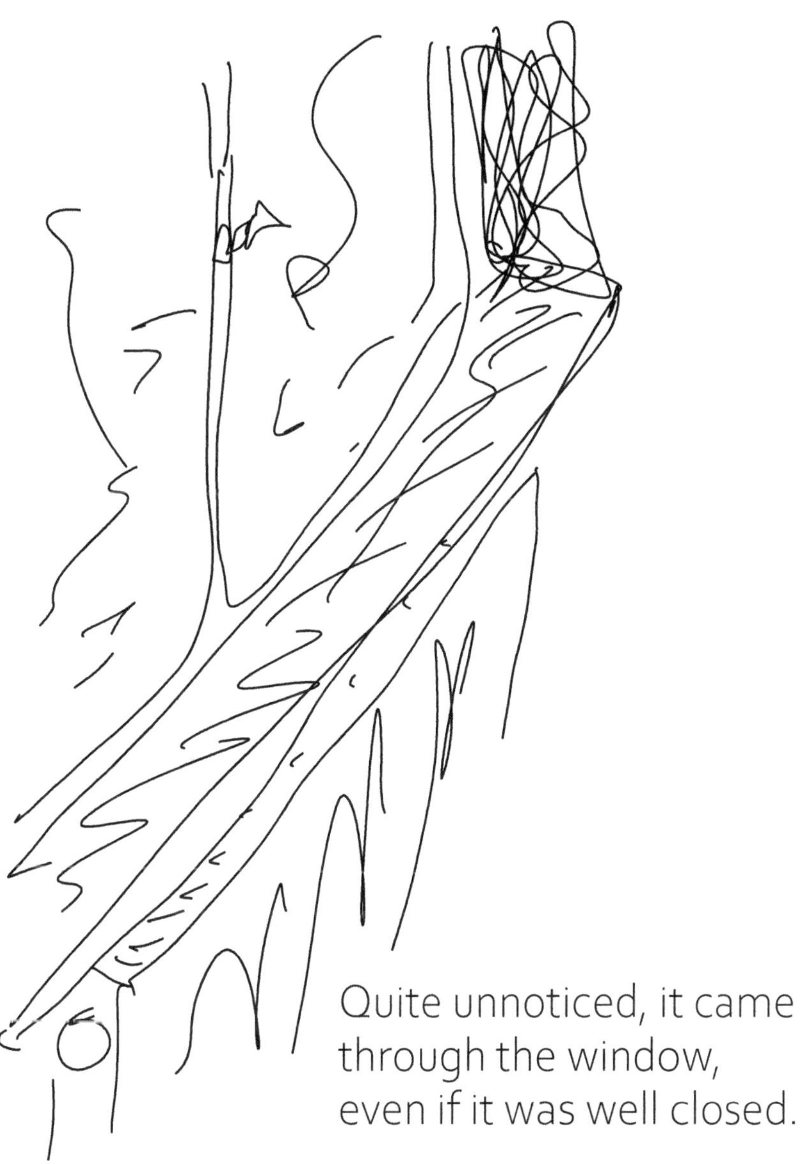

Quite unnoticed, it came
through the window,
even if it was well closed.

Ganz unbemerkt kam sie
durch das Fenster, selbst wenn
es gut geschlossen war.

He wondered why the time until morning was so much shorter than the day.

Er fragte sich, warum die Zeit bis zum Morgen so viel kürzer war, als der Tag.

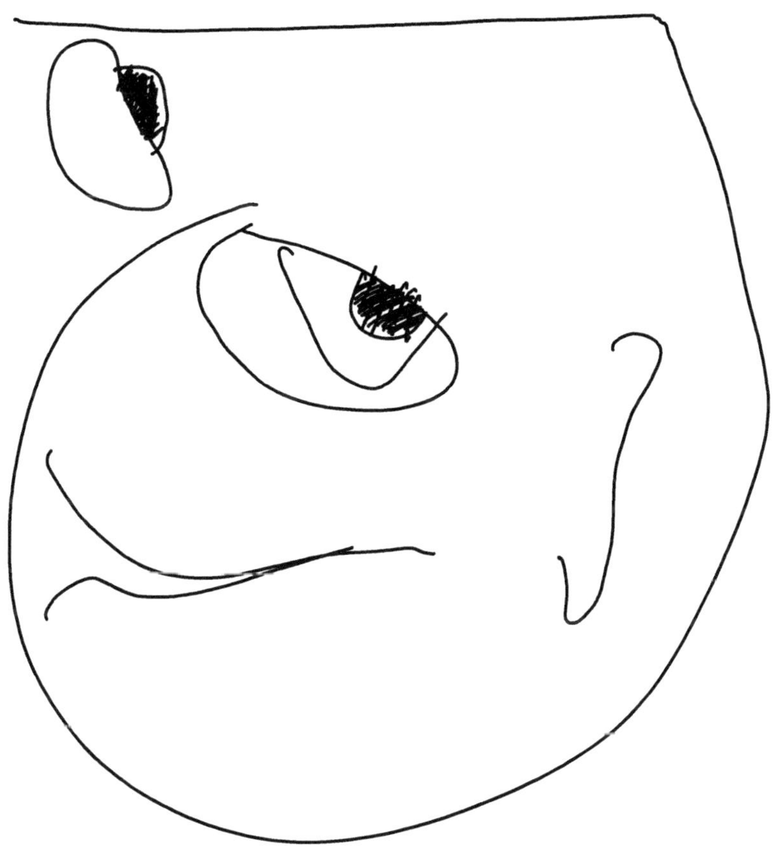

Actually, such a day was a well-rounded affair.

Eigentlich war so ein Tag eine runde Sache.

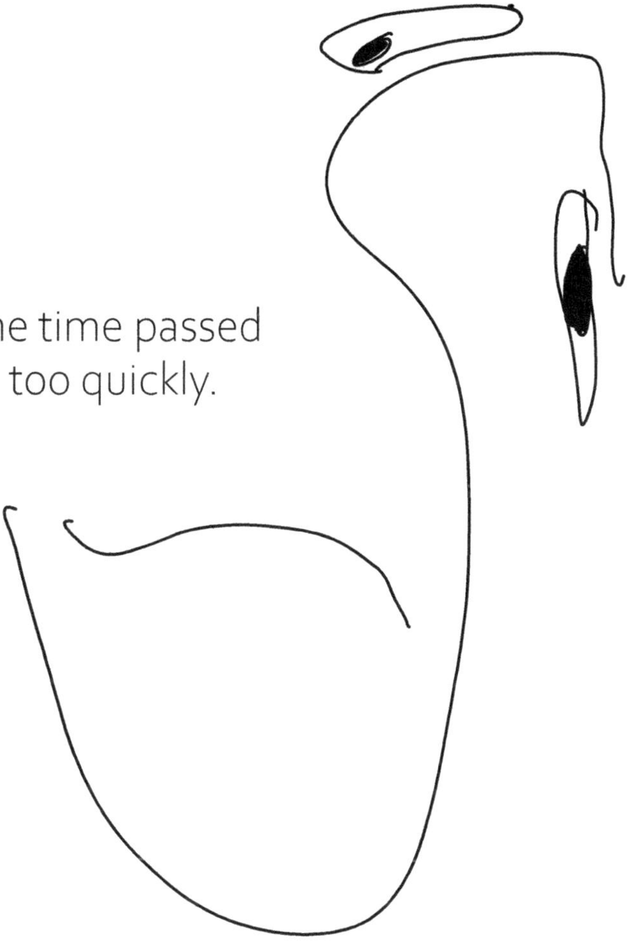

But the time passed
much too quickly.

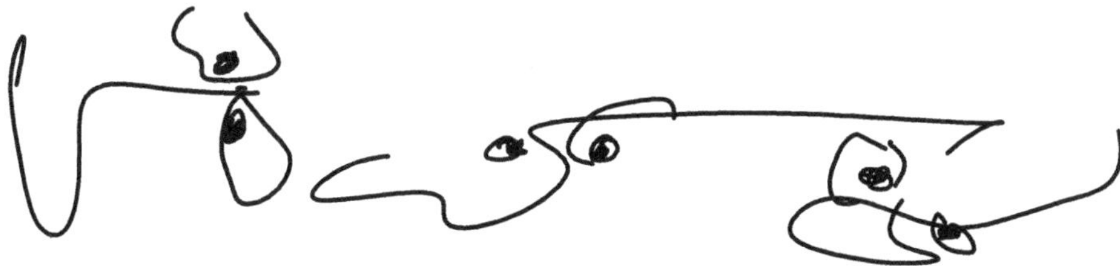

And before you knew it,
another day had arrived.

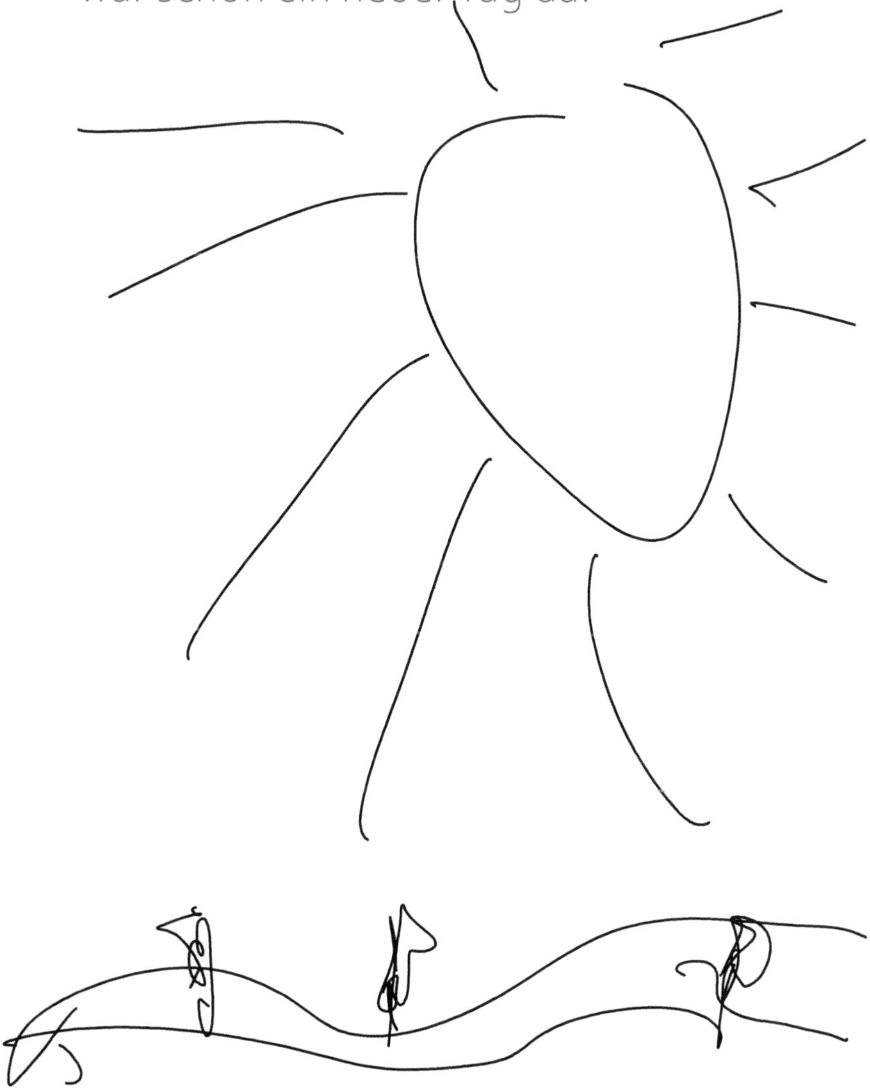

The Liberation

Die Befreiung

"Reading is so boring", said Susan and
continued staring out of the window.

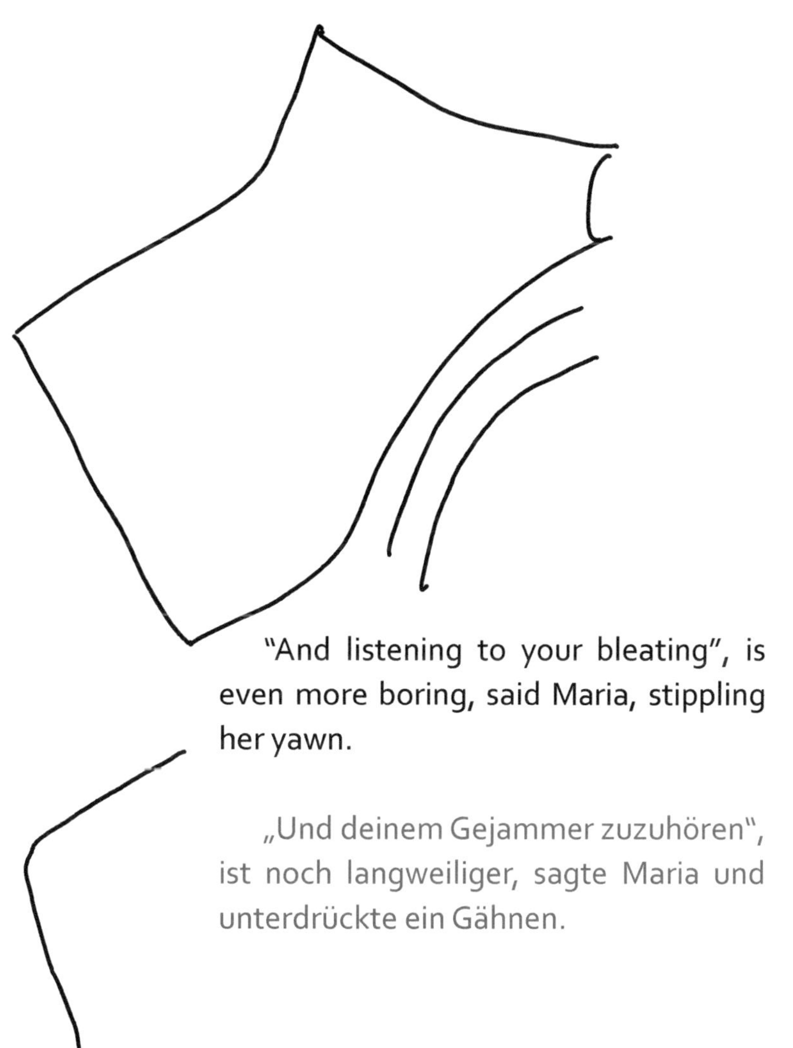

"And listening to your bleating", is
even more boring, said Maria, stippling
her yawn.

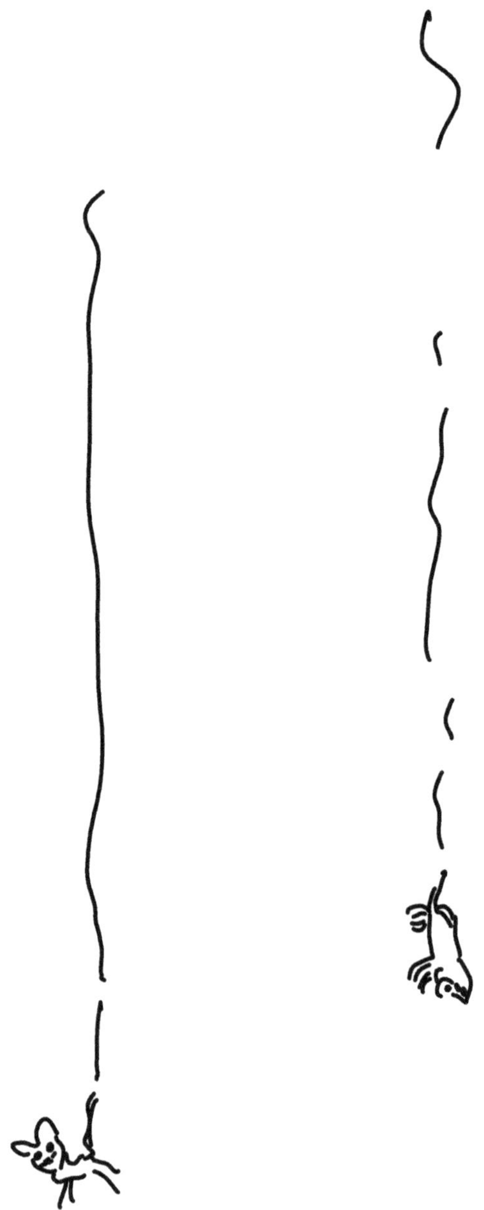

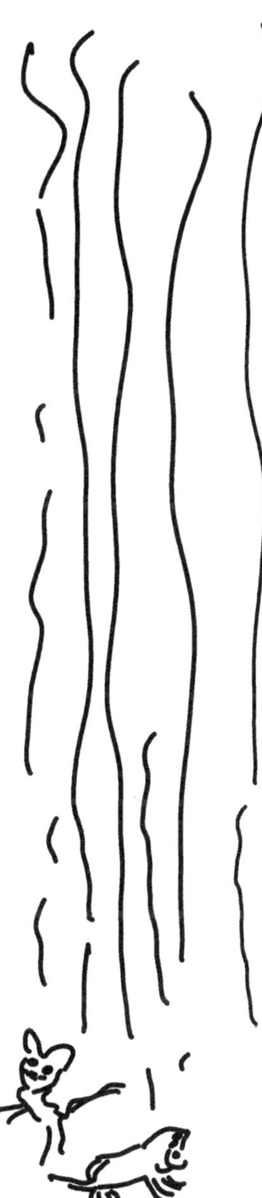

It was raining cats and dogs all day. Wise children would have been happy, knowing that rain is good for the environment in a world where forests are dying because of lack of water. But you can't expect stupid parents' children to be wise.

Es regnete den ganzen Tag in Strömen. Kluge Kinder hätten sich gefreut, wissend, dass Regen gut für die Umwelt ist, in einer Welt, in der die Wälder wegen Wassermangels absterben. Aber man kann von den Kindern dummer Eltern nicht erwarten, dass sie klug sind.

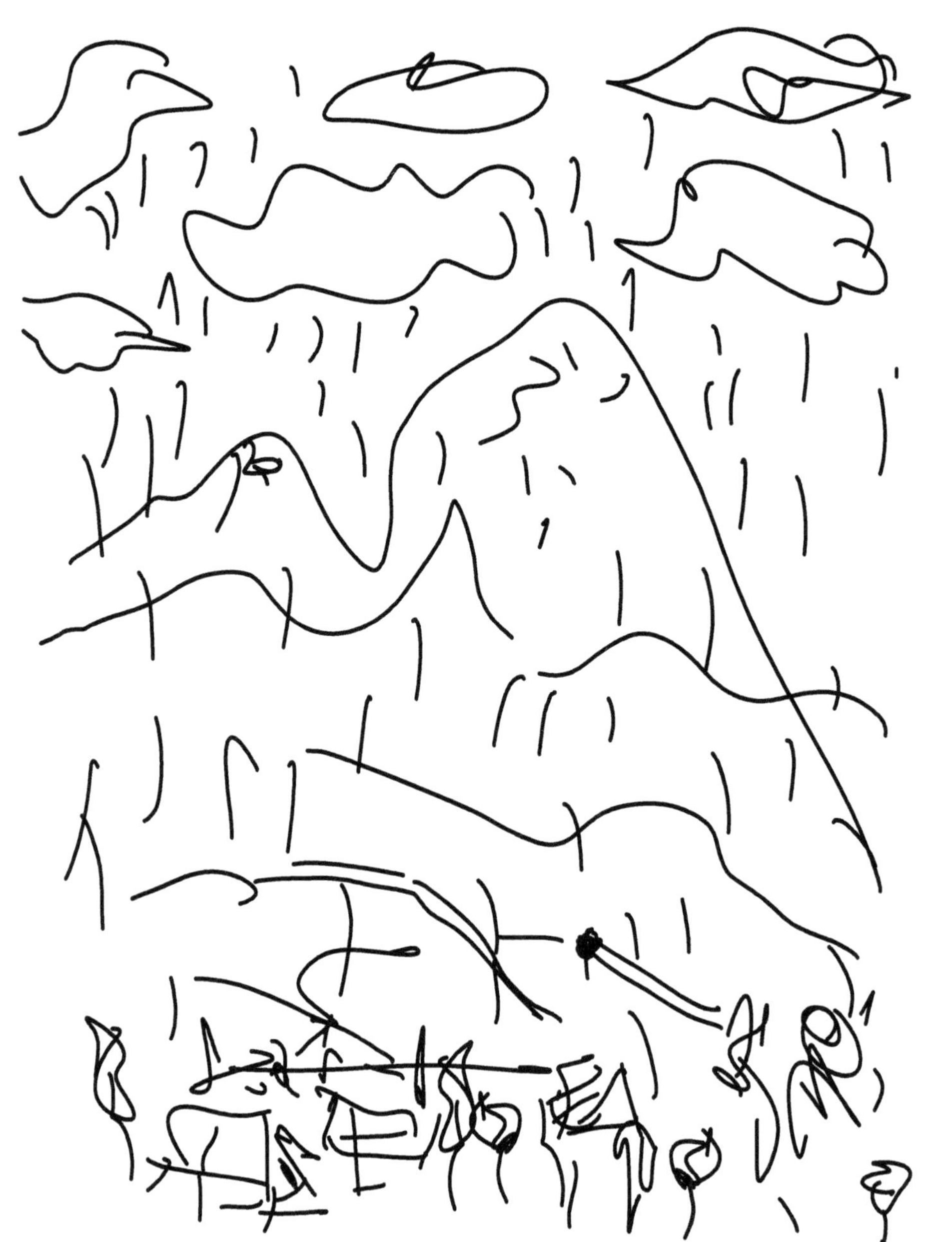

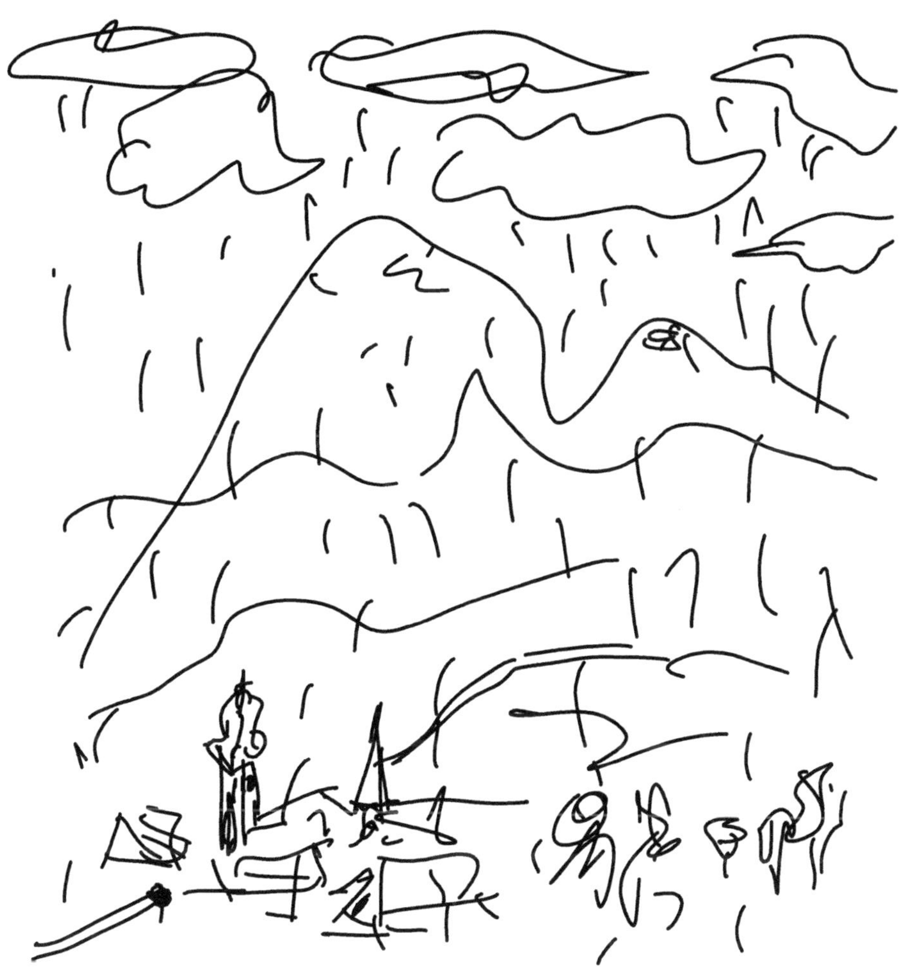

Susan and Maria were on vacation, far away from home, somewhere in the alps of Switzerland.

Susan und Maria waren im Urlaub, weit weg von zu Hause, irgendwo in den Schweizer Alpen.

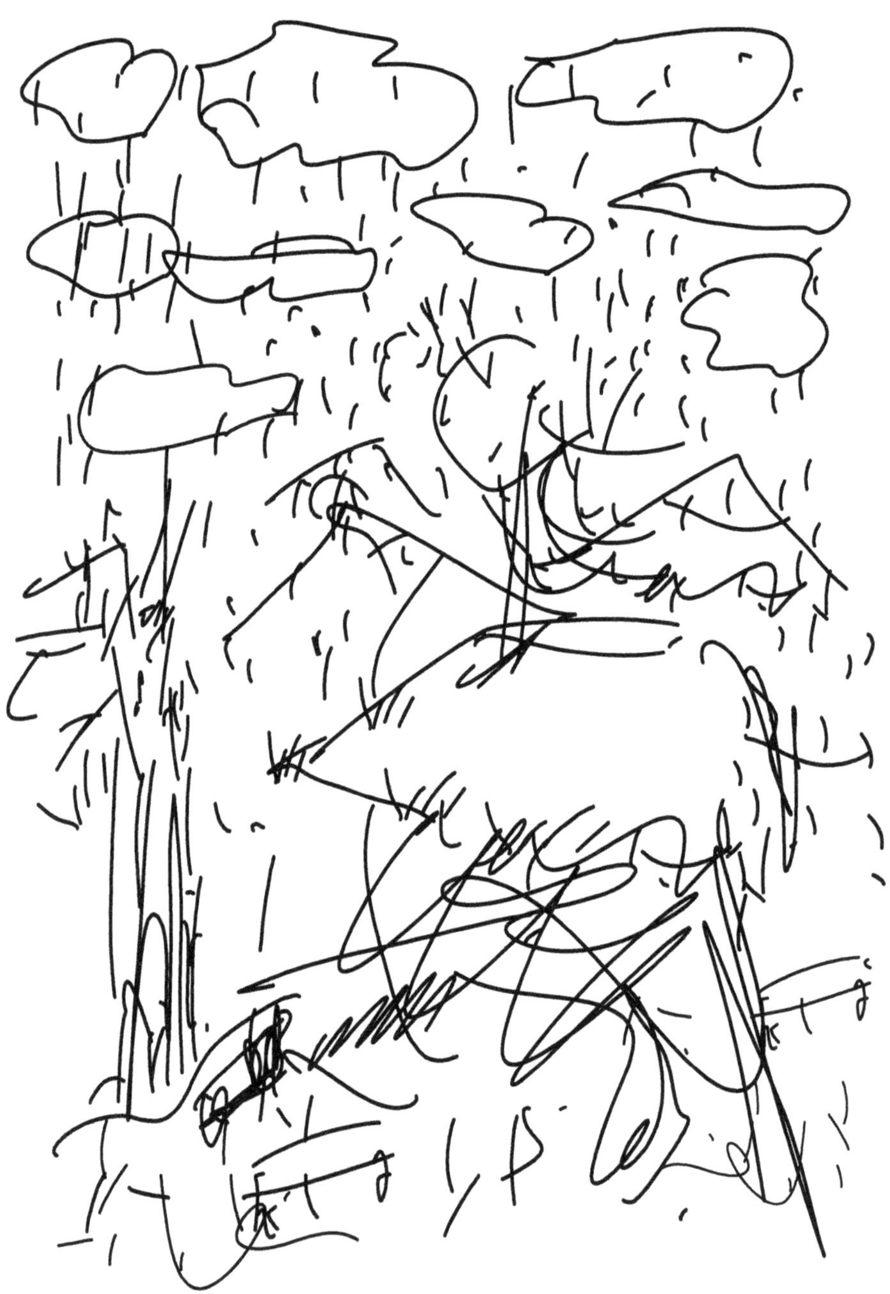

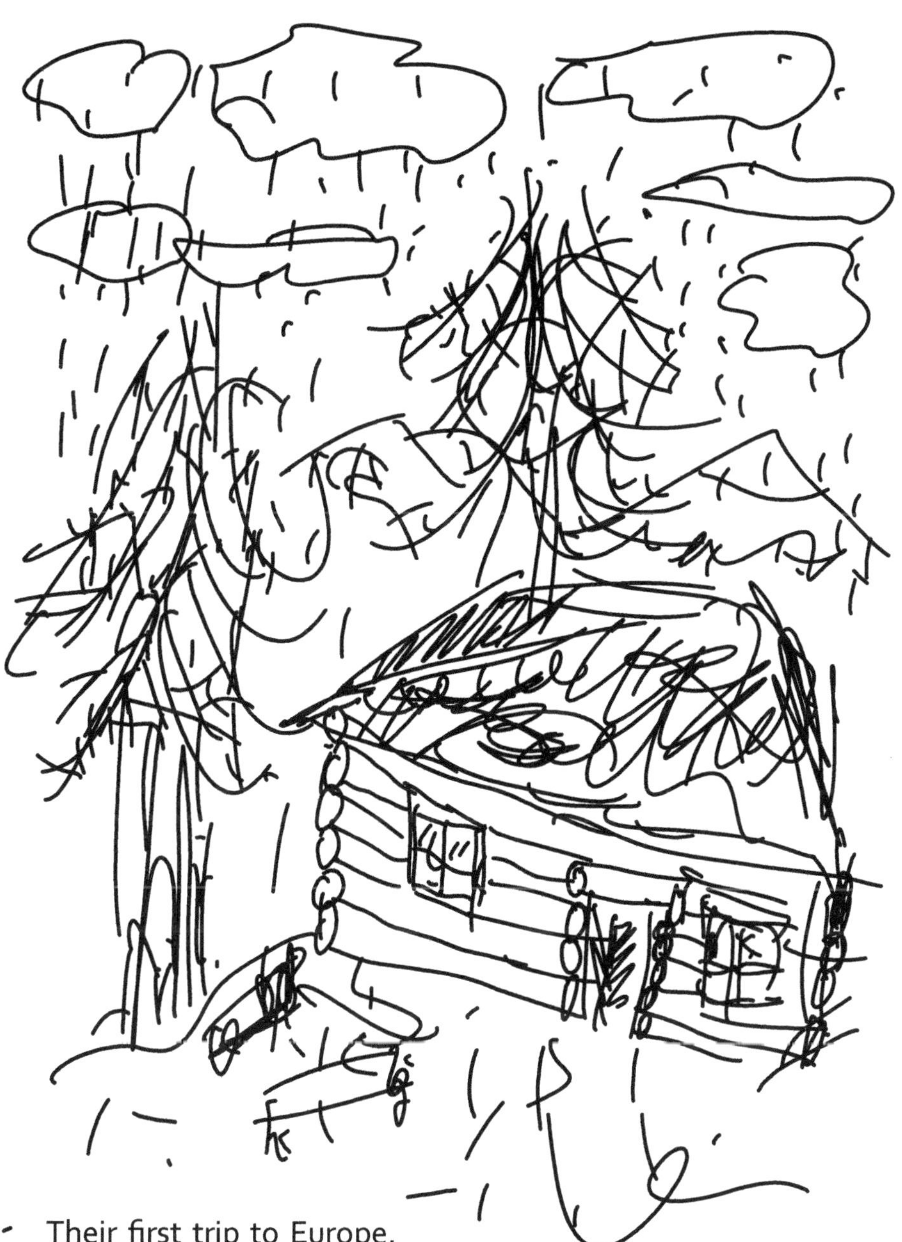

– Their first trip to Europe.
A little chalet in the alps.

Ihre erste Reise nach Europa.
Ein kleines Chalet in den Alpen.

In spite of the rain, their parents
were on a hike. But the two children
stayed at the chalet.

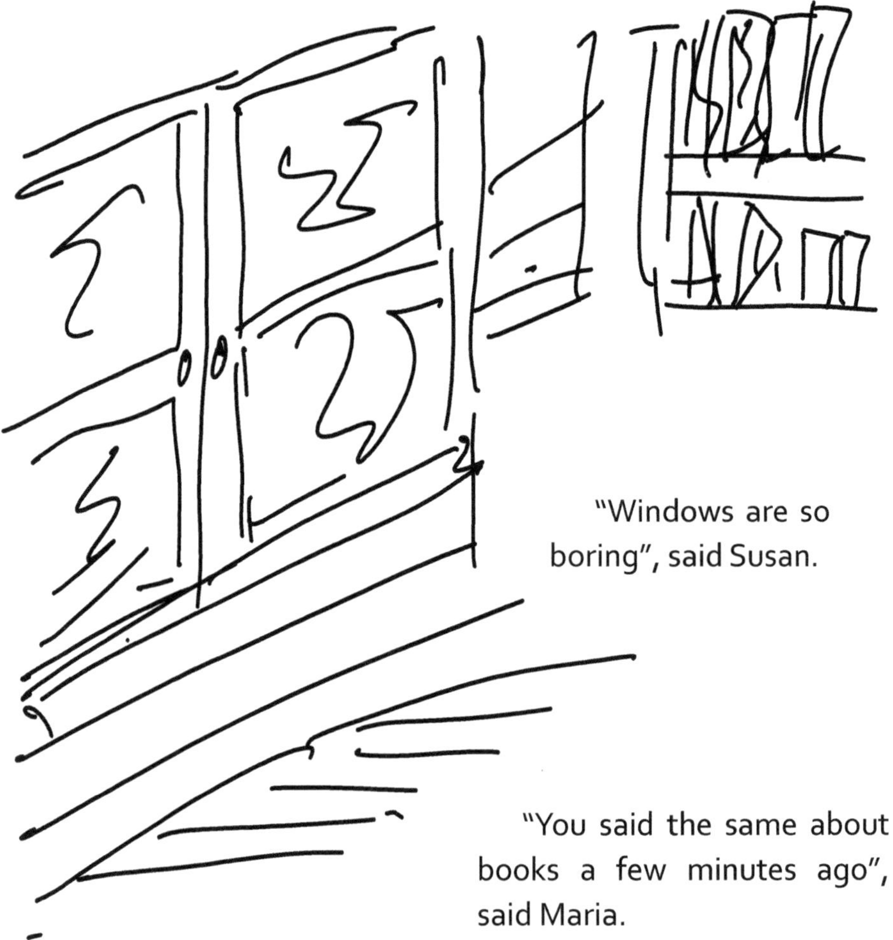

"Windows are so
boring", said Susan.

"You said the same about
books a few minutes ago",
said Maria.

"Does that make a difference?",
muttered Susan.

Trotz des Regens waren die Eltern
auf einer Wanderung. Aber die beiden
Kinder blieben in der Hütte.

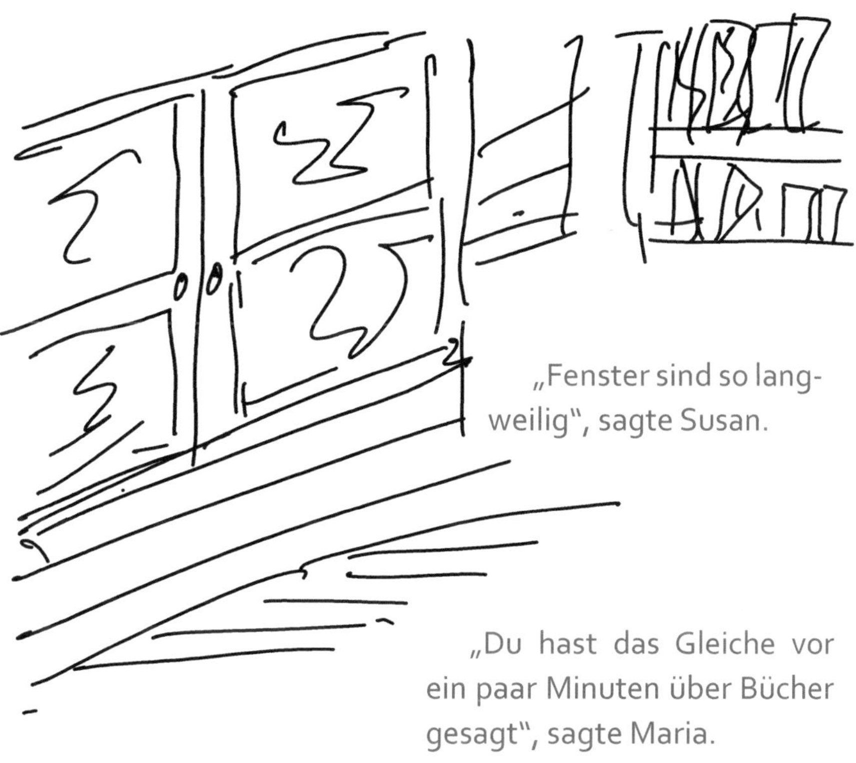

„Fenster sind so lang-
weilig", sagte Susan.

„Du hast das Gleiche vor
ein paar Minuten über Bücher
gesagt", sagte Maria.

„Macht das einen Unterschied?",
murmelte Susan.

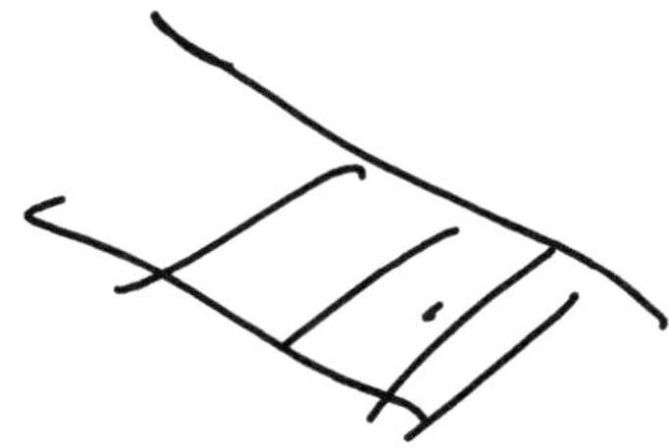

She looked at the little bookshelf
above the old-fashioned sofa.

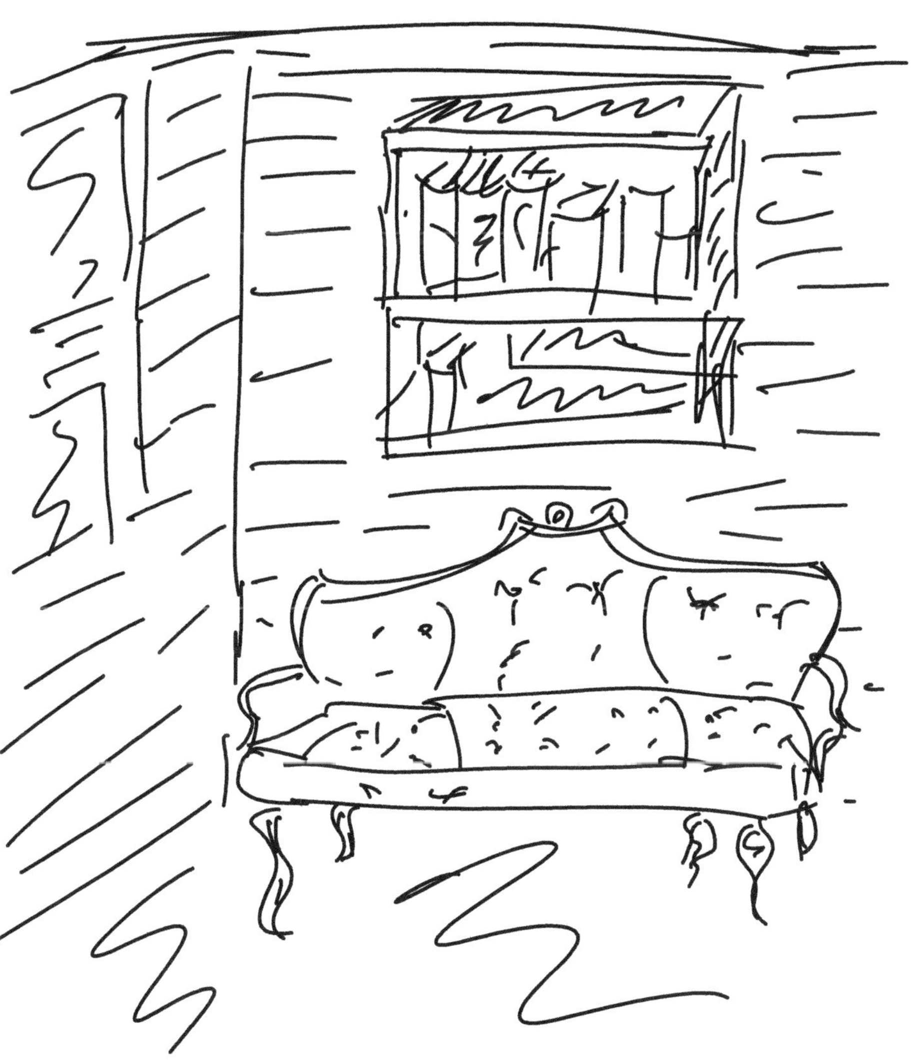

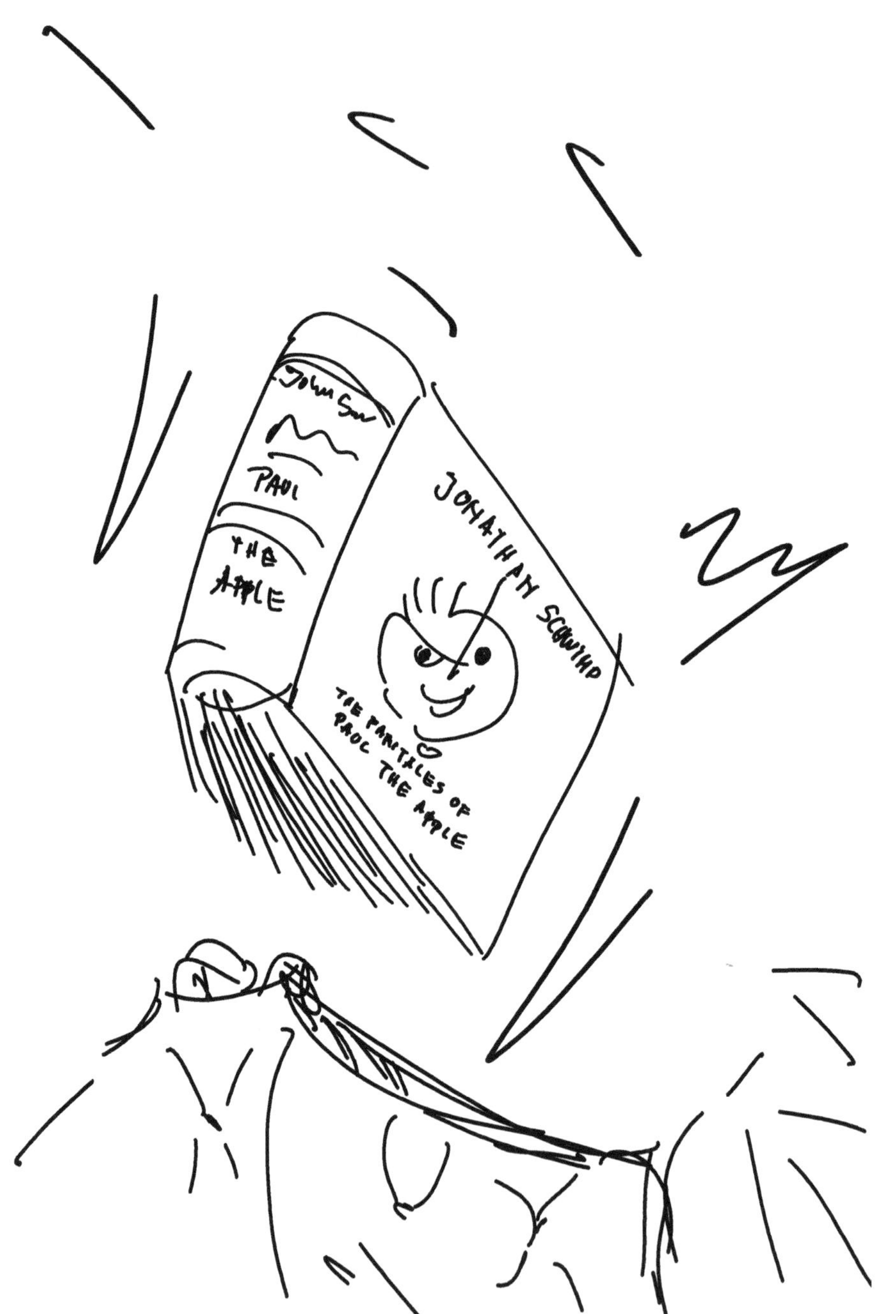
John Sun
PAUL
THE
APPLE
JONATHAN SCHWIND
THE PANTILES OF
PAUL THE APPLE

For reasons no one understood,
a book fell off the shelf.

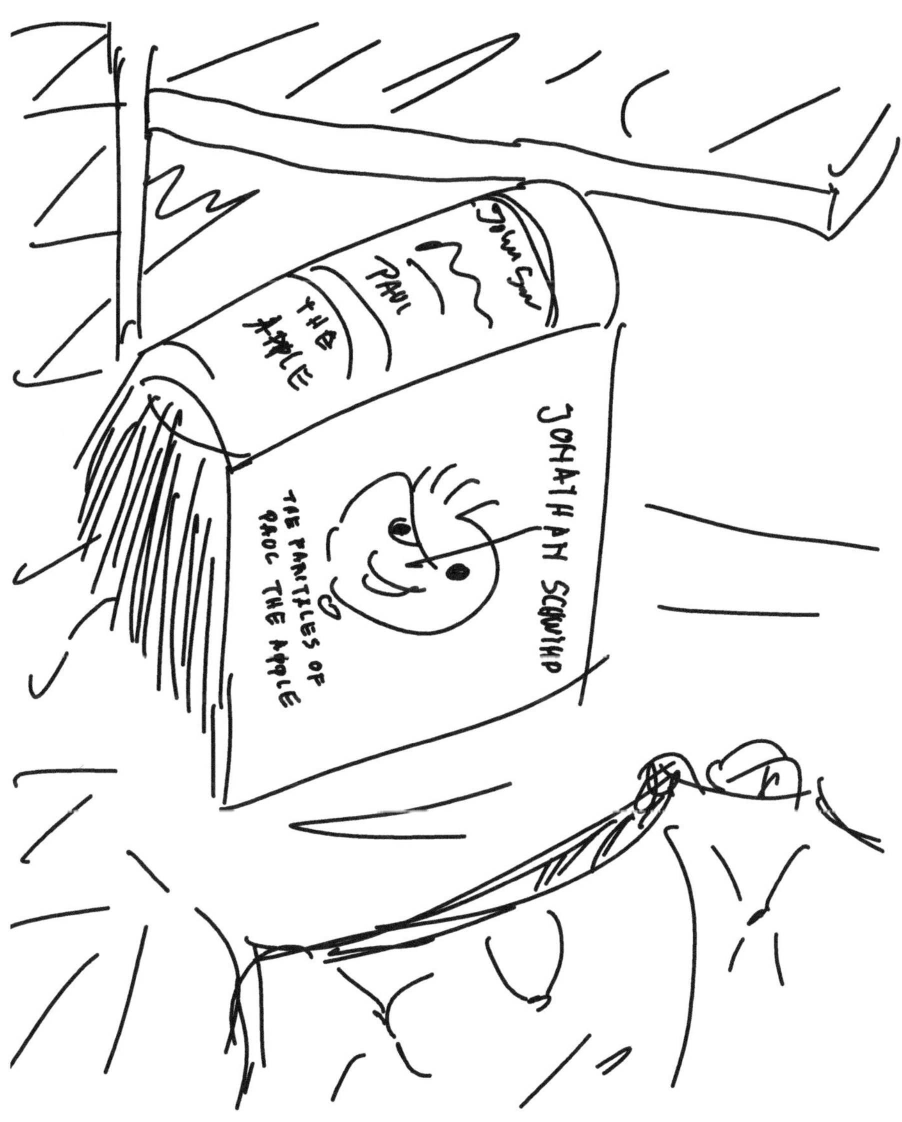

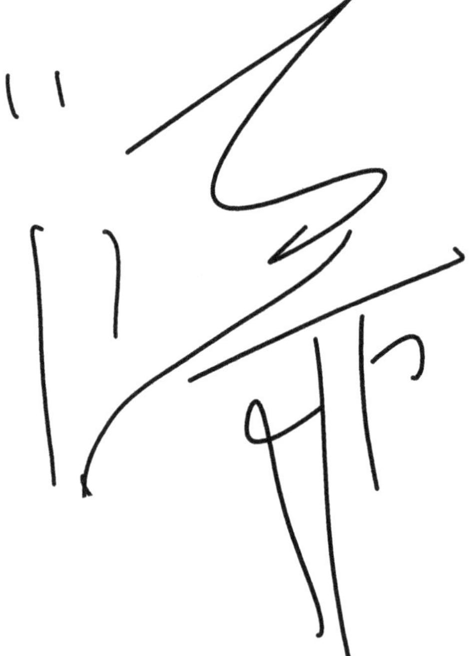

For a moment nothing at all happened. Susan
yawned and Maria tried to fix her chewing gum
under the seat of the old-fashioned wooden chair.

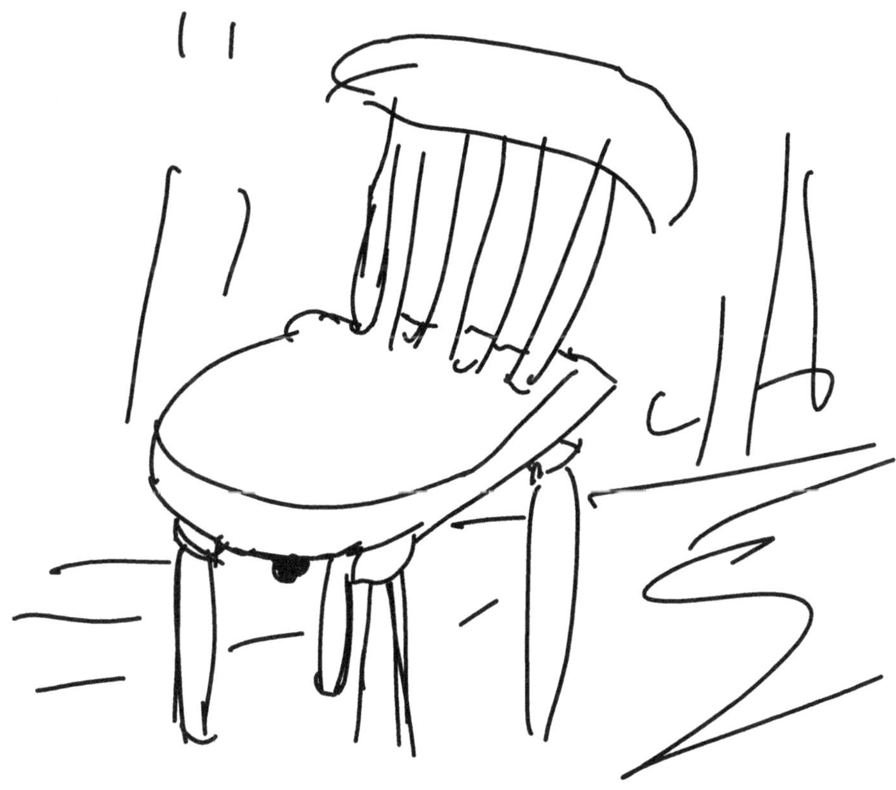

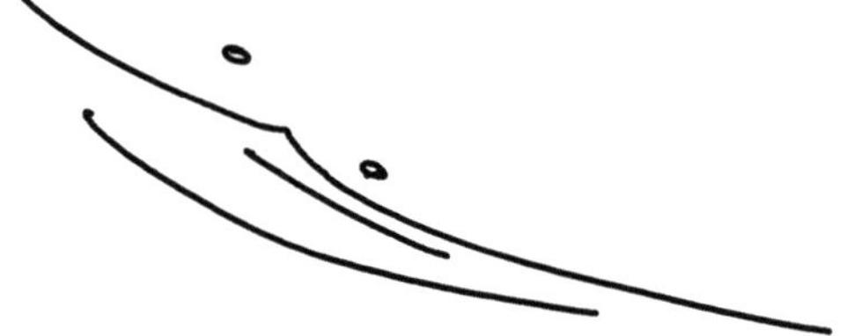

But then the book lying on
the sofa suddenly opened and
a little creature appeared.

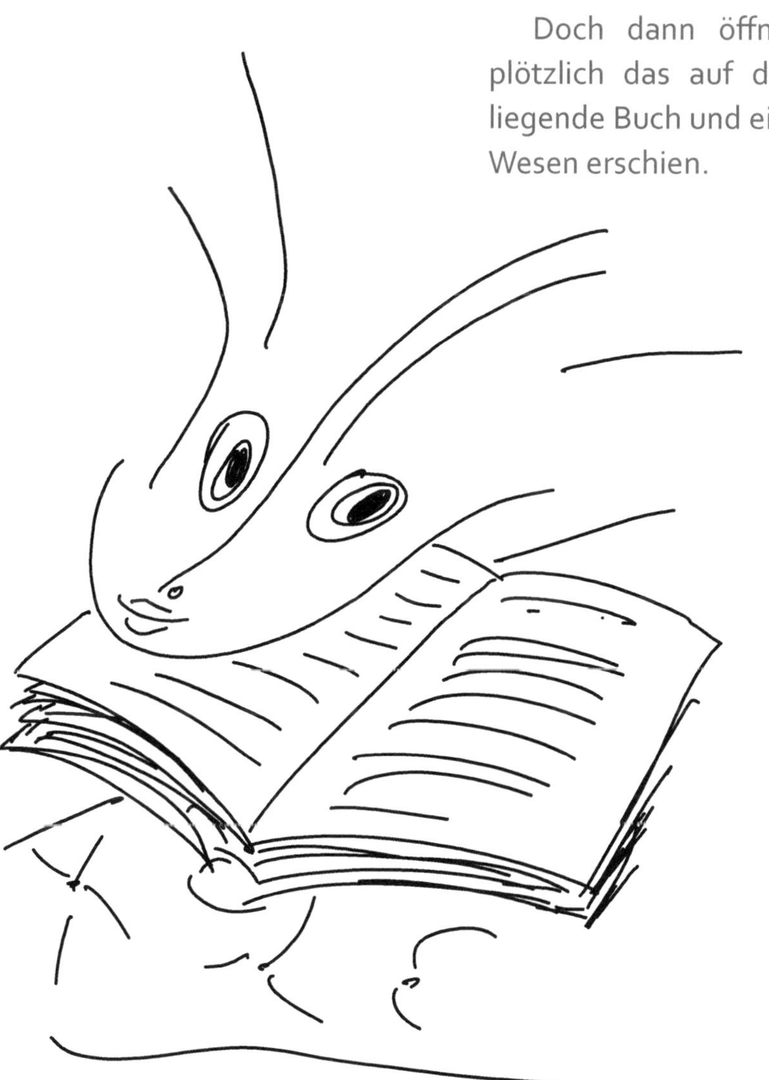

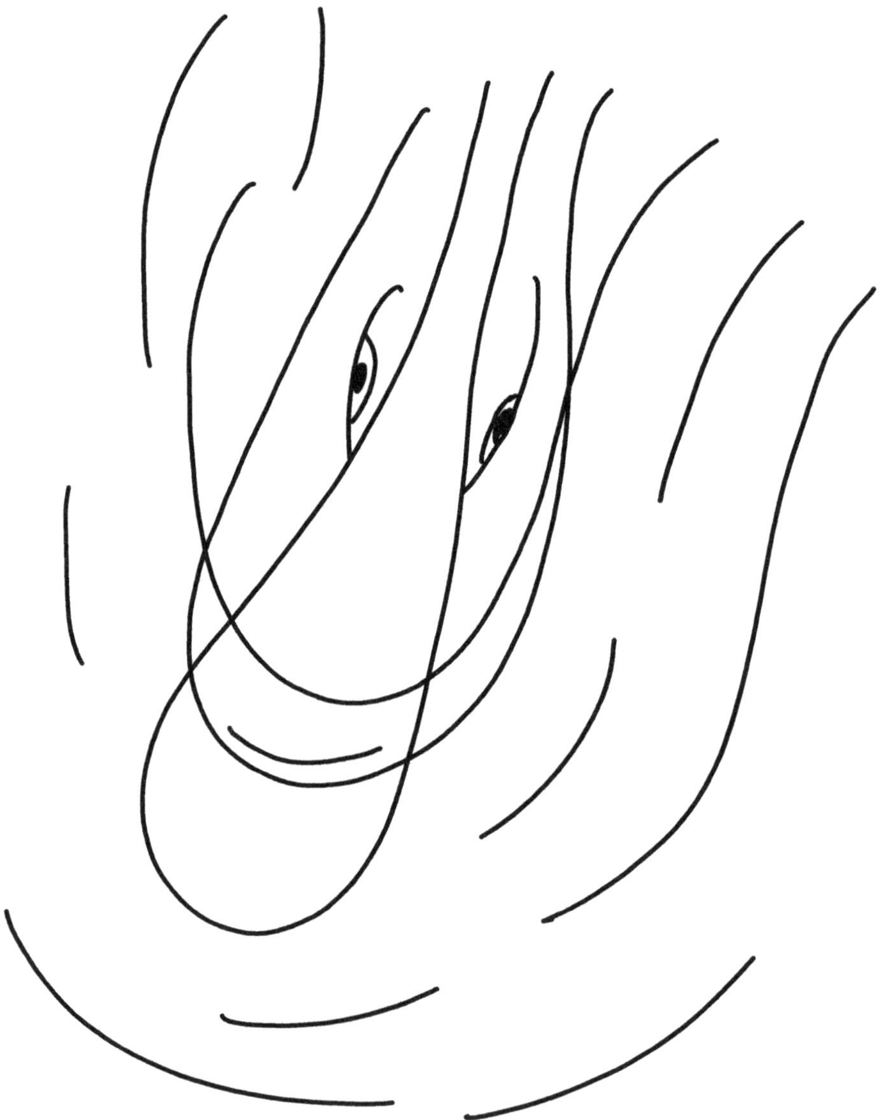

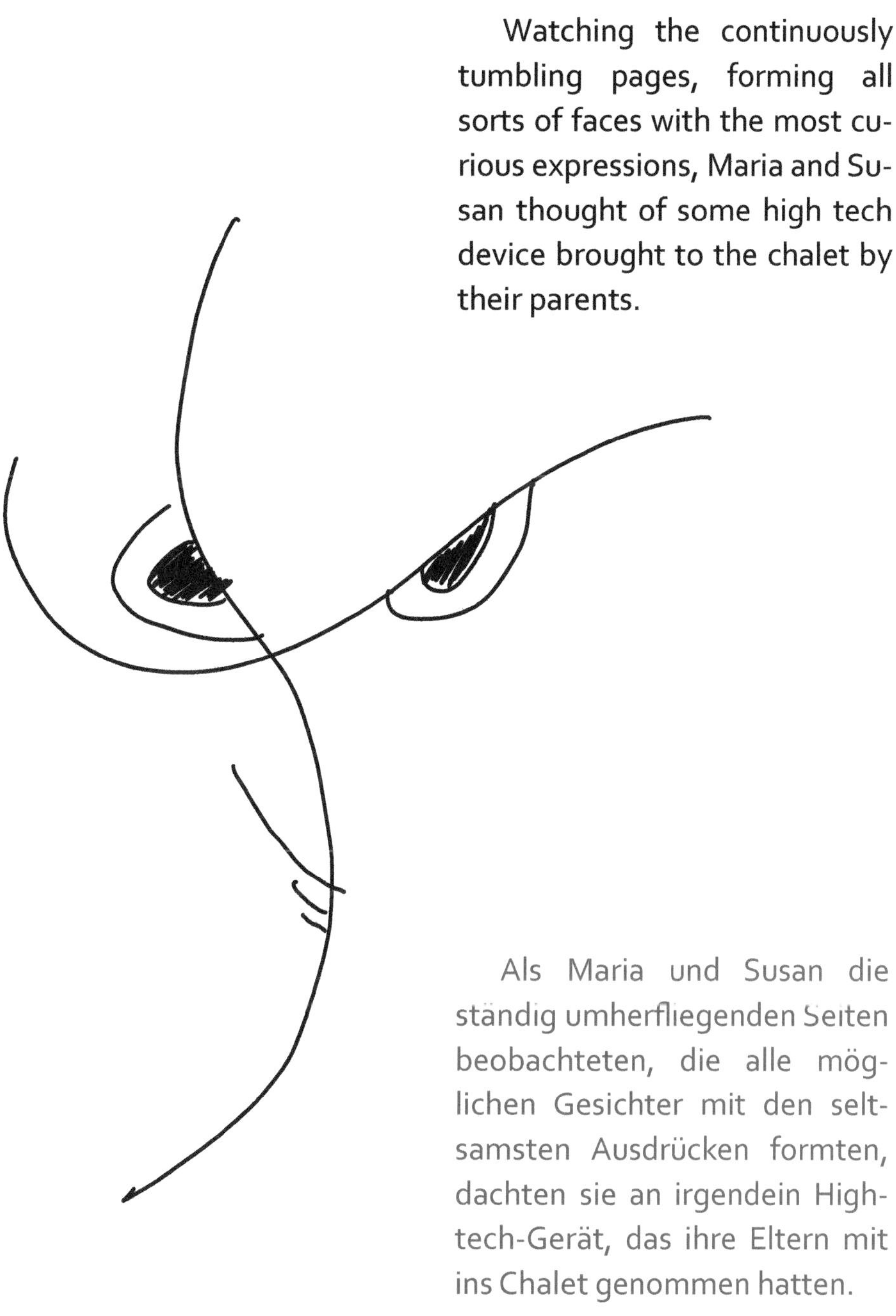

Watching the continuously tumbling pages, forming all sorts of faces with the most curious expressions, Maria and Susan thought of some high tech device brought to the chalet by their parents.

Als Maria und Susan die ständig umherfliegenden Seiten beobachteten, die alle möglichen Gesichter mit den seltsamsten Ausdrücken formten, dachten sie an irgendein High-tech-Gerät, das ihre Eltern mit ins Chalet genommen hatten.

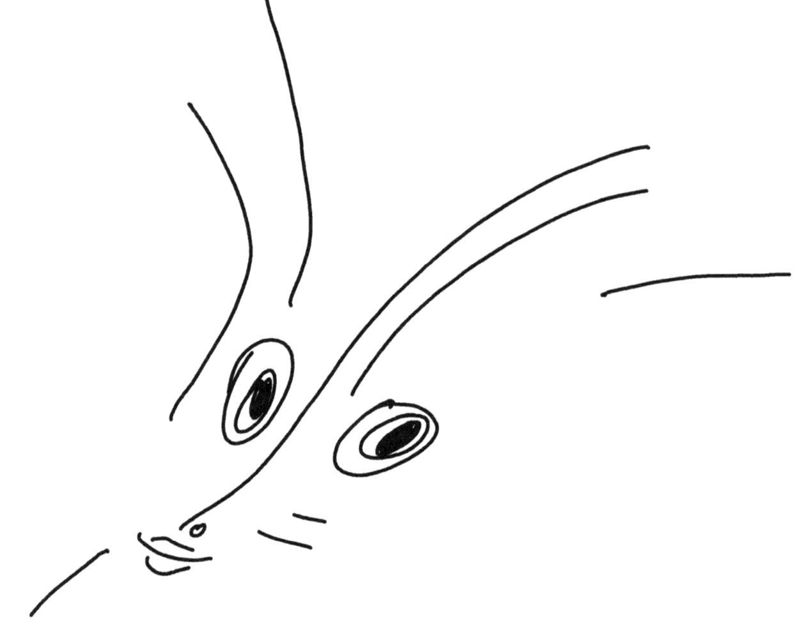

"Why didn't Dad and Ma
tell us they took some care
for our entertainment?"

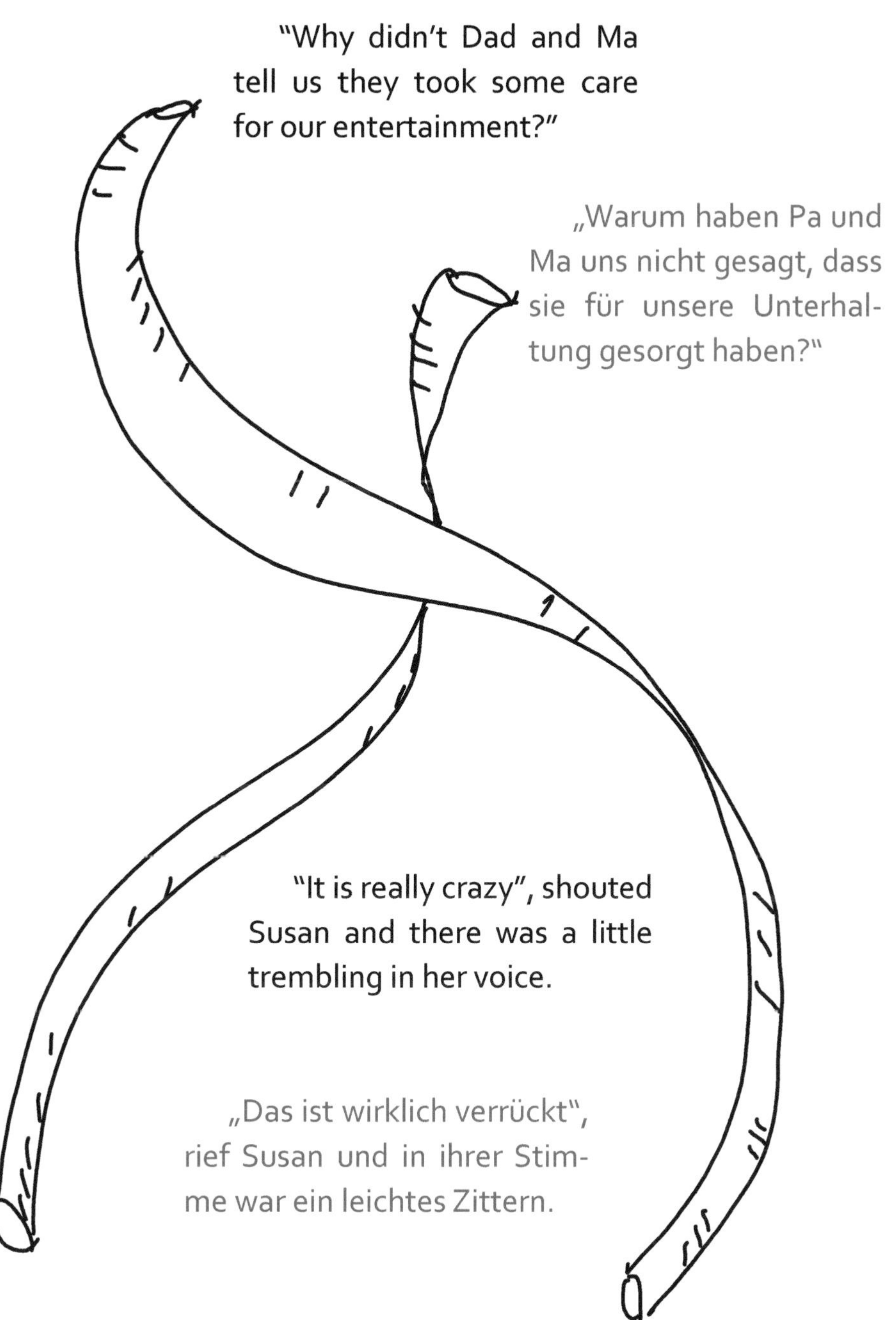

„Warum haben Pa und
Ma uns nicht gesagt, dass
sie für unsere Unterhal-
tung gesorgt haben?"

"It is really crazy", shouted
Susan and there was a little
trembling in her voice.

„Das ist wirklich verrückt",
rief Susan und in ihrer Stim-
me war ein leichtes Zittern.

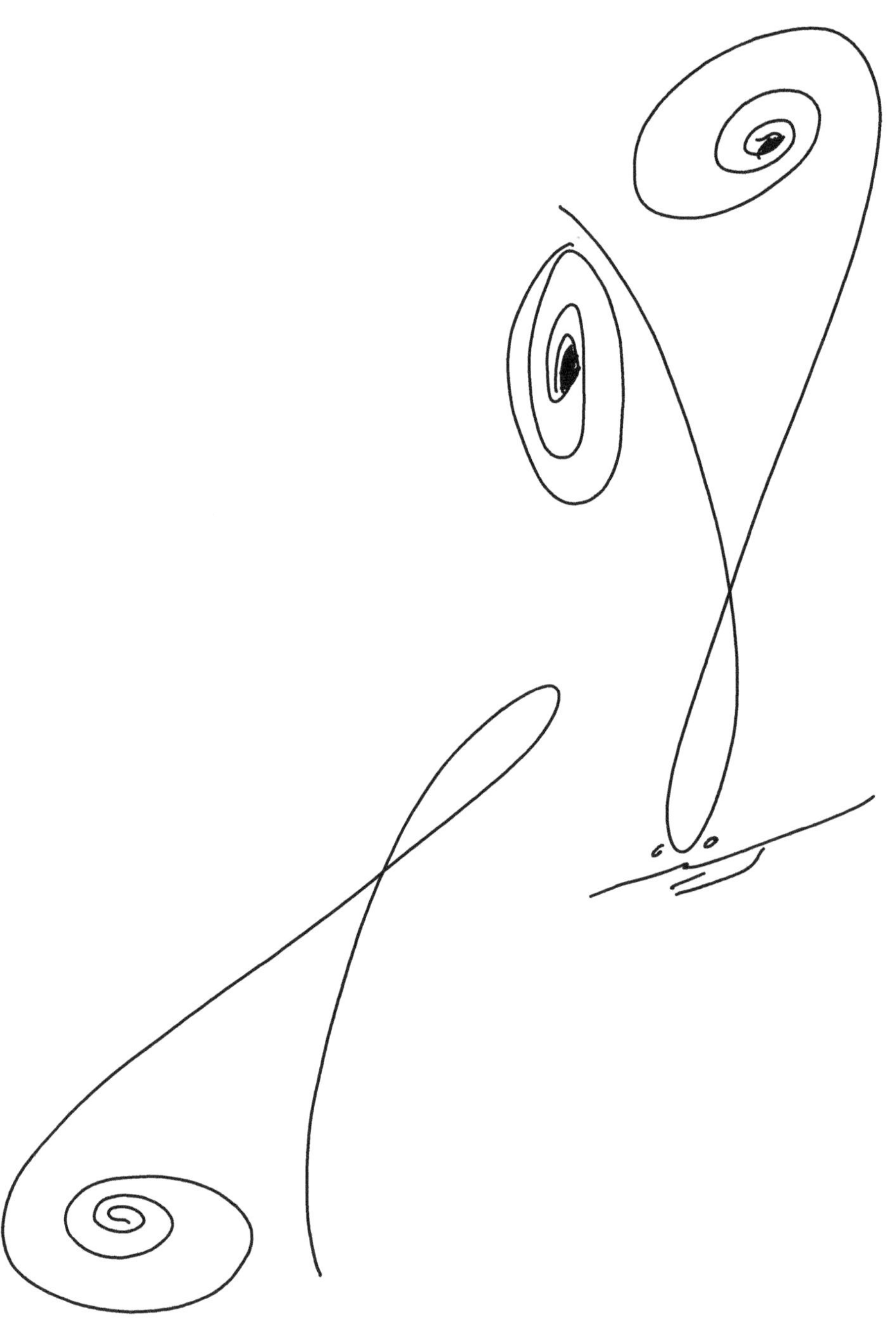

But for fear there was no reason at all.

Aber für Angst gab es überhaupt keinen Grund.

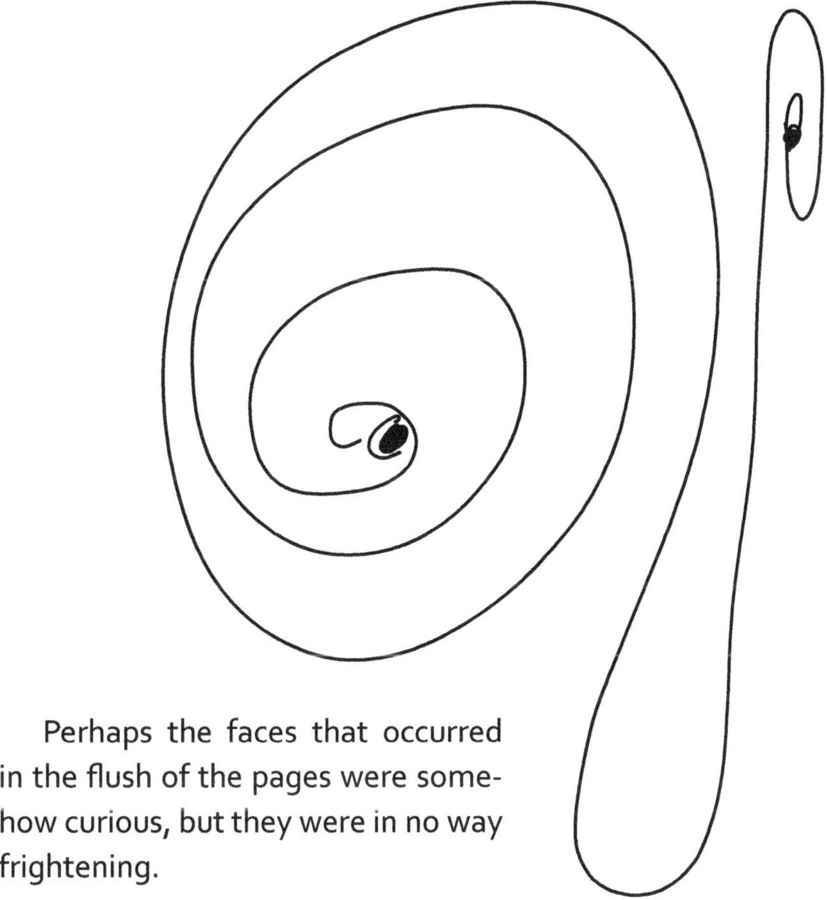

Perhaps the faces that occurred in the flush of the pages were somehow curious, but they were in no way frightening.

Vielleicht waren die Gesichter, die in der Flut der Seiten auftauchten, irgendwie merkwürdig, aber sie waren in keiner Weise beängstigend.

"Who are you?" asked Maria.

„Wer bist du?", fragte Maria.

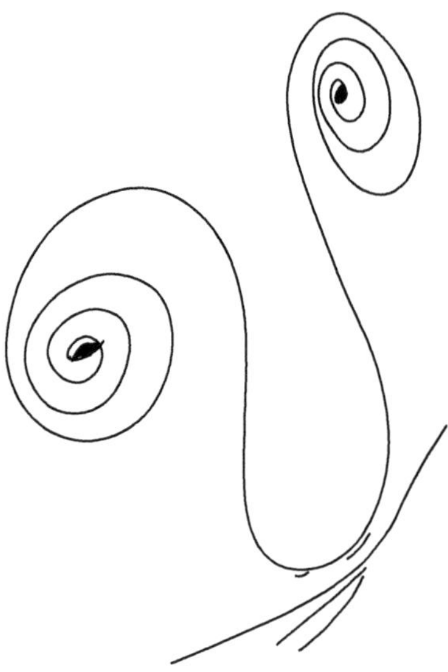

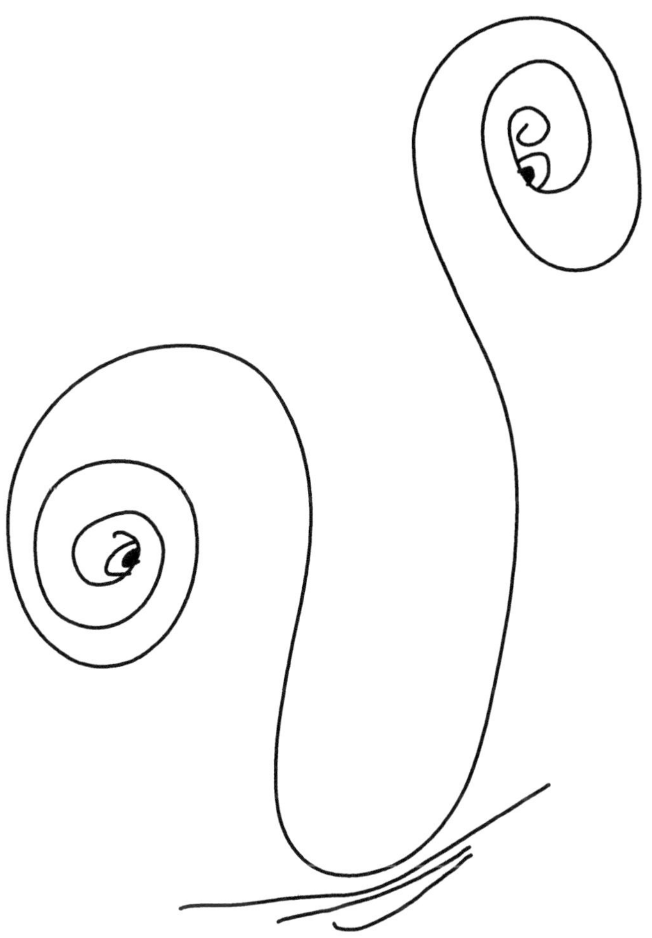

"I'm Paul", said the book or whatever it was and one of his eyes was looking at the other one.

„Ich bin Paul", sagte das Buch oder was auch immer es war und das eine seiner Augen schaute das andere an.

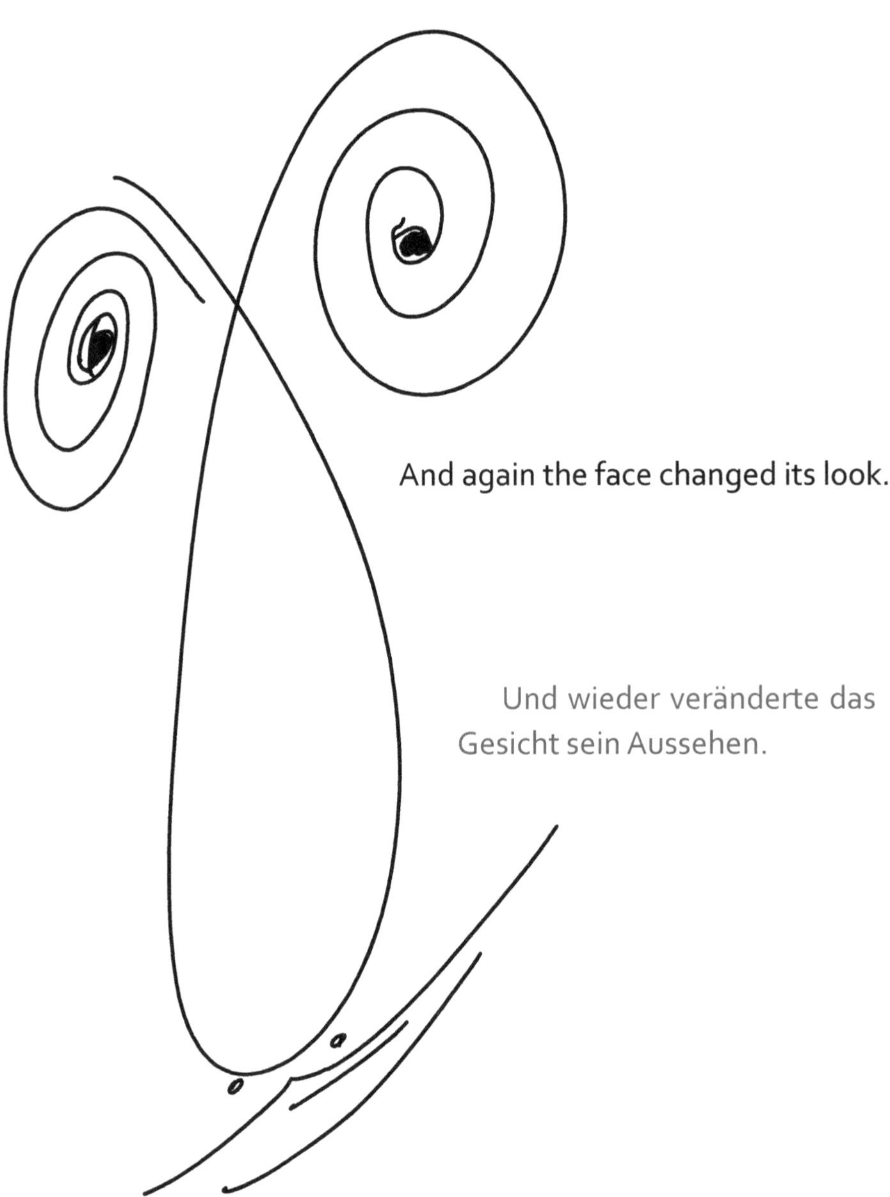

And again the face changed its look.

Und wieder veränderte das
Gesicht sein Aussehen.

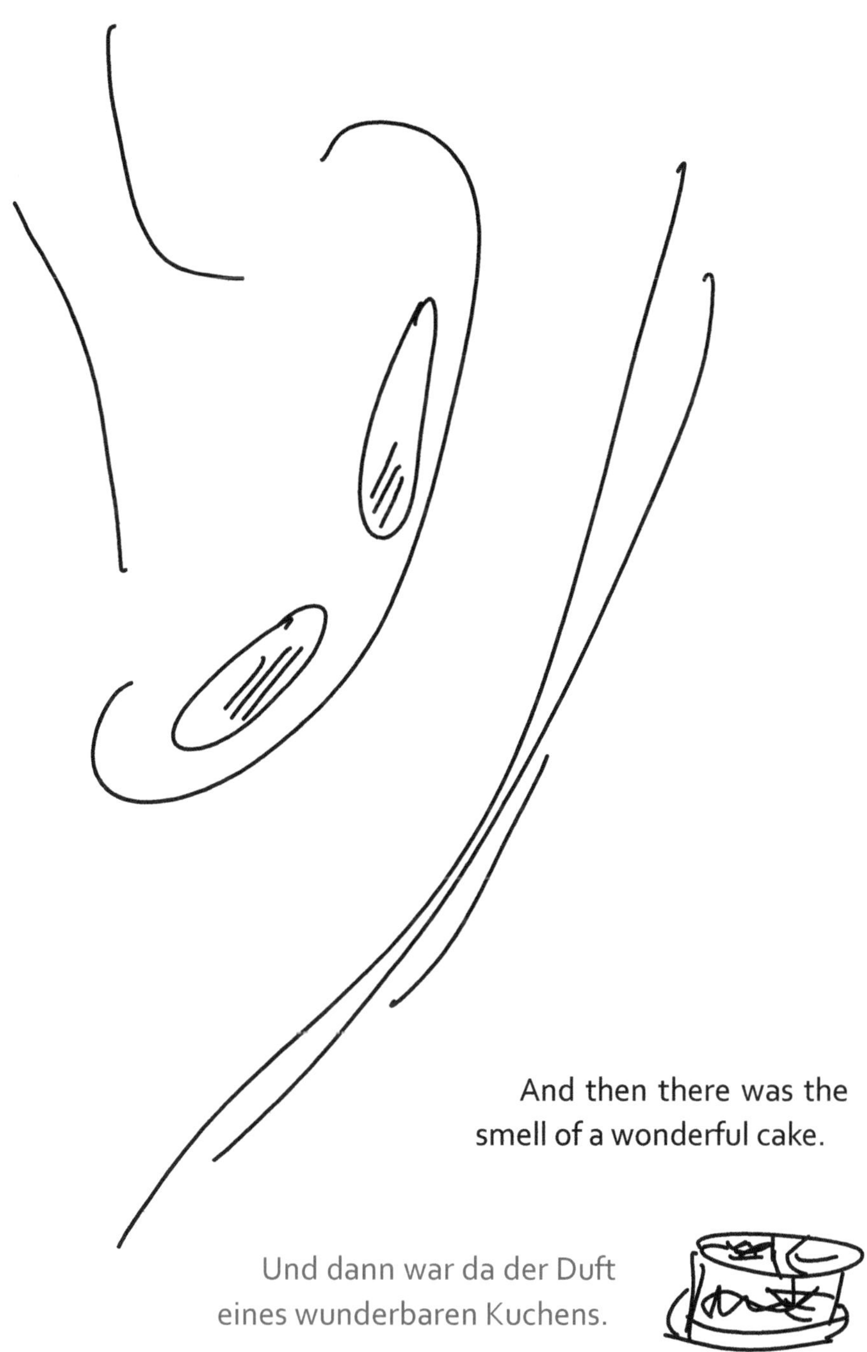

And then there was the
smell of a wonderful cake.

Und dann war da der Duft
eines wunderbaren Kuchens.

"It's your birthday", said Paul.

"Our birthday?" said Susan and Maria.

"Yes", said Paul with a bright smile and lit the candle.

"But why is there only one candle?" asked Maria.

"Because it's your first birthday with Paul."

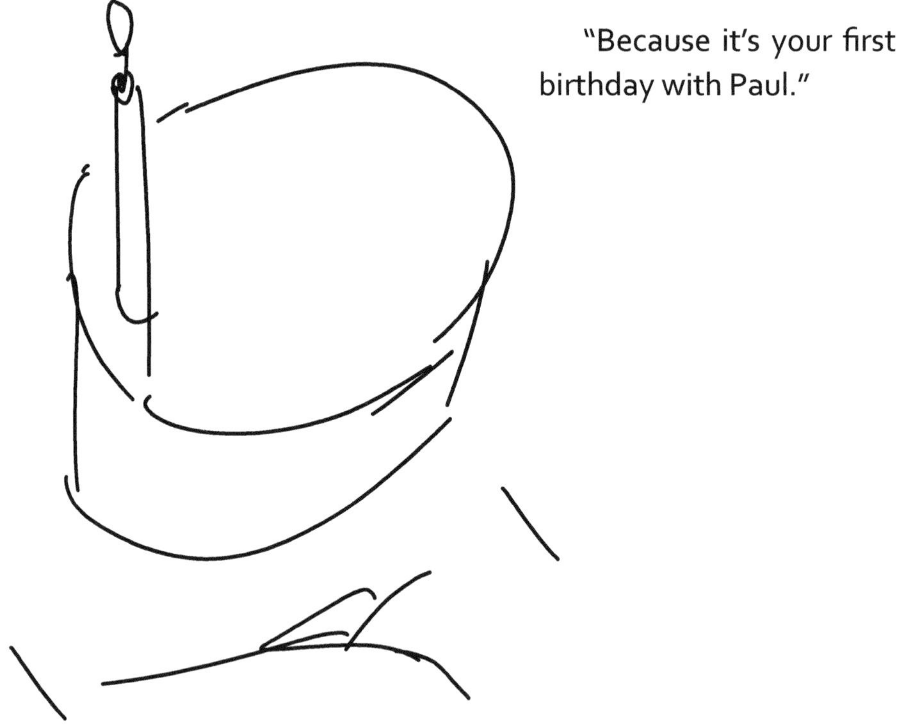

„Heute ist euer Geburtstag", sagte Paul.

„Unser Geburtstag?", sagten Susan und Maria.

„Ja", sagte Paul mit einem strahlenden Lächeln und zündete die Kerze an.

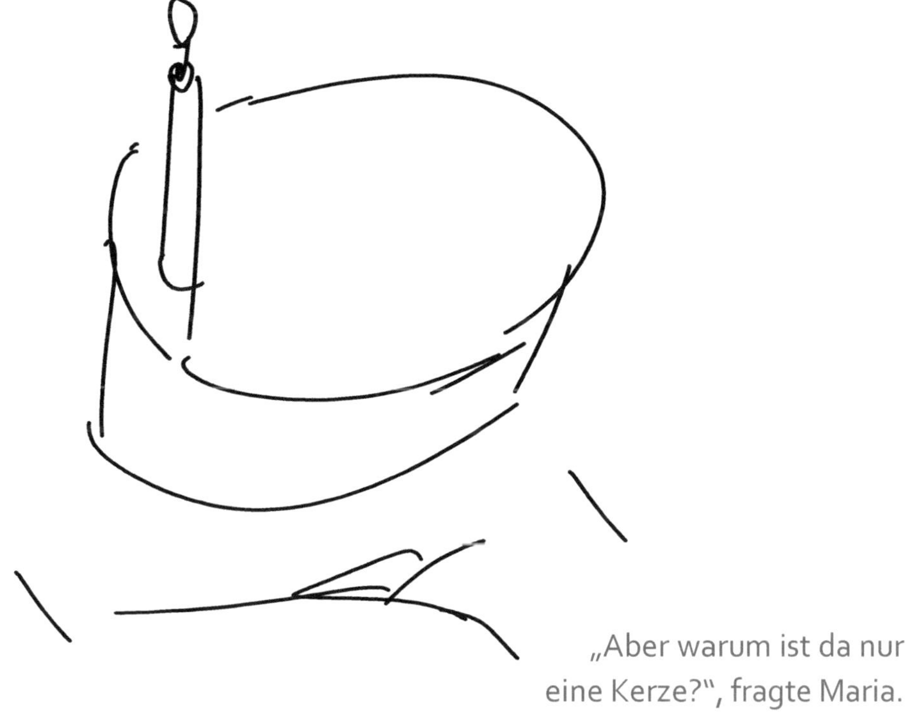

„Aber warum ist da nur eine Kerze?", fragte Maria.

„Weil es euer erster Geburtstag mit Paul ist."

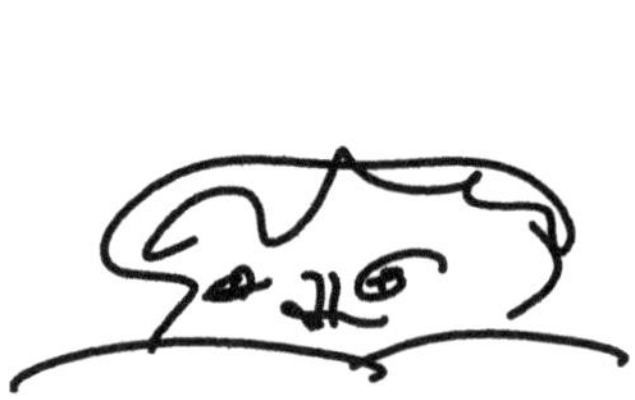

Sketchbook № 039.415, November 3rd, 2019

The eventless Peter
Der ereignislose Peter

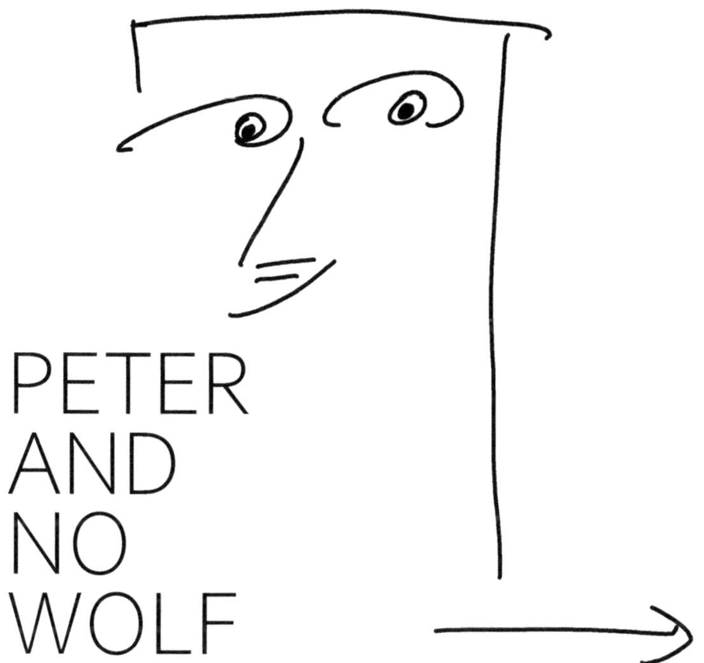

PETER
AND
NO
WOLF

PETER
UND
KEIN
WOLF

An eventless story
of the future.

Eine ereignislose
Geschichte der
Zukunft.

When Peter started to think what was going on in this world, he didn't know where to start. WOULD YOU KNOW?

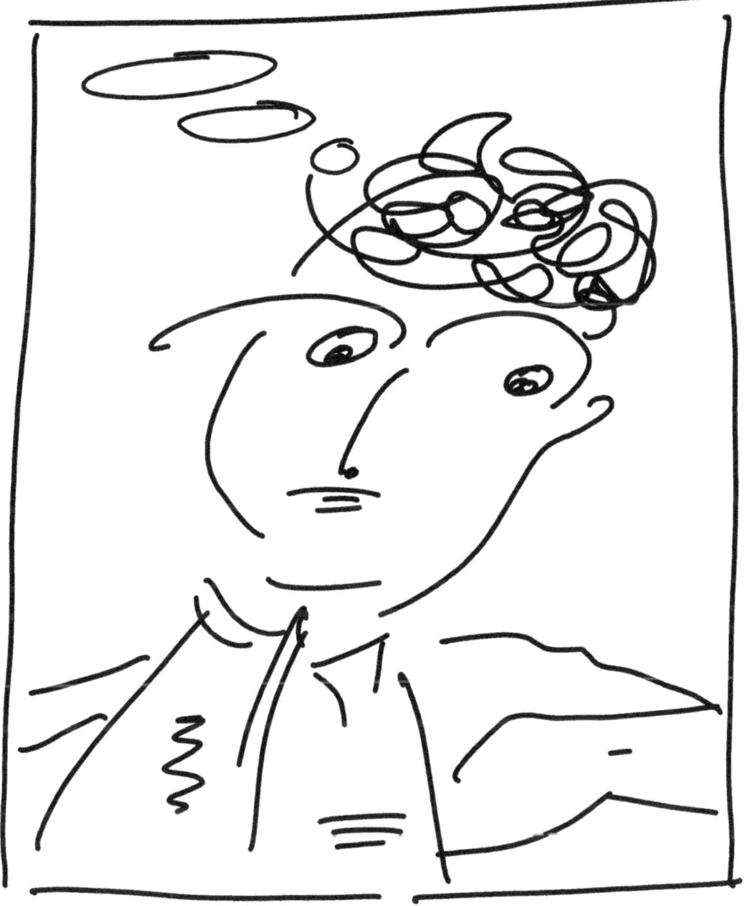

Wenn Peter anfing, darüber nach-zudenken, was in dieser Welt vor sich ging, wusste er nicht, wo er anfangen sollte. WÜRDEST DU ES WISSEN?

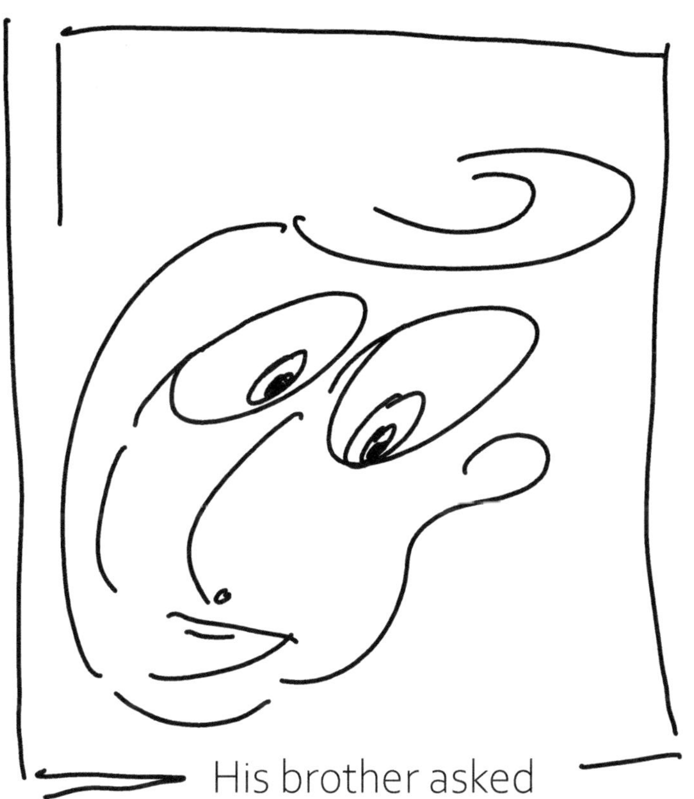

His brother asked
a question and always looked
like a cup of coffee.
BUT HE CERTAINLY WAS NOT.

Sein Bruder stellte eine Frage
und sah dabei immer aus wie
eine Tasse Kaffee. ABER DAS
WAR ER SICHERLICH NICHT.

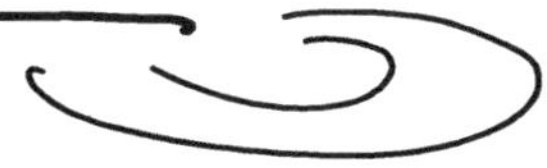

Some patterns of
illusion were waiting
for a future that never
would be an existing
one, he thought.

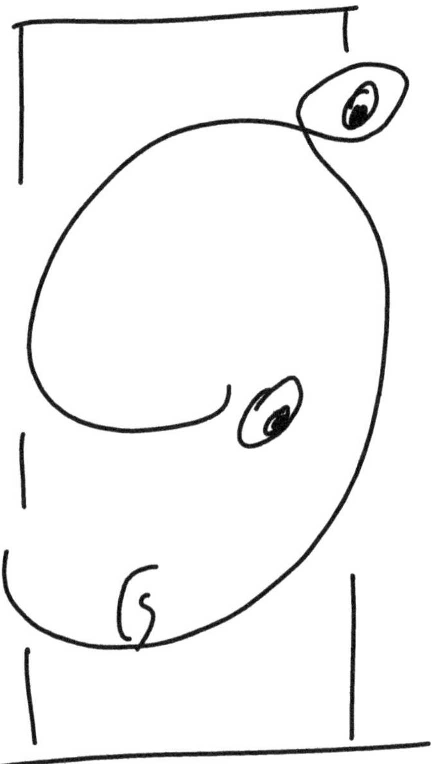

And while you have been
monitoring the boiling
of some eggs, the world
silently changes.

Einige Illusionsmuster
warteten auf eine
Zukunft, die es nie
geben würde,
dachte er.

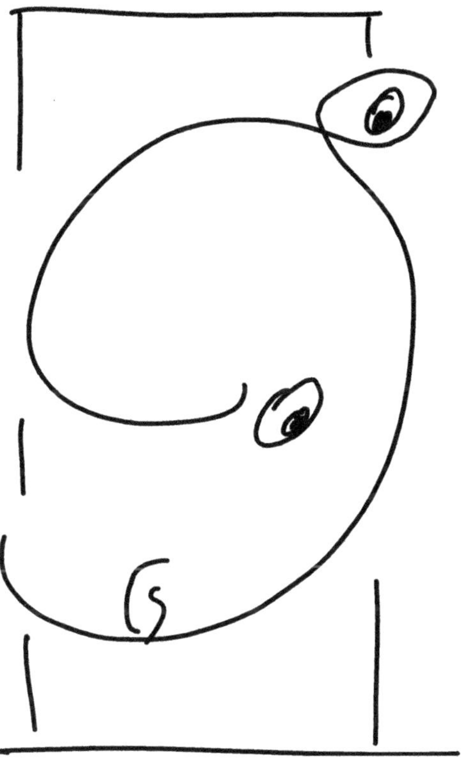

Und während du das
Kochen einiger Eier
beobachtest, verändert
sich leise die Welt.

But the real crucial question is:

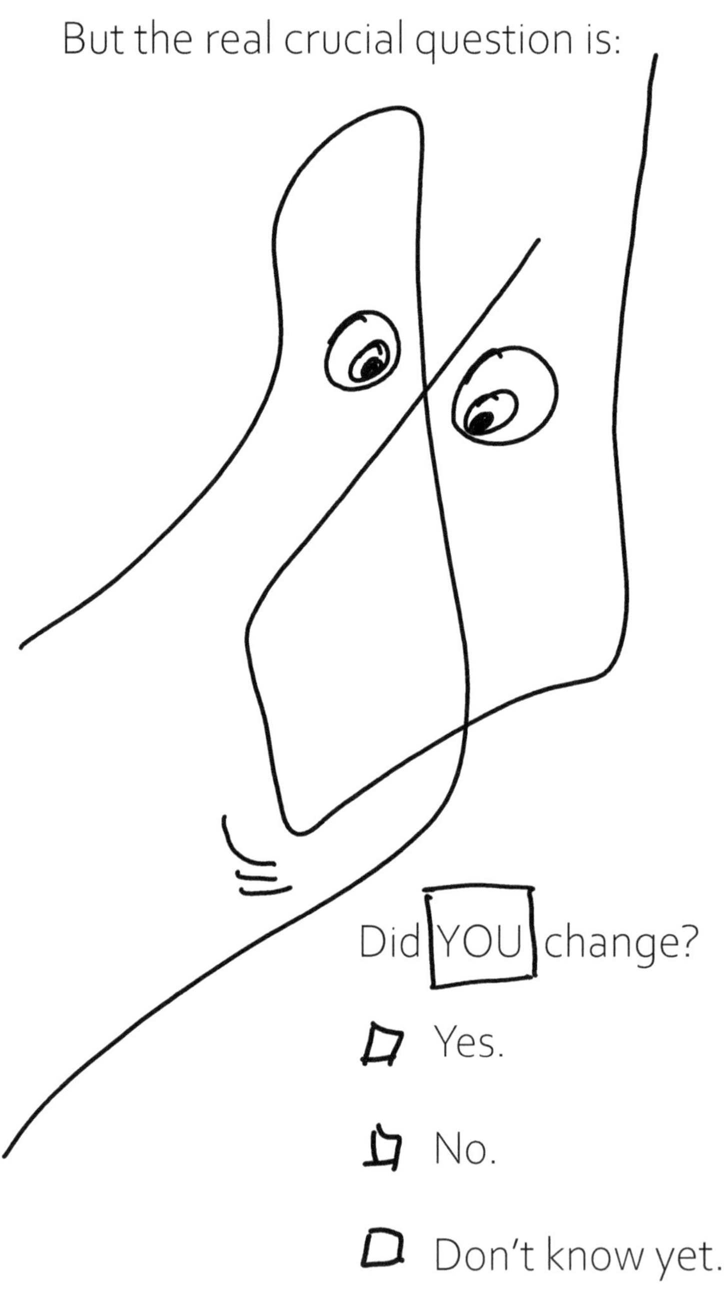

Did YOU change?

☐ Yes.

☐ No.

☐ Don't know yet.

Aber die wirklich entscheidende Frage ist:

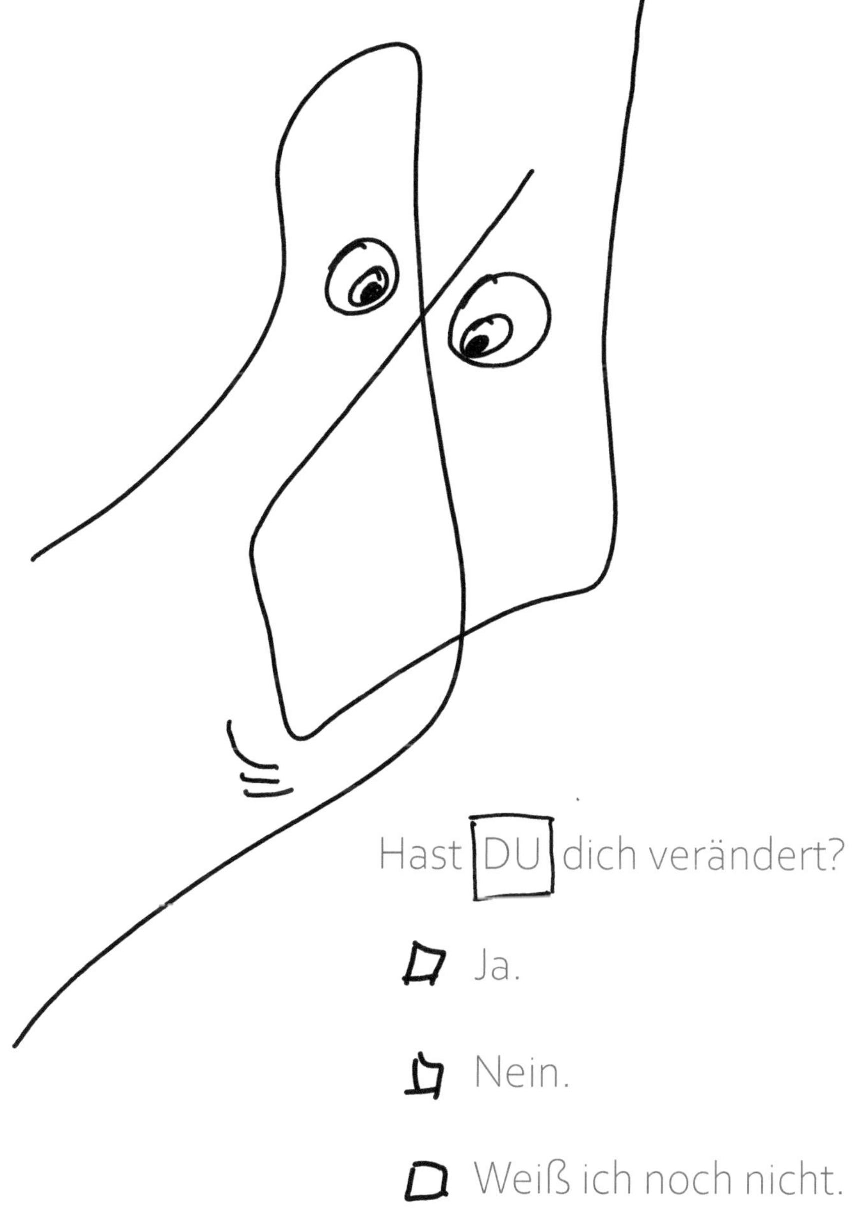

Hast DU dich verändert?

☐ Ja.

☐ Nein.

☐ Weiß ich noch nicht.

Wish you a good sleep,
and no nightmares.

Wünsche dir einen guten
Schlaf, und keine Albträume.

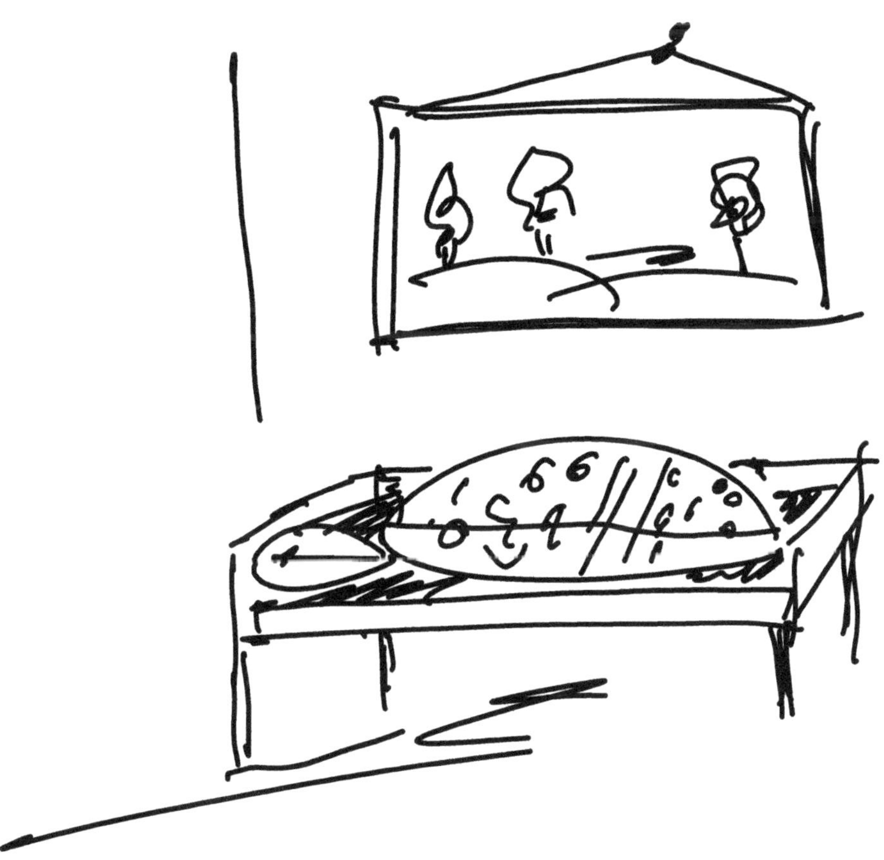

Sketchbook № 017.245,
February 22nd, 2018 to January 10th, 2022

Single Pages
Einzelne Seiten

From the world of mice ...
Aus der Welt der Mäuse ...

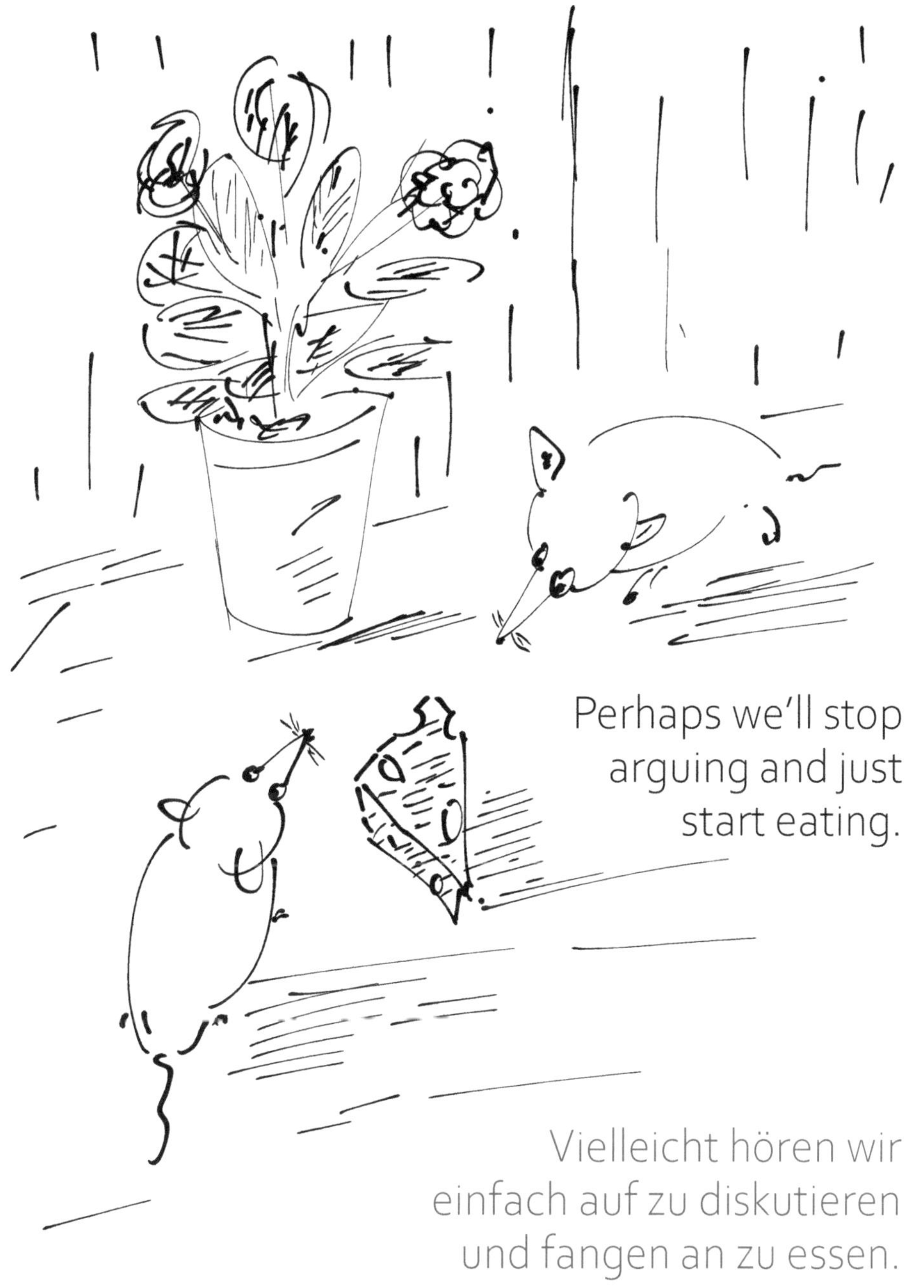

Perhaps we'll stop
arguing and just
start eating.

Vielleicht hören wir
einfach auf zu diskutieren
und fangen an zu essen.

Travelers ...
Reisende ...

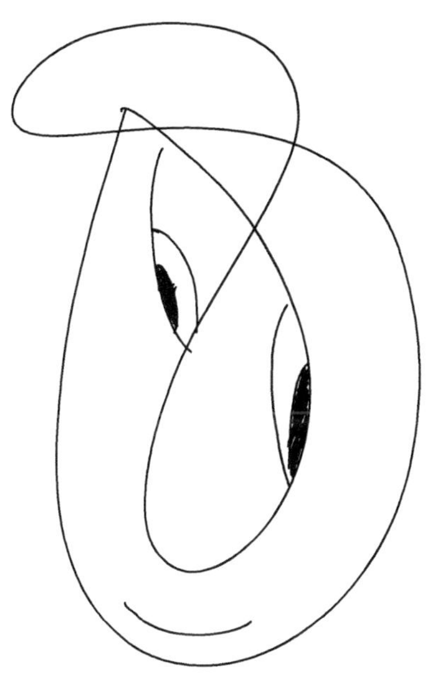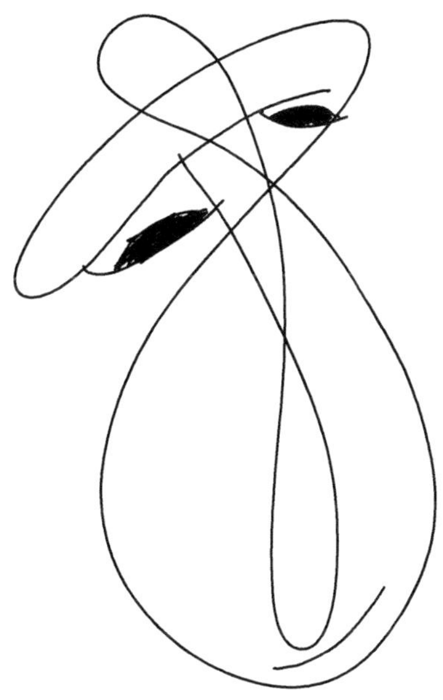

We met in Spain in the rain.
But there is no more rain in Spain.
We will meet in the plain.

Wir trafen uns in Spanien im Regen.
Aber es gibt keinen Regen mehr in Spanien.
Wir werden uns in der Ebene treffen.

Sundays ...
Sonntags ...

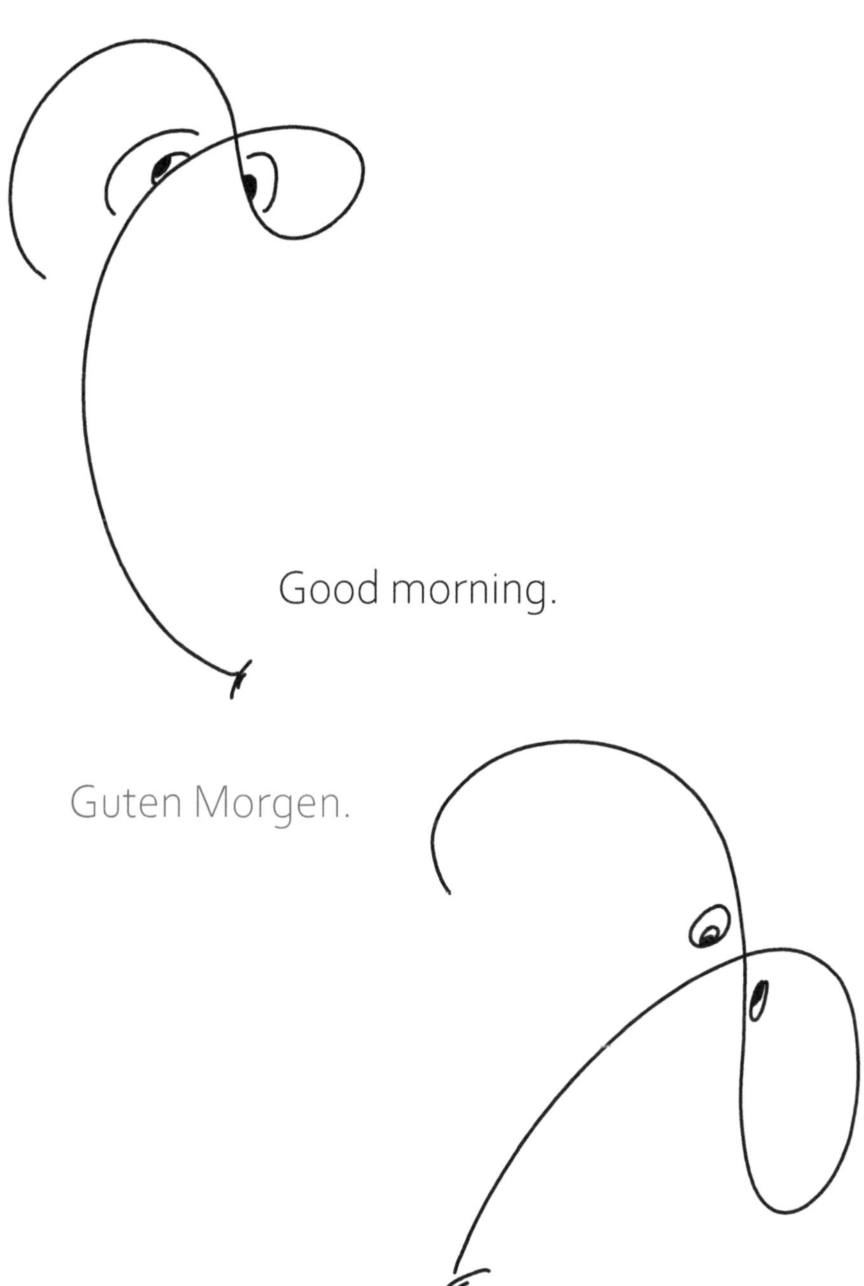

Good morning.
Guten Morgen.

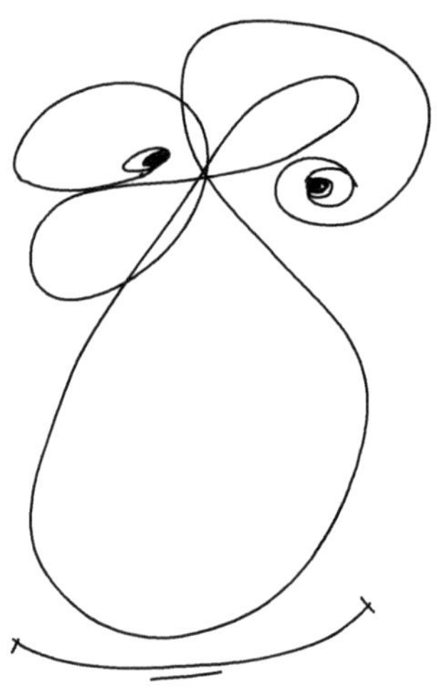

If you start your
day with a smile …

Wenn du deinen Tag
mit einem Lächeln
beginnst …

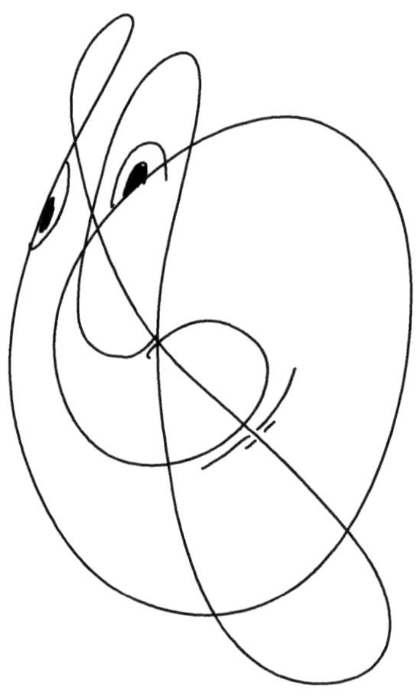

... that will last for a while.

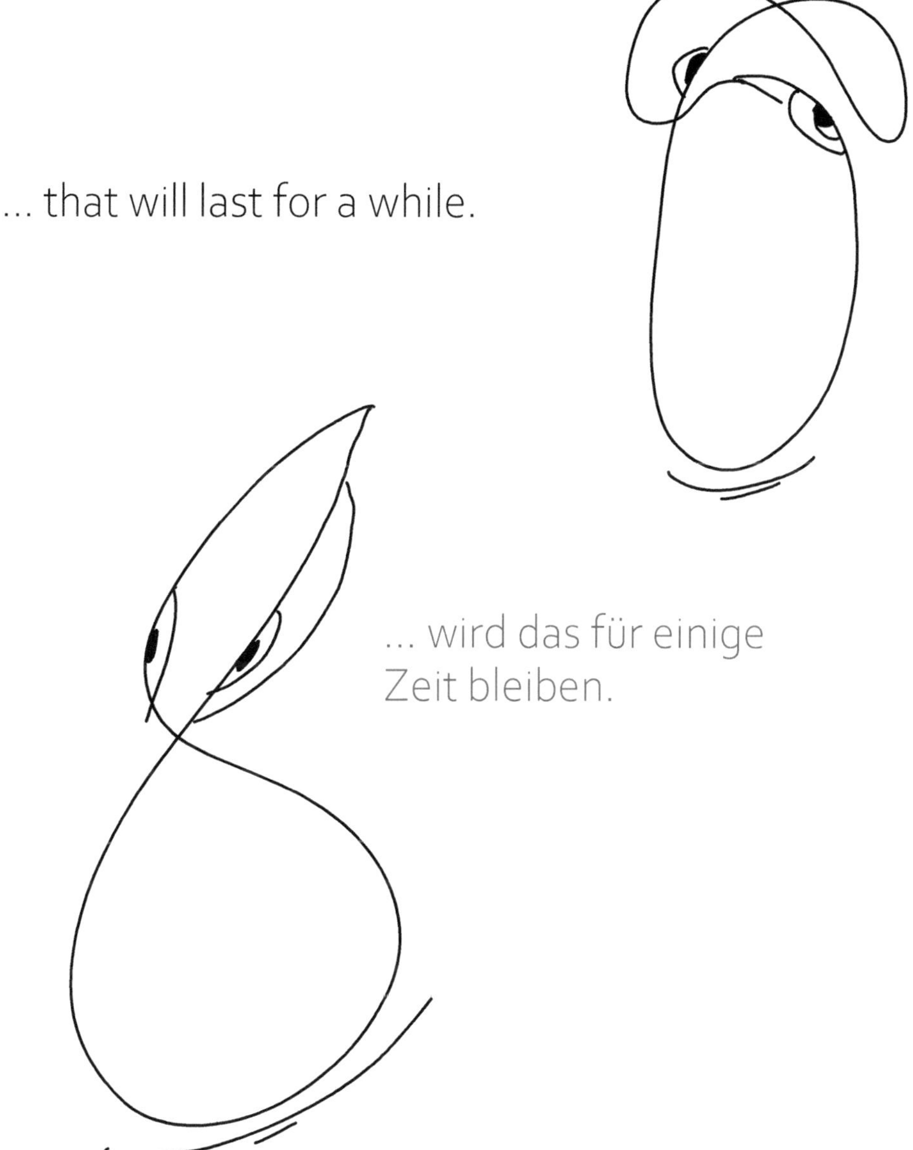

... wird das für einige
Zeit bleiben.

Saying ...
Sprichwort ...

You should kiss a donkey before you marry a horse.

Comment of a guest after the wedding ceremony of Prince Charles and Camilla.

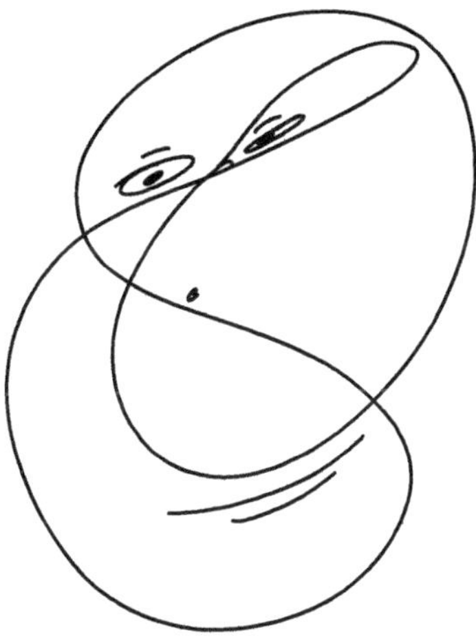

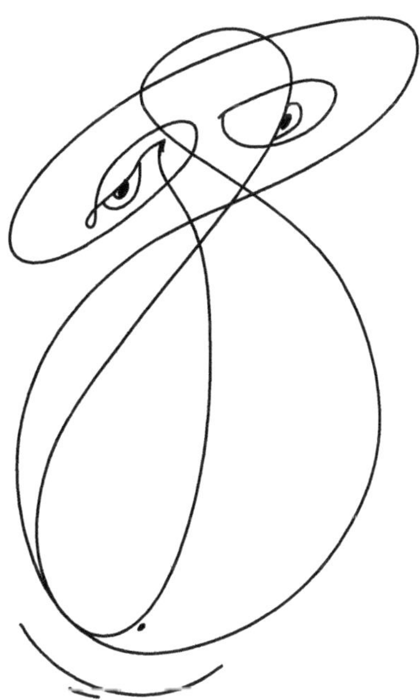

Du solltest einen Esel küssen, bevor du ein Pferd heiratest.

Kommentar eines Gastes nach der Hochzeitszeremonie von Prinz Charles und Camilla.

Poetic gesture
Poetische Geste

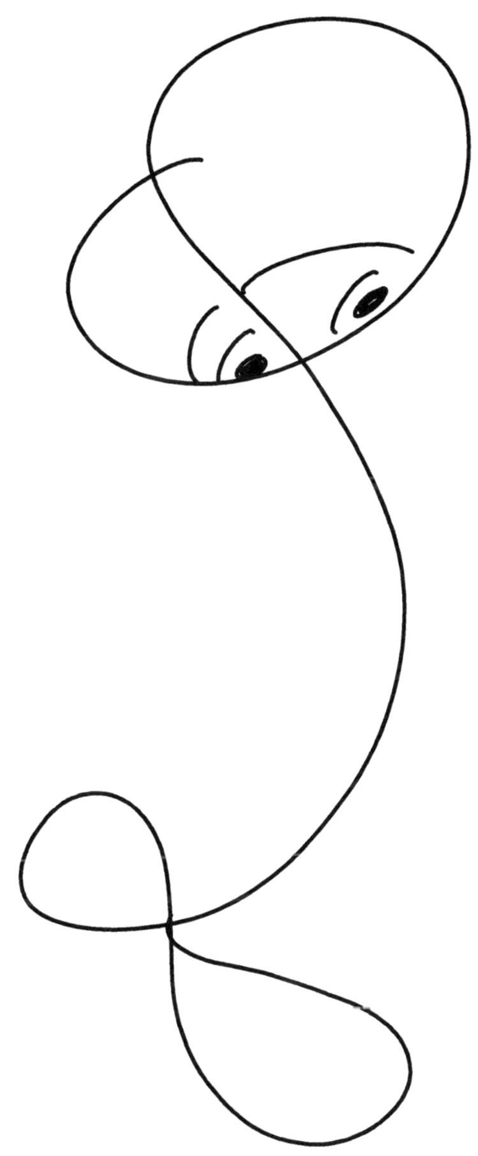

Not at all troubling confusions

Überhaupt nicht beunruhigende Verwirrungen

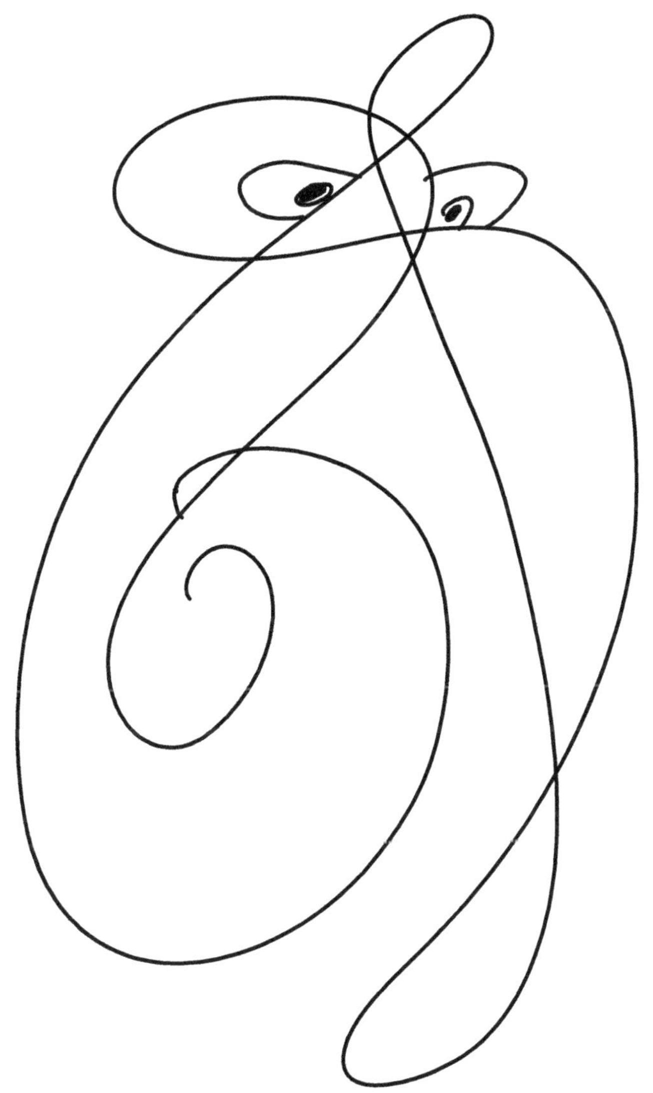

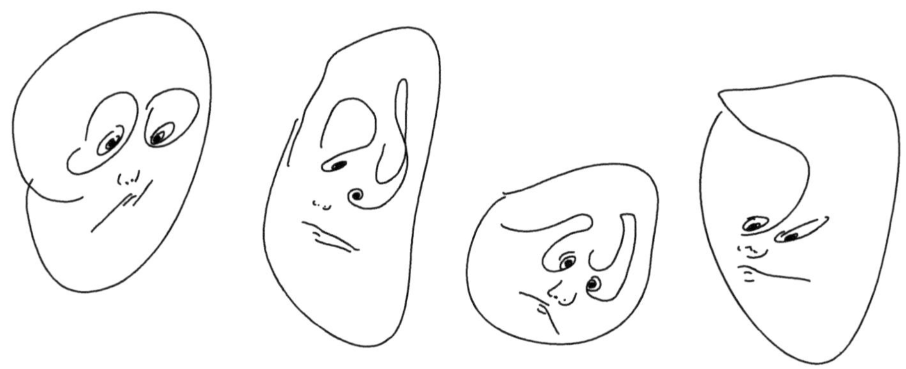

Many – much …
Viele – viel …

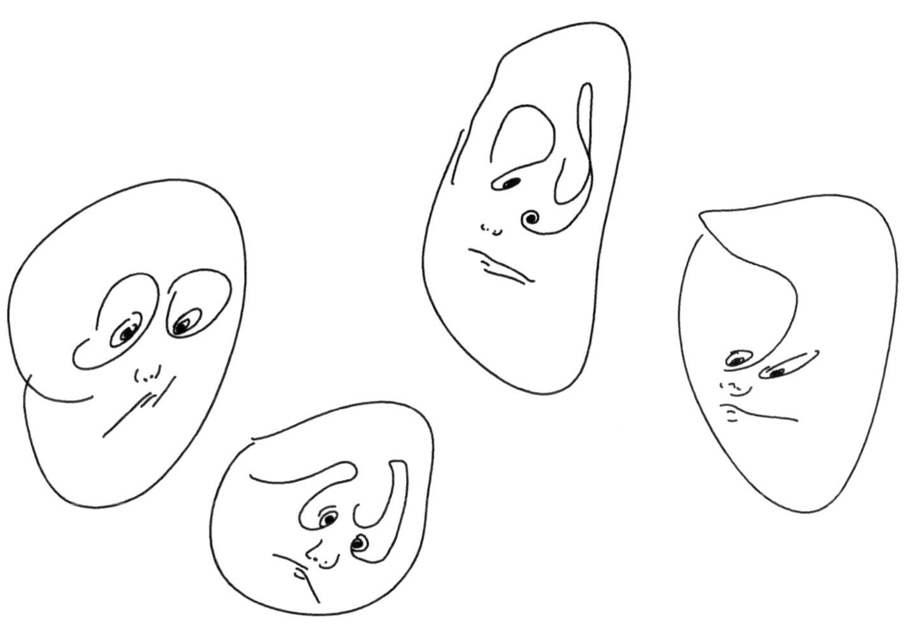

If many say something, it does
not mean that much is said.

Wenn viele etwas sagen, heißt das
nicht, dass auch viel gesagt wird.

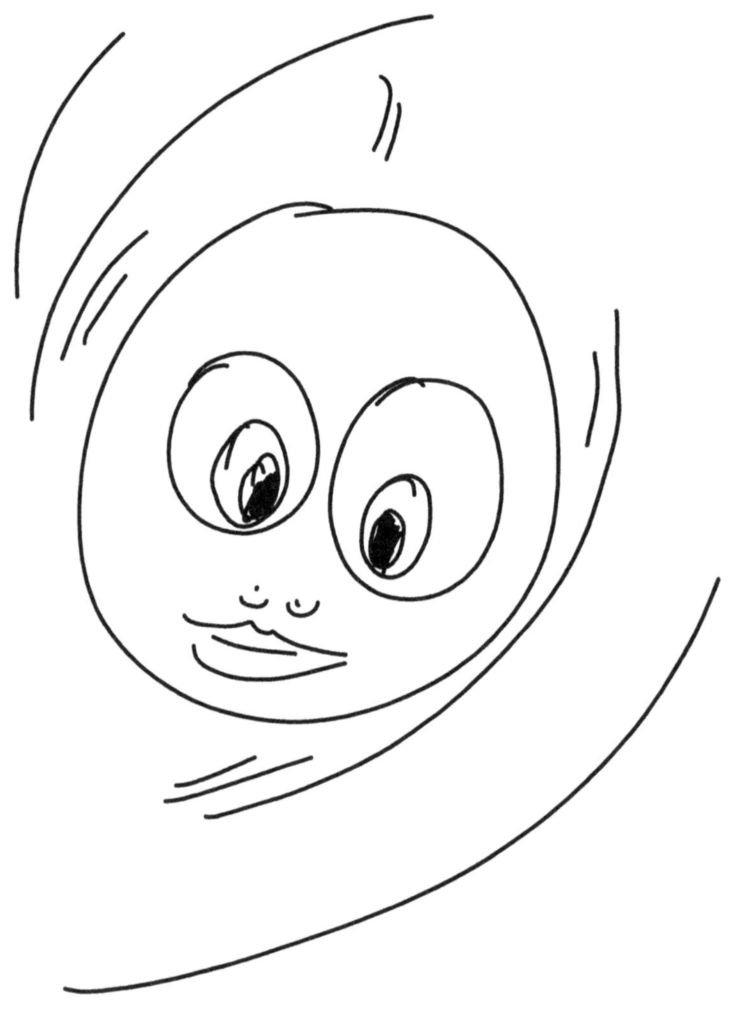

The mornings joy ...
Des Morgens Freude ...

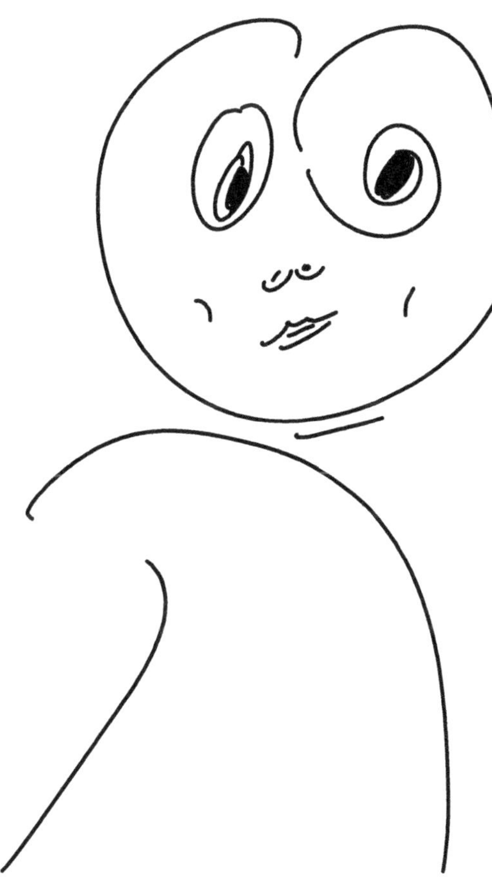

... turns to
some prenoon
reflections ...

... führt zu einigen
vormittäglichen
Überlegungen ...

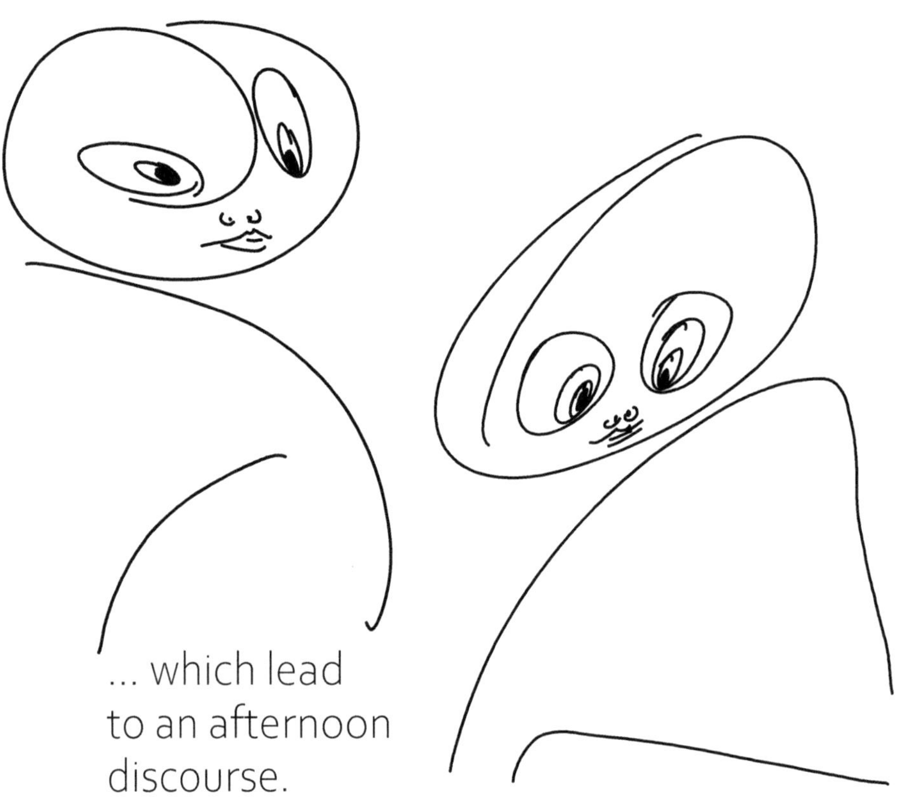
... which lead
to an afternoon
discourse.

... die sich zu einem
nachmittäglichen
Diskurs entwickeln.

You now may have a
good cup of tea …

Du kannst jetzt eine
gute Tasse Tee trinken …

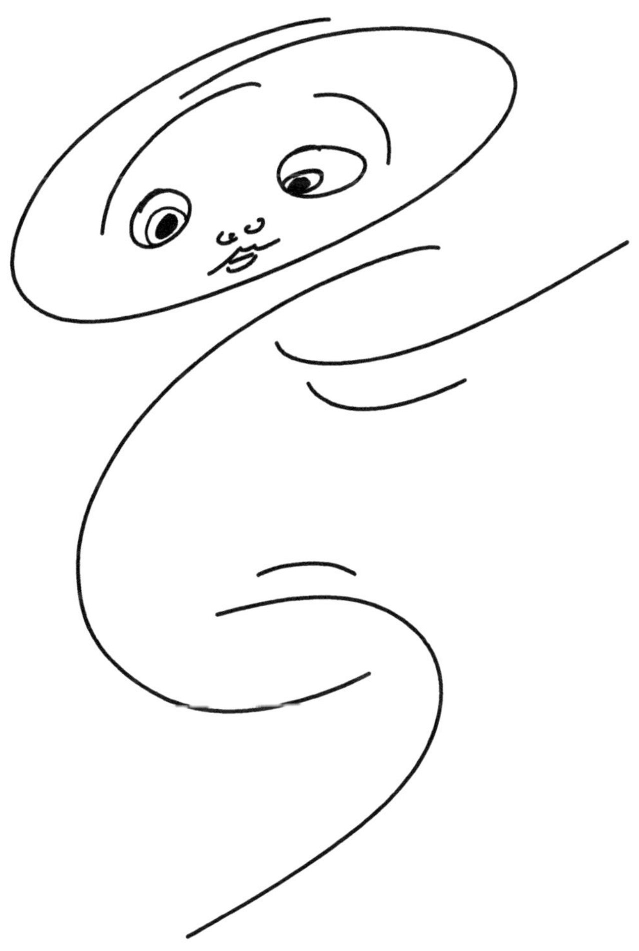

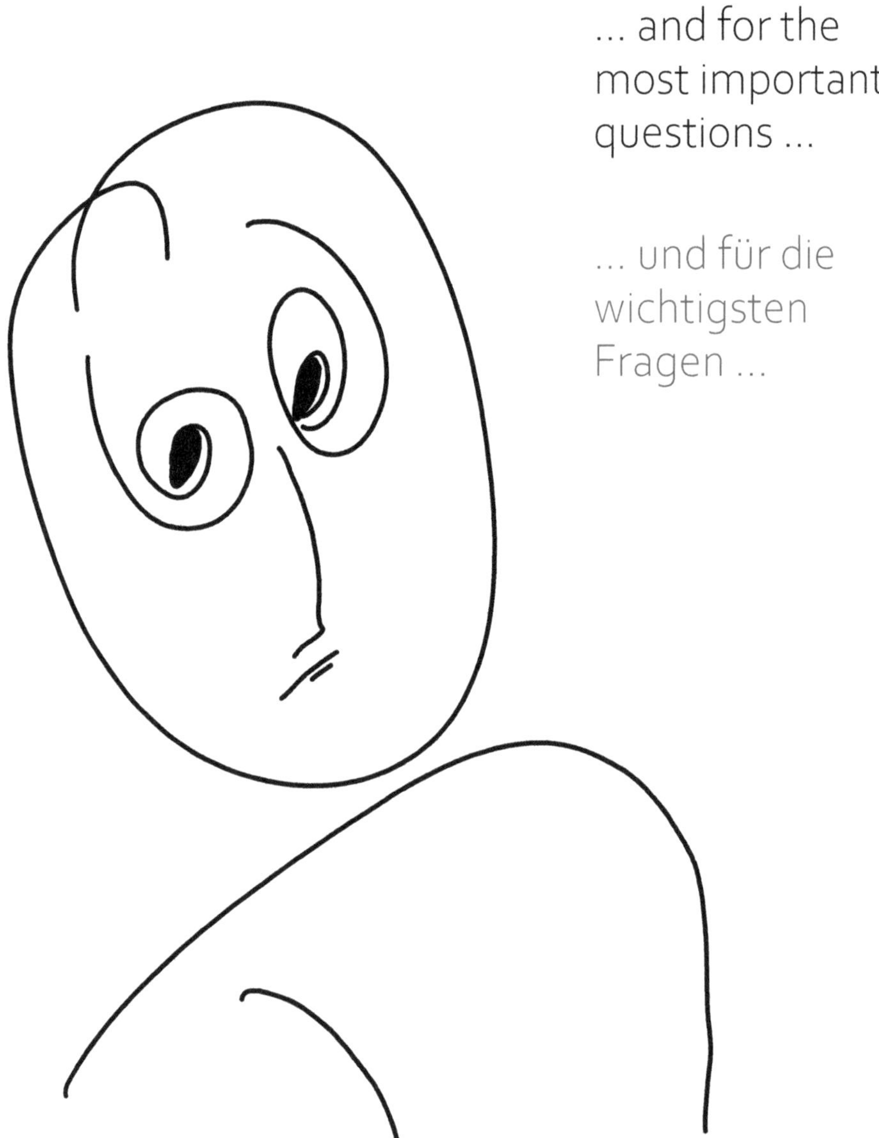

... and for the
most important
questions ...

... und für die
wichtigsten
Fragen ...

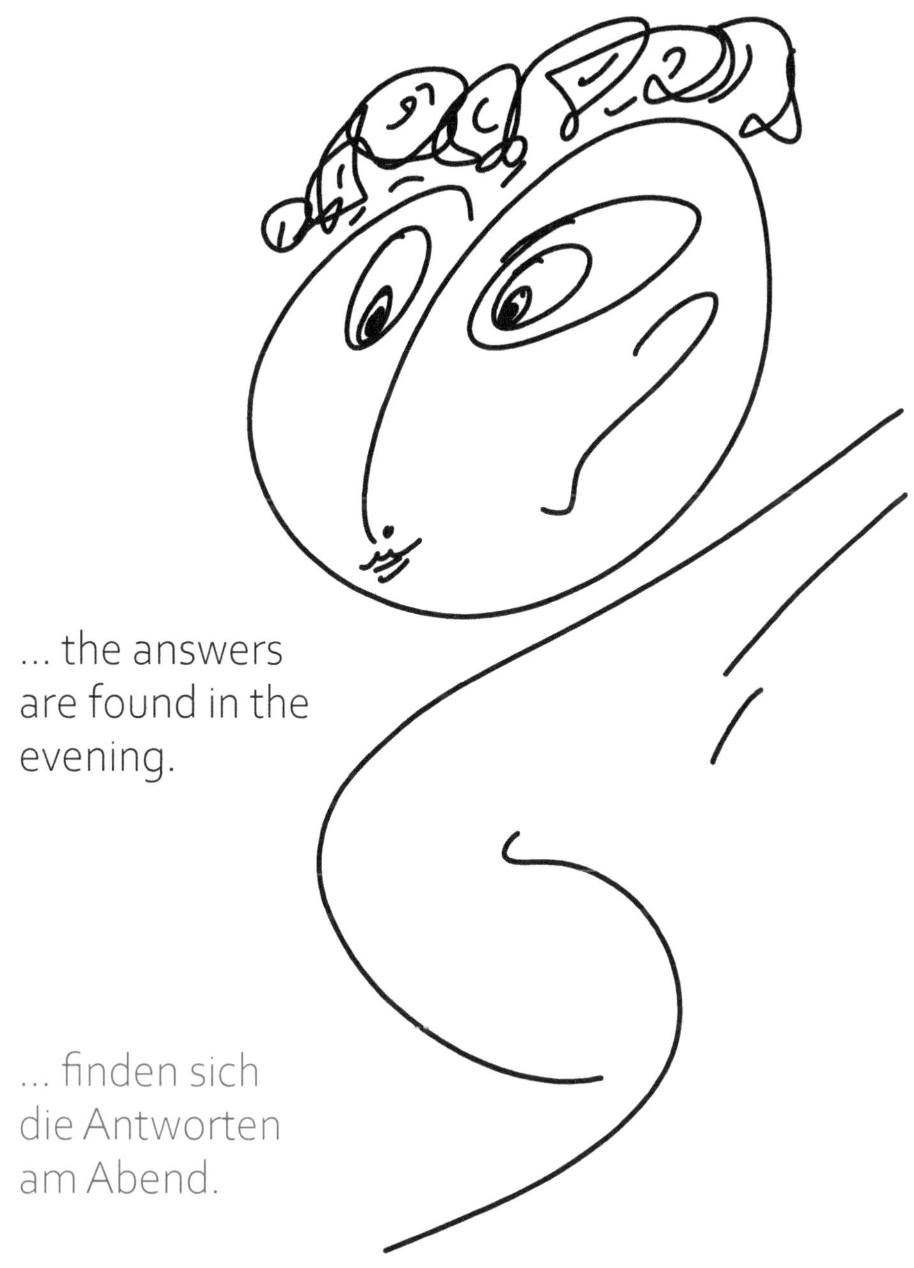

... the answers
are found in the
evening.

... finden sich
die Antworten
am Abend.

From another point of view ...
Andersherum betrachtet ...

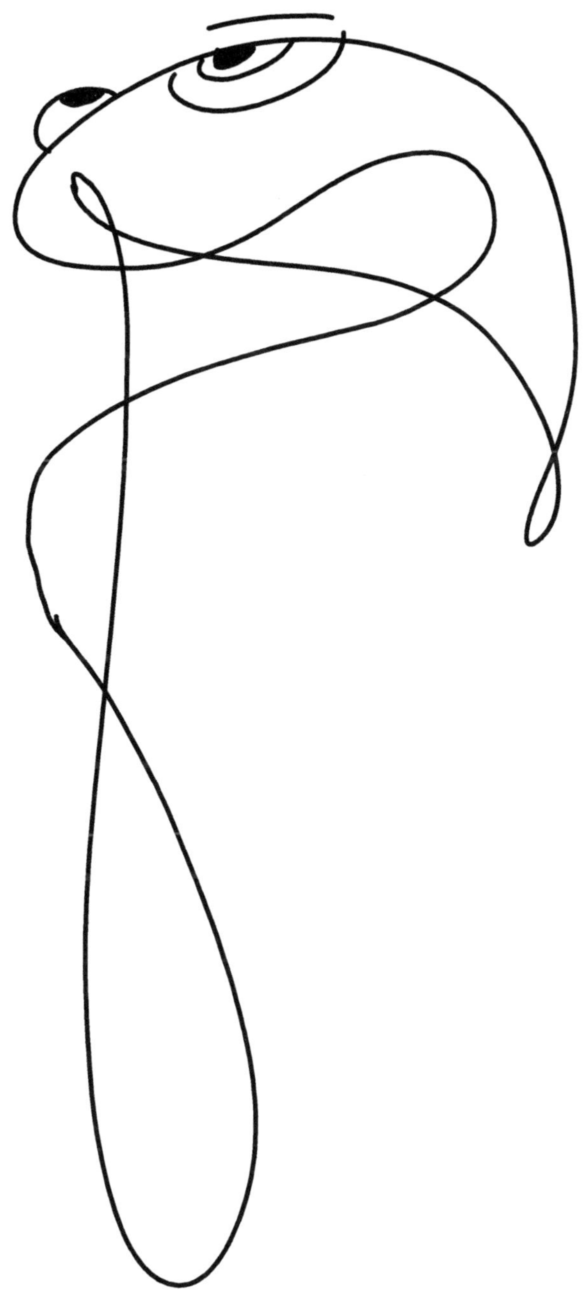

Exercise
Übung

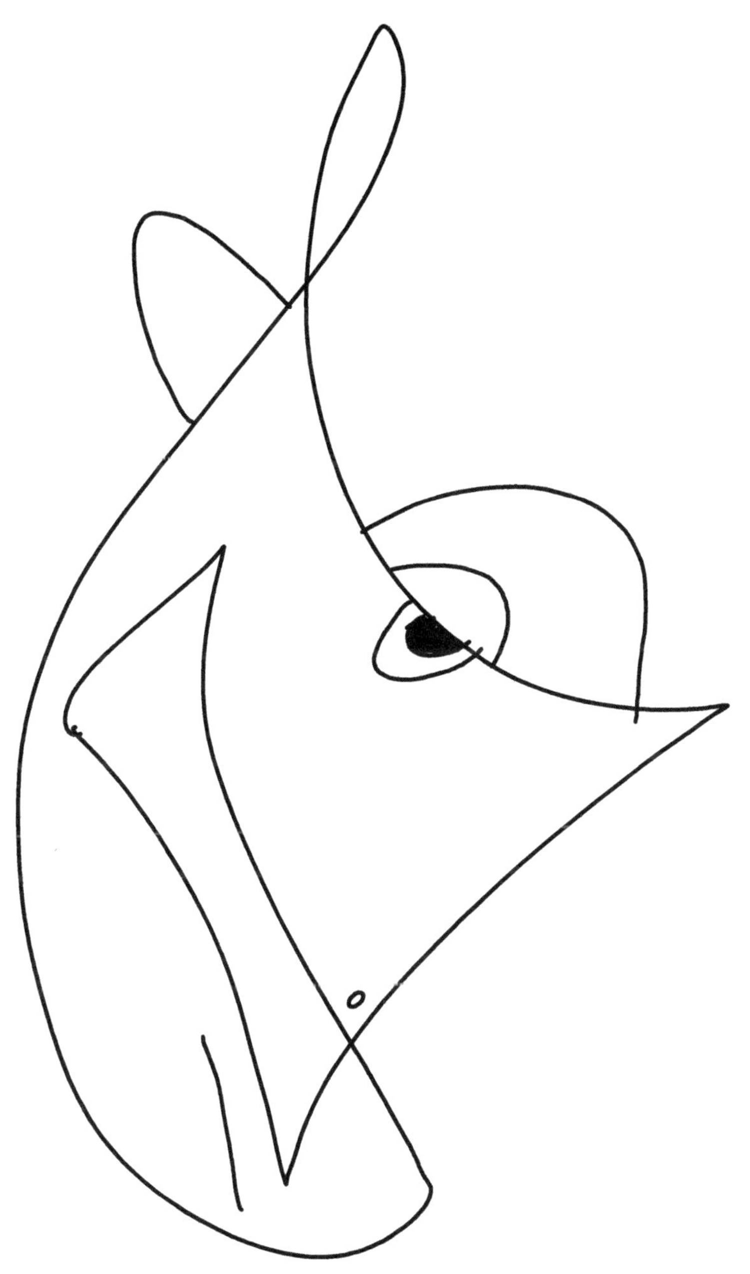

Memory
Erinnerung

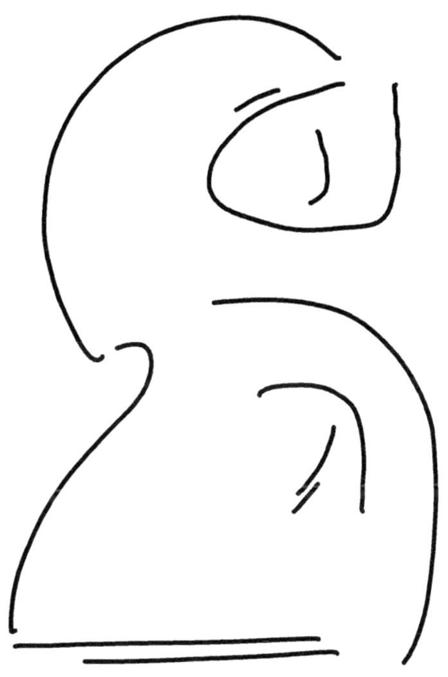

Being in love   Verliebt sein
with someone   in jemanden
not seen before   noch nie gesehen
and not known   und nicht gekannt
up to now,   bis heute
but now   aber jetzt,
from the first word   vom ersten Wort an
so certainly knowing   so sicher wissend,
that I'm in love   dass ich verliebt bin
as never before   wie nie zuvor,
always.   immer.

View
Ansicht

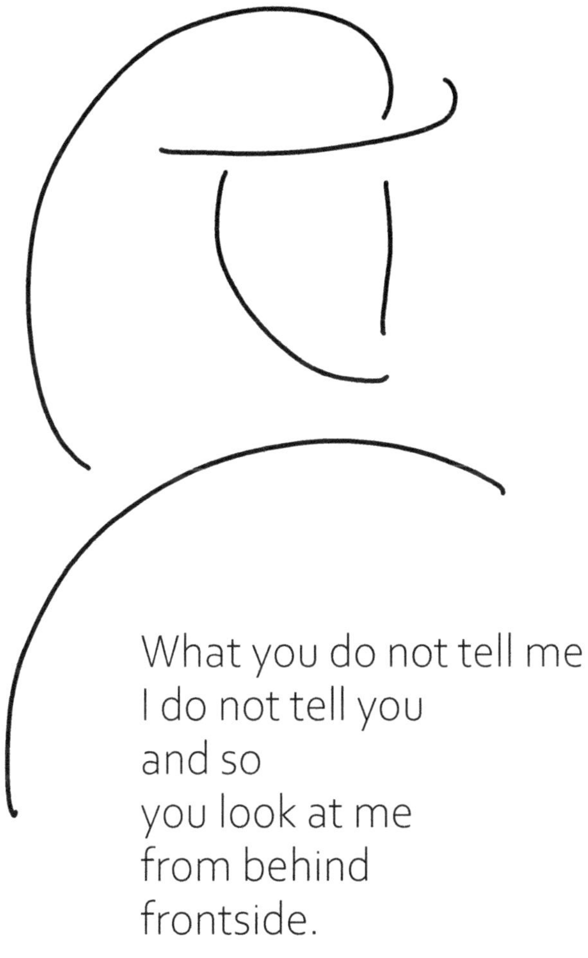

What you do not tell me
I do not tell you
and so
you look at me
from behind
frontside.

Was du mir nicht sagst
sage ich dir nicht
und so
schaust du mich an
von hinten
vorderseittig.

Lost

Verloren

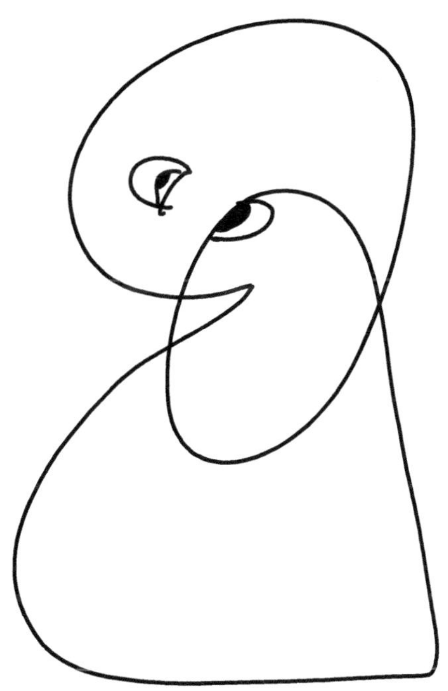

I lost my heart
and I don't know
where to find it.

Ich habe mein Herz verloren
und ich weiß nicht,
wo ich es wiederfinden kann.

Dreams

Träume

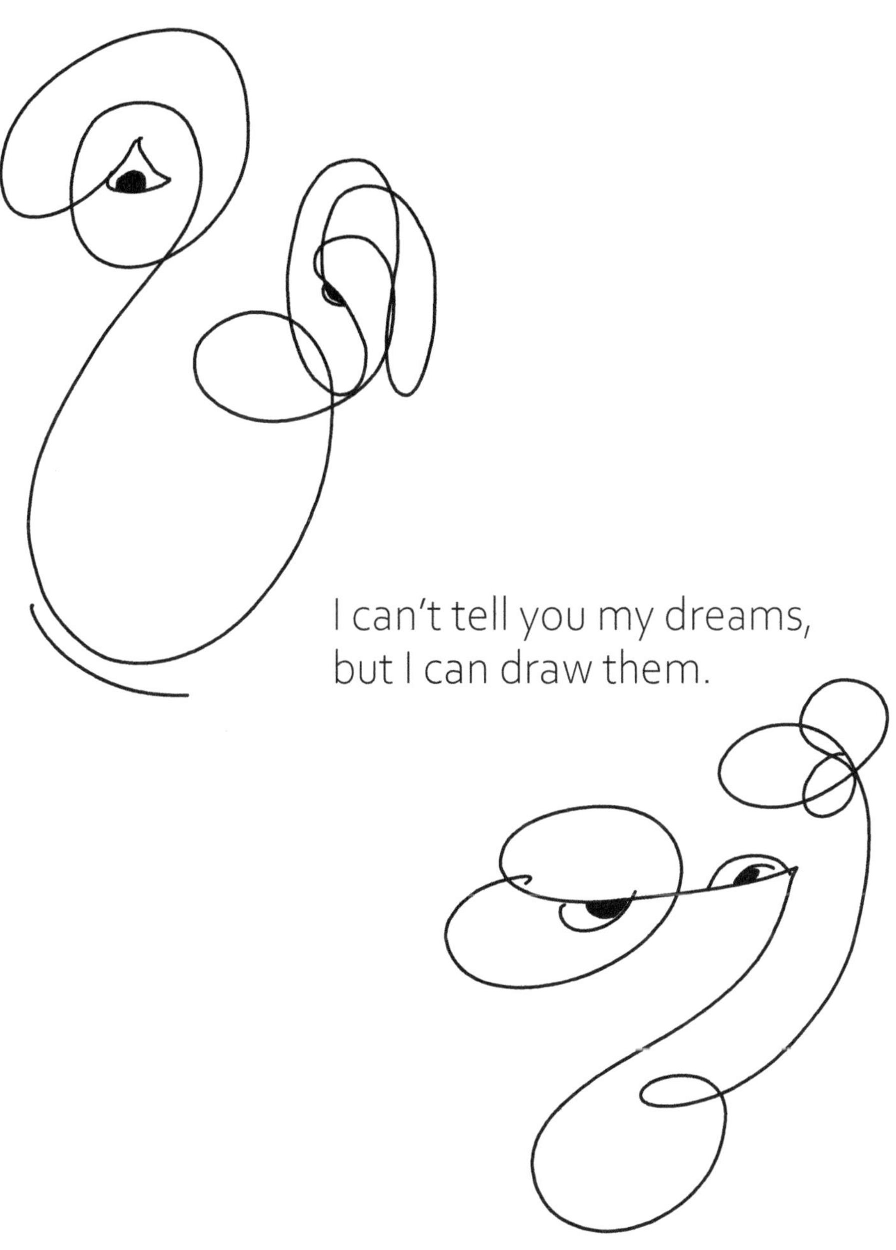

I can't tell you my dreams,
but I can draw them.

Ich kann dir meine Träume nicht
erzählen, aber ich kann sie zeichnen.

Trust

Vertrauen

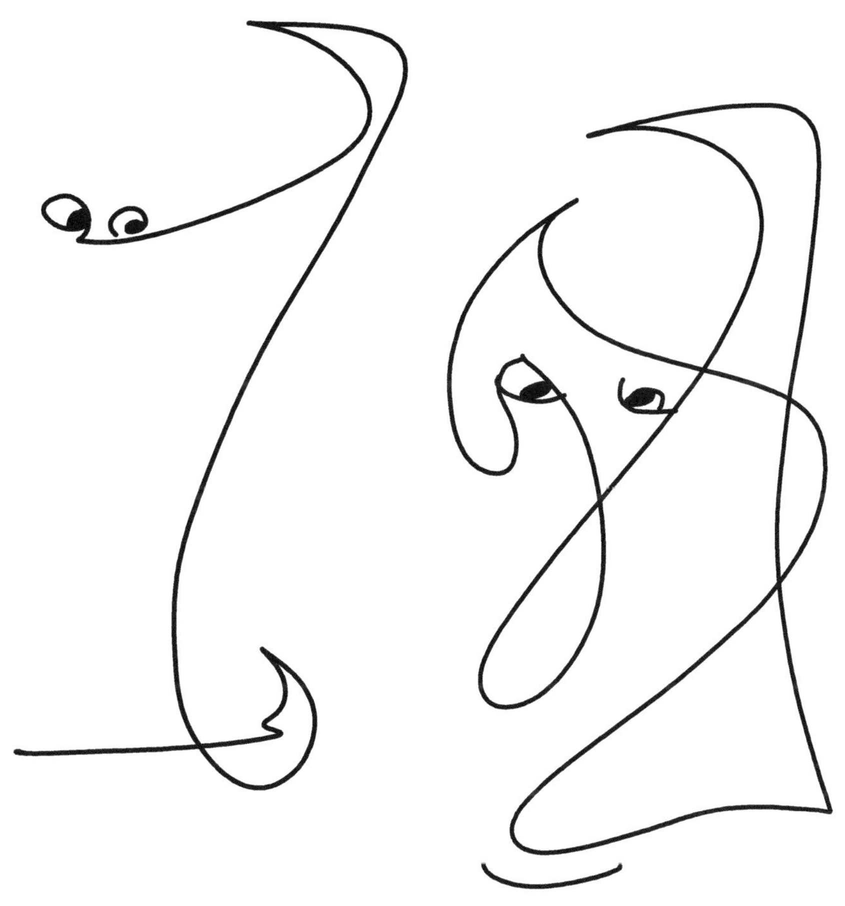

If I knew what he knows and
you do not want to know.

Wenn ich wüsste, was er weiß
und du nicht wissen willst.

Finally
Schließlich

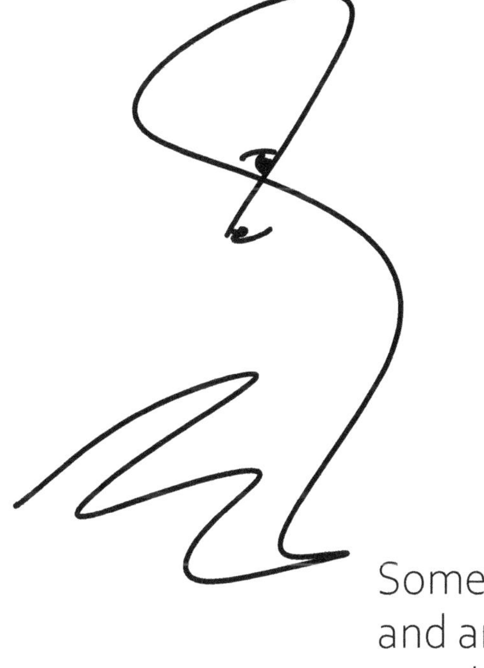

Some lost lines
and an appel
you don't see.

Einige verlorene Linien
und ein Apfel,
den du nicht siehst.

An encounter in the 1980s and its enduring presence

Marcellus M. Menke

II met Natalie Portner in the 1980s, at the ART Cologne. I think it was the ART Cologne of 1984. Natalie was then not at all established and, like myself, as a visitor in Cologne. The first thing I noticed about her was her incredible energy. She always carried her small, but very voluminous, sketchbook with her, and there was actually no moment in which she did not fix some idea or some thought — something that she had just picked up or that went through her head as a notion — with quick, very sure and powerful strokes on the rapidly turned pages of this book.

"It's all black and white", she told me, and that was a contradiction to what I up to now had seen from her work: large colored canvases, impressive colors, bright, somewhat reminding of Mark Rotko in power and intensity, but at the same time with an ease that was overwhelming at once, warmth and joie de vivre. But her sketchbooks were only black and white, the black of the pencil and the white, the parts of the page where the pencil had not left its mark. So from that point of view "It's all black and white" was correct.

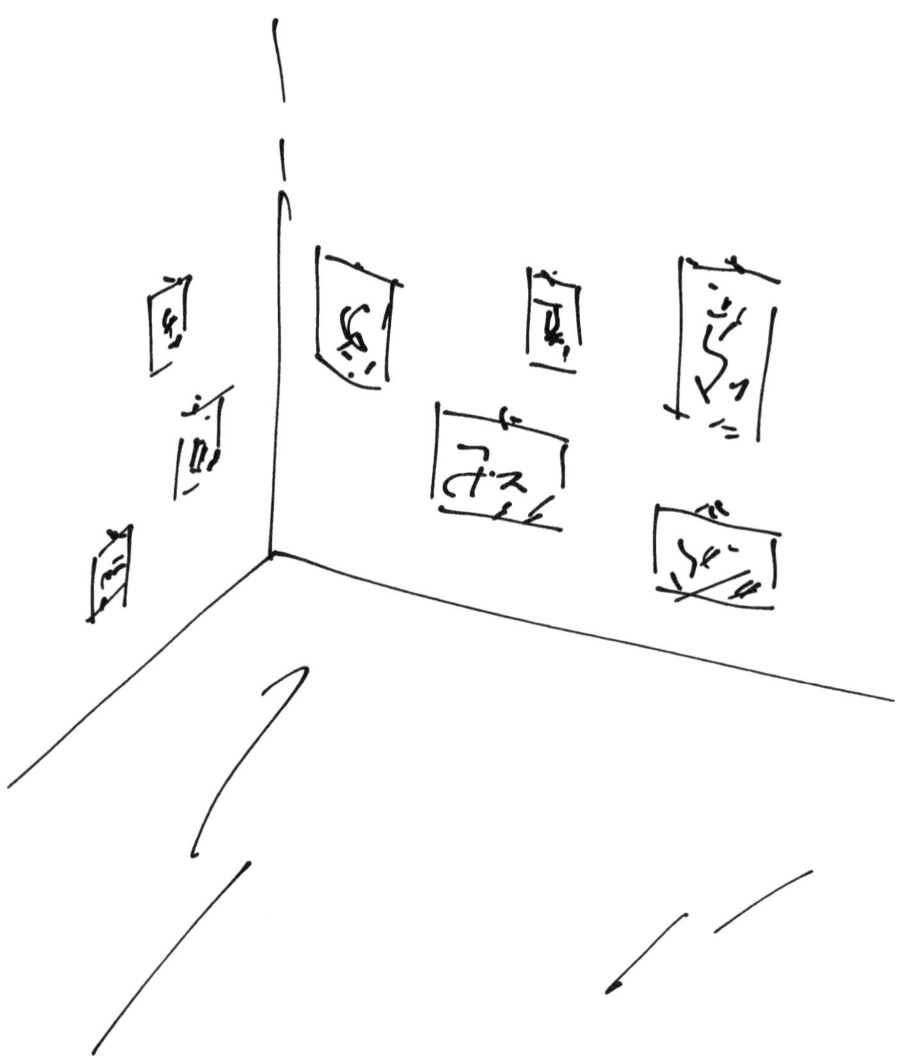

Natalie Portner: Cologne Memories, digital Sketchbook drawing after a phone call with Marcellus, January 2022

Natalie Portner: Köln Erinnerungen, Zeichnung im digitalen Skizzenbuch nach einem Telefongespräch mit Marcellus, Januar 2022

"You can tell everything with it", she said, smiling as if she still had to convince me, but I already was convinced.

We had got a table in the Bastei and enjoyed the evening, the vibrant city, the great river with the reflections of the light of the promenades and the bridges. It was an inspiring atmosphere.

She, the young American artist, with her just-acquired bachelor's degree from the School of Visual Arts in hand and a gallery owner who had brought her to Cologne after her first exhibition in New York, not, as hoped, to Art Cologne, but for a presentation just in the rooms of a gallery that was located in a somewhat secluded quarter of Cologne's southern city. But at least it was her first exhibition in Europe. And at that time, Cologne was still an important city for art, even internationally.

I, the end of my alternative service period in sight and the head full of plans for the now finally free future. She, only one and a half years older, but her choice already made. For me it still was in store. While she had already taken the first steps of her career, confident and aware that she was on the right and successful path — truly, as I felt, without any doubt — I was still rather undecided and also somewhat confused, irritated and uncertain about the many possibilities.

What I admired about Natalie even then was this certainty with which she took her path as an artist. I also found it in the way she moved the pen across the paper and it was an impressive experience for me to see how art was created, how the view of the world around us became something that captured this impression, reflected it and prepared it to become something new. I think through Natalie I understood for the first time what it means to be an artist.

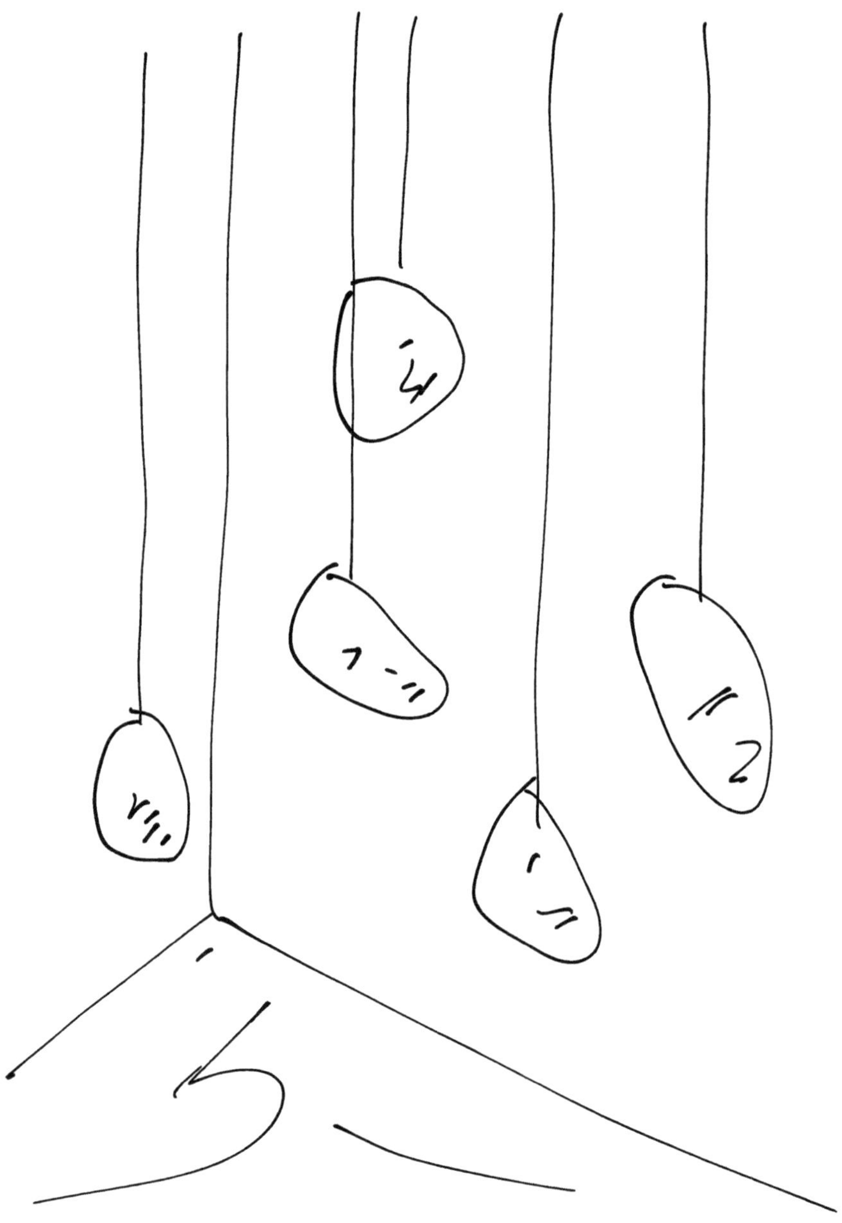

Natalie Portner: Still present, digital Sketchbook drawing after a phone call with Marcellus, January 2022

Natalie Portner: Immer noch da, Zeichnung im digitalen Skizzenbuch nach einem Telefongespräch mit Marcellus, Januar 2022

This impression has accompanied me ever since, especially whenever I encountered drawings. I saw her lines in what I got to know from Paul Klee, also in the lithographs of Picasso and especially in the works of Paul Julius Kleiber. The latter then also inspired her, albeit much later, but then very intensively.

Our contact never completely broke off over the years. But in the 1980s and 1990s, communication was still rather slow, a telephone call to New York was a long-distance call that meant high costs, and the letter in an airmail envelope that took a few days to reach its recipient was still quite common. I never would have thought that, almost forty years after our first meeting, I would be doing a book with her. But the inspirational power of her art has always been very strong and so maybe it was just a matter of time that we would do a project together.

The collaboration and exchange during the production of this book was an intense one and a fascinating digital journey at every stage. During the long telephone conversations, Natalie always had the tablet she used for sketches at hand, and while we talked about the selection of drawings, about the combination of graphics and text, and the many other things that were important for the project, new drawings emerged in her, fleetingly placed with the pen on the glass surface, created from memory, including the memory of our first encounter in Cologne, and it was then my idea to place some of these drawings next to the text, which says something about the background of the creation of this book.

It is my wish that the inspiration and power found in the drawings and stories of this book will spill over to the reader. Every person is an artist. If this book leads readers to discover that in themselves, then the book has served its purpose.

So many amazing Worlds

Natalie Portner

Of course I am not a writer and my language is the color. It is an international language and it is always good, to do what you are good at. That's my believe. So I will stay with color and canvas, a painter. But the world always has many possibilities. As an Artist it's your job to see them. My way to do that are my sketch books.

In my sketch books I enter another world. It is the black of the pencil and the white of the paper and as everything is made of lines in this world of course at some point letters occur. First as a special form of dealing with shapes and outlines and then of course it comes to contents. Letters organize as words and words form sentences. And being a part of the drawing, it is the space where they are placed, that gives them their very own meaning.

So as I like to tell stories with my paintings — the surprising thing is that you can tell a 500 page novel on a single canvas — I like to tell stories with the sketches of my sketch books, too. The astonishing thing is that though they each normally need several pages, they are much shorter than the stories told on my canvases. Sometimes they are only a flash. And as I produced them in an international context, sometimes bilingual, an inspiration of the work with Marcellus, they change my attitude towards language. An amazing experience that learning German — something I did for a while and up to some extend with stunning success — changed the way I use my mother tongue.

It often starts with a German word or saying, or something I think a German word or saying could be. Sometimes it is more the structure of the sentences that is German than the words that evoked the ideas in the drawings, or that were vice versa a product of the lines that surround them.

The sketch book work always was the basis for my paintings, but they never were thought to be published. They somehow were a kind of private repertoire, an unspecified open space for developments with no pressure to produce presentable results.

Seeing the publications Marcellus did with Michael A. Holst, changed that.

I met Michael in Boston. He was preparing his great fluffs exhibition. As he was German, it was not so amazing that he had a German editor for the catalogue. Amazing was, that it was someone named Marcellus, who was the editor. Marcellus in German is not such a common name. But it still took me some time, to realize, that his editor was the Marcellus I met in Cologne, long ago in the 1980s, the Marcellus who wrote beautiful letters, later on e-mails and, still using the classical postal service, Christmas Cards designed with his drawings.

Michael showed me the little booklet, presenting the results of the digital workshop he did with Marcellus. In the appendix were these wonderfully simple, unpretentious drawings consisting of only a few lines, mainly faces and I had the participants and the

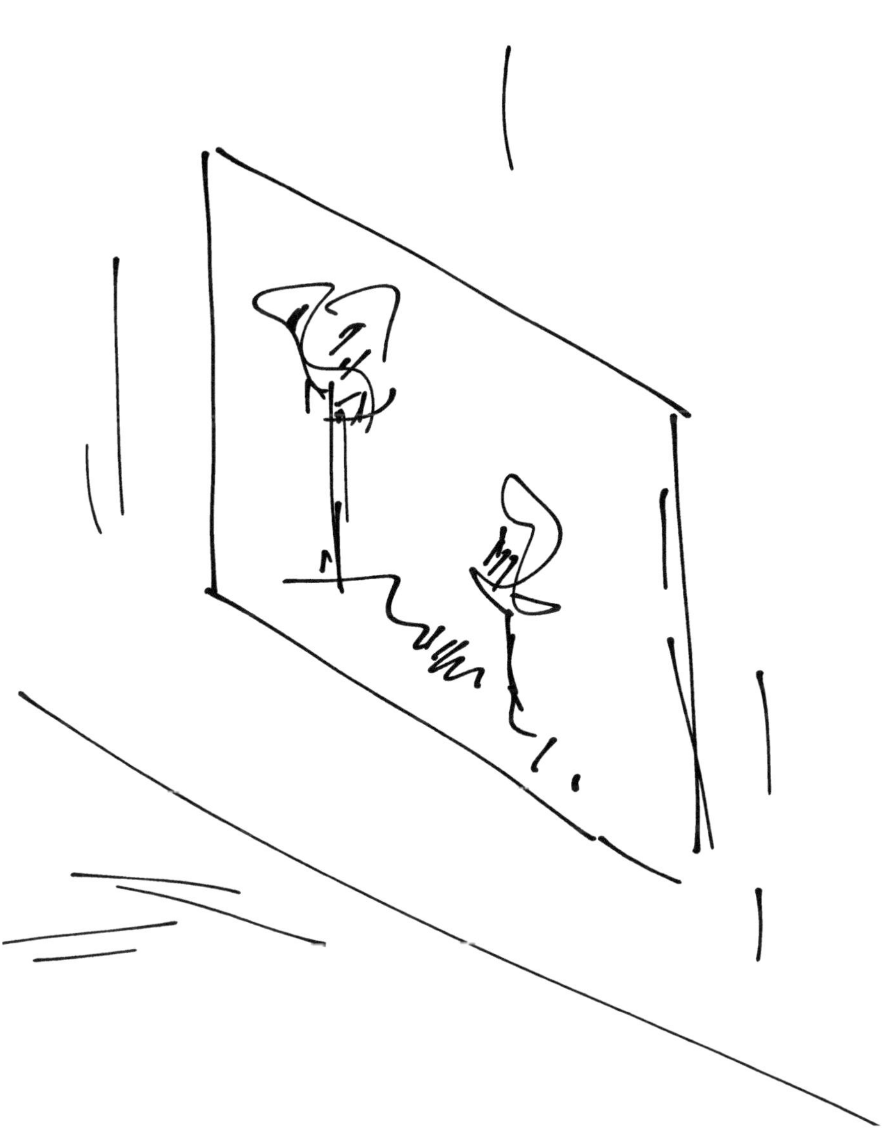

Natalie Portner: Exhibition, digital Sketchbook drawing after a phone call with Marcellus, January 2022

Natalie Portner: Ausstellung, Zeichnung im digitalen Skizzenbuch nach einem Telefongespräch mit Marcellus, Januar 2022

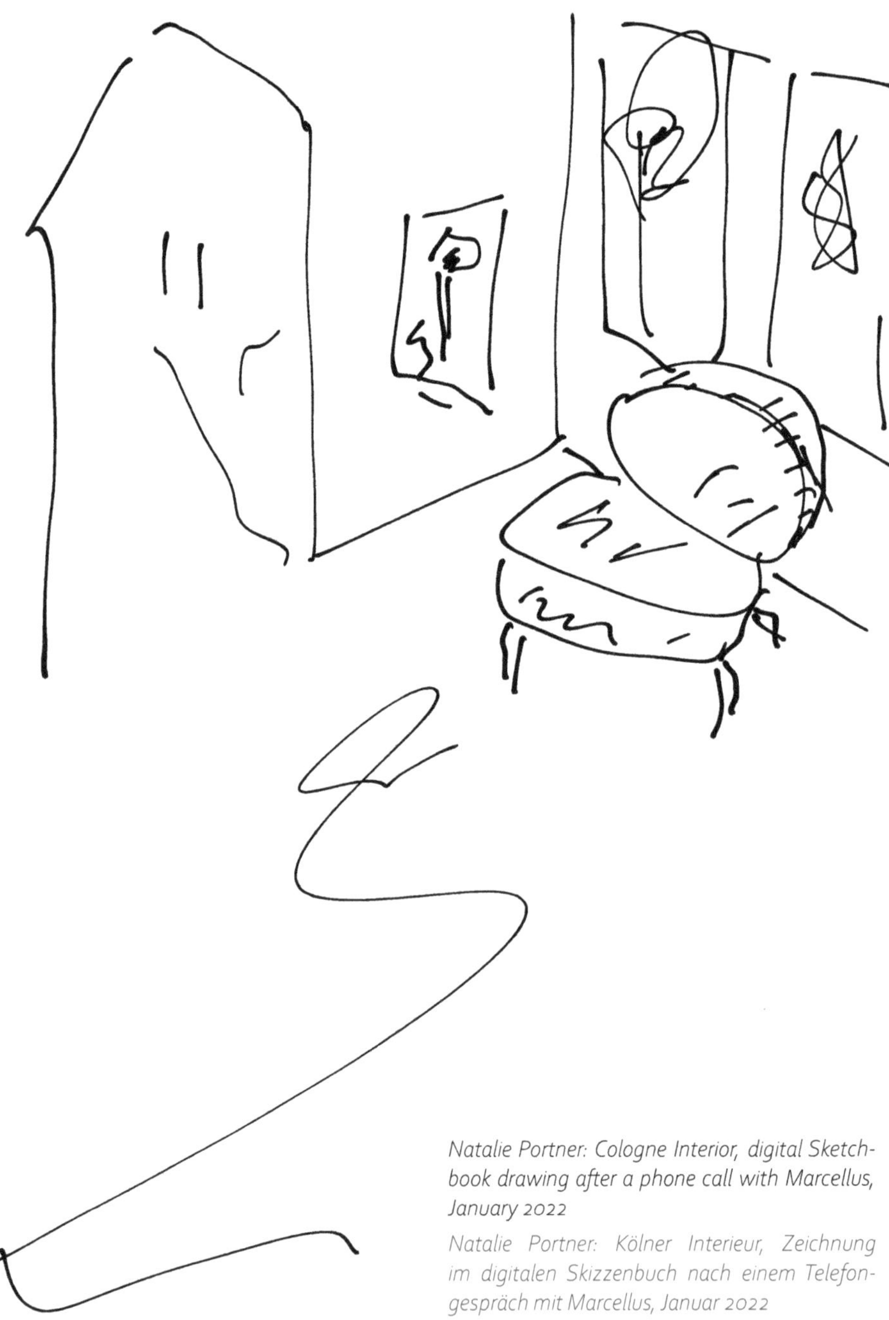

Natalie Portner: Cologne Interior, digital Sketch-book drawing after a phone call with Marcellus, January 2022

Natalie Portner: Kölner Interieur, Zeichnung im digitalen Skizzenbuch nach einem Telefongespräch mit Marcellus, Januar 2022

atmosphere of the workshop vividly in front of me. He, as myself, had studied the works of Paul Julius Kleiber, another thing we had in common and at that point it were only a few steps to develop the idea of an own publication.

Of course it was then a much longer way to the finished book as thought in the first phase of inspiration, but Marcellus is a wonderful editor and I wish every reader that he can feel the liveliness — that was always present in our collaboration in the creation of this book — when reading and make it effective for himself. And then, of course, my wish simply: a lot of joy and fun while reading and looking at.

Eine Begegnung in den 1980er Jahren und ihre anhaltende Wirkung

Marcellus M. Menke

Ich traf Natalie Portner in den 1980er Jahren, auf der ART Cologne. Ich glaube, es war die ART Cologne von 1984. Natalie war damals noch nicht etabliert und, wie ich, als Besucherin in Köln. Das erste, was mir an ihr auffiel, war ihre unglaubliche Energie. Sie hatte immer ihr kleines, aber sehr voluminöses Skizzenbuch dabei, und es gab eigentlich keinen Moment, in dem sie nicht irgendeine Idee oder irgendeinen Gedanken, den sie gerade aufgeschnappt hatte oder der ihr als Einfall durch den Kopf ging, mit raschen, sehr sicheren und kraftvollen Strichen auf den schnell umgeblätterten Seiten dieses Buches fixierte.

„Es ist alles schwarz-weiß", sagte sie mir, und das war ein Widerspruch zu dem, was ich bisher von ihren Arbeiten gesehen hatte: große farbige Leinwände, beeindruckende Farben, leuchtend, ein wenig an Mark Rotko erinnernd in Kraft und Intensität, und gleichzeitig mit einer Leichtigkeit, die unmittelbar überwältigend war, Wärme und Lebensfreude. Doch ihre Skizzenbücher waren

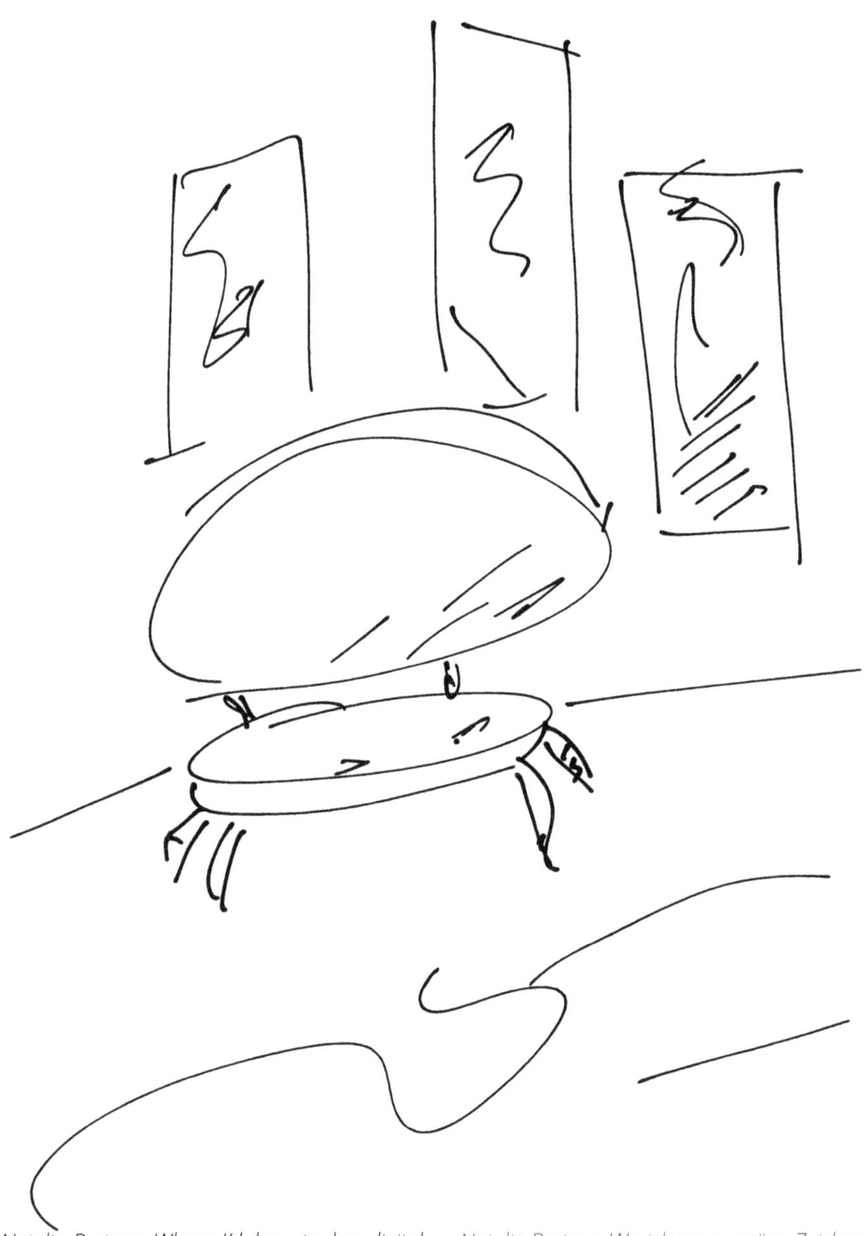

Natalie Portner: Where I'd love to be, digital Sketchbook drawing after a phone call with Marcellus, January 2022

Natalie Portner: Wo ich gerne wäre, Zeichnung im digitalen Skizzenbuch nach einem Telefongespräch mit Marcellus, Januar 2022

nur schwarz und weiß, das Schwarz des Bleistifts und das Weiß, die Teile der Seite, auf denen der Bleistift seine Spuren nicht hinterlassen hatte. So gesehen war „Es ist alles schwarz und weiß" also richtig.

Damit kannst du alles erzählen", sagte sie und lächelte, als müsse sie mich noch überzeugen, aber das war ich schon.

Wir hatten einen Tisch in der Bastei ergattert und genossen den Abend, die belebt lebendige Stadt, der große Fluss mit den Spiegelungen des Lichts der Promenaden und die Brücken. Das war eine inspirierende Atmosphäre.

Sie, die junge amerikanische Künstlerin, mit dem gerade erworbenen Bachelor der School of Visual Arts in der Hand und einem Galeristen, der sie nach ihrer ersten Ausstellung in New York nach Köln gebracht hatte, nicht, wie erhofft, auf die Art Cologne, sondern nur für eine Präsentation in den Räumen einer Galerie, die in einem etwas abgelegen Viertel der Kölner Südstadt lag. Aber immerhin die erste Ausstellung in Europa. Und zu der Zeit war Köln, auch international, noch eine bedeutende Stadt für Kunst.

Ich, das Ende meiner Ersatzdienstzeit vor Augen und den Kopf voll mit Plänen für die nun endlich freie Zukunft. Die Wahl, die für mich anstand, hatte sie, obwohl nur anderthalb Jahre älter, schon getroffen. Während sie bereits die ersten Schritte ihres Lebenswegs gegangen war, selbstsicher und mit dem Bewusstsein auf dem richtigen und erfolgreichen Weg zu sein – wirklich, wie ich spürte ohne jeden Zweifel – war ich noch eher unentschieden und auch etwas verwirrt, irritiert unsicher ob der vielen Möglichkeiten.

Was ich an Natalie schon damals bewunderte war diese Sicherheit, mit der sie ihren Weg als Künstlerin ging. Ich fand sie auch in der Art, wie sie den Stift über das Papier führte und es war für mich ein beeindruckendes Erlebnis zu sehen, wie Kunst entstand, wie aus dem Blick auf die Welt um uns etwas wurde, was diesen Eindruck festhielt, ihn reflektierte und vorbereitete, etwas neues zu werden. Ich glaube durch Natalie habe ich zum ersten Mal verstanden, was es heißt Künstler zu sein.

Dieser Eindruck hat mich seitdem begleitet, ganz besonders immer wieder dann, wenn mir Zeichnungen begegneten. Ich sah ihre Linien in dem was ich von Paul Klee kennenlernte, auch in den Lithographien Picassos und ganz besonders in den Arbeiten von Paul Julius Kleiber. Letzterer hat dann auch sie, wenn auch viel später, dann aber sehr intensiv, inspiriert.

Unser Kontakt war über die Jahre nie ganz abgebrochen. Doch in den 1980er und 1990er Jahren war die Kommunikation noch eher langsam, ein Telefonat nach New York ein Ferngespräch, das mit hohen Kosten verbunden war und der Brief im Luftpostbriefumschlag, der ein paar Tage unterwegs war um seinen Empfänger zu erreichen, durchaus noch üblich. Daran, dass ich, fast vierzig Jahre nach unserer ersten Begegnung, mit ihr ein Buch machen würde, hätte ich damals nie gedacht. Aber die inspirierende Kraft ihrer Kunst war immer sehr stark, und so war es vielleicht nur eine Frage der Zeit, dass wir ein gemeinsames Projekt machen würden.

Die Zusammenarbeit und der Austausch bei der Produktion des vorliegenden Bandes war ein intensives Miteinander und eine in jeder Phase faszinierende digitale Reise. Bei den langen Telefonaten lag bei Natalie das von ihr für Skizzen genutzte Tablet immer griffbereit und während wir über die Auswahl von Zeichnungen, über die Kombination von Grafik und Text und die vielen anderen Dinge sprachen, die für das Projekt wichtig waren, entstanden bei ihr neue Zeichnungen, flüchtig mit dem Stift auf die Glasfläche gelegt, aus der Erinnerung gewachsen, auch der Erinnerung an unsere Begegnung in Köln und es war dann meine Idee, einige dieser Zeichnungen neben den Text zu stellen, der etwas sagt über den Hintergrund der Entstehung dieses Buches.

Mein Wunsch ist es, dass die Inspiration und die Kraft, die sich in den Zeichnungen und Geschichten dieses Buches finden, auf den Leser überspringt. Jeder Mensch ist ein Künstler. Wenn dieses Buch dazu führt, dass Leser das in sich entdecken, dann hat das Buch seinen Zweck erfüllt.

So viele erstaunliche Welten

Natalie Portner

Natürlich bin ich kein Schriftsteller und meine Sprache ist die Farbe. Es ist eine internationale Sprache und es ist immer gut, das zu tun, was man gut kann. Das ist meine Überzeugung. Also bleibe ich bei Farbe und Leinwand, ein Maler. Aber die Welt hat immer viele Möglichkeiten. Als Künstler ist es deine Aufgabe, sie zu sehen. Mein Weg, das zu tun, sind meine Skizzenbücher.

In meinen Skizzenbüchern betrete ich eine andere Welt. Es ist das Schwarz des Bleistifts und das Weiß des Papiers und da in dieser Welt alles aus Linien besteht, tauchen natürlich irgendwann Buchstaben auf. Zunächst als eine besondere Form des Umgangs mit Formen und Umrissen und dann entsteht Inhalt, ganz natürlich. Buchstaben organisieren sich als Worte und Worte bilden Sätze. Und da sie Teil der Zeichnung sind, ist es der Platz, an den sie gesetzt werden, der ihnen ihre ganz eigene Bedeutung gibt.

So wie ich mit meinen Gemälden gerne Geschichten erzähle – das Erstaunliche ist, dass man auf einer einzigen Leinwand einen 500-seitigen Roman erzählen kann – erzähle ich auch gerne Geschichten mit den Skizzen in meinen Skizzenbüchern. Das

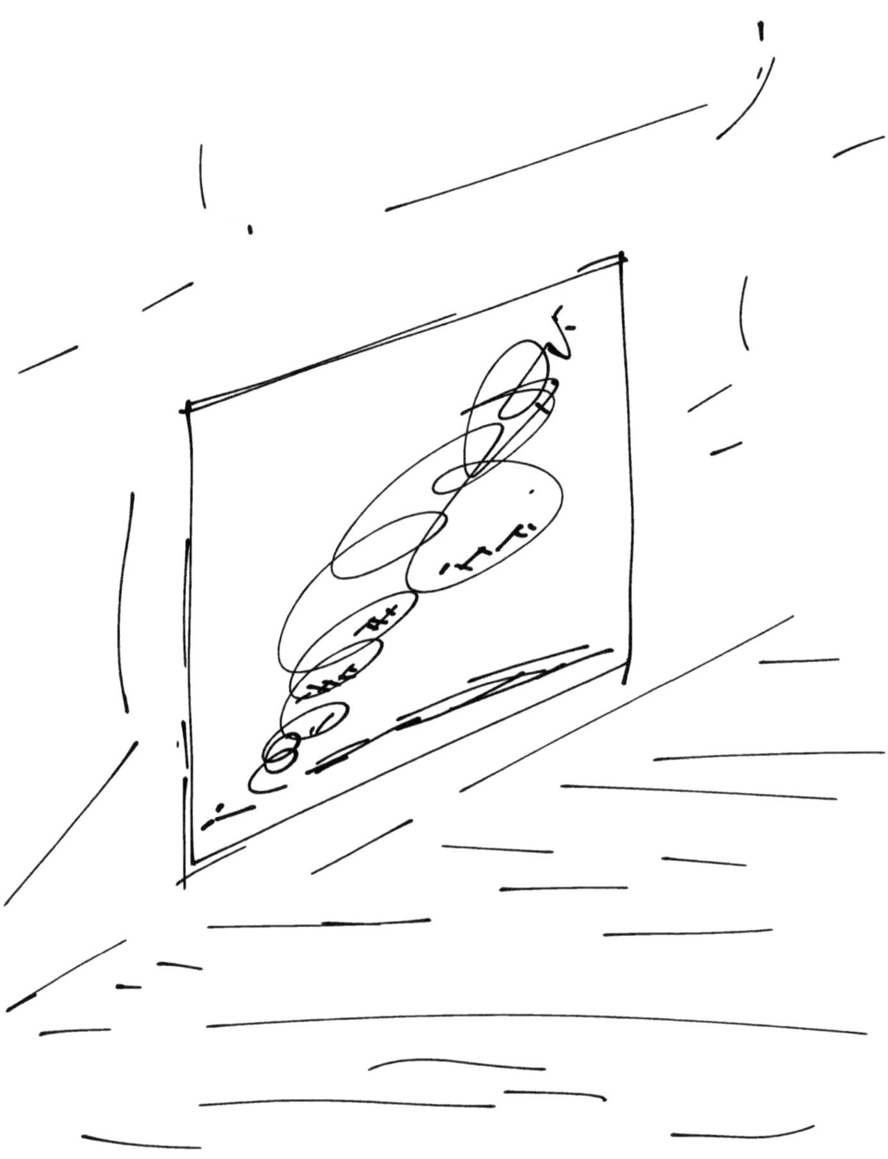

Natalie Portner: What I have in Mind, digital Sketchbook drawing after a phone call with Marcellus, January 2022

Natalie Portner: An was ich denke, Zeichnung im digitalen Skizzenbuch nach einem Telefongespräch mit Marcellus, Januar 2022

Faszinierende daran ist, dass sie viel kürzer sind, als die Geschichten, die ich auf meinen Leinwänden erzähle, obwohl sie normalerweise mehrere Seiten benötigen. Manchmal sind sie nur ein kurzer Augenblick. Und da ich sie in einem internationalen Kontext erstellt habe, manchmal zweisprachig – eine Inspiration der Arbeit mit Marcellus – verändern sie meine Einstellung zur Sprache. Es ist eine erstaunliche Erfahrung, dass das Erlernen der deutschen Sprache – etwas, das ich eine Zeit lang und bis zu einem gewissen Grad mit erstaunlichem Erfolg getan habe – die Art und Weise verändert hat, wie ich meine Muttersprache verwende.

Am Anfang steht oft ein deutsches Wort oder eine deutsche Redewendung, oder etwas, von dem ich denke, dass es ein deutsches Wort oder eine deutsche Redewendung sein könnte. Manchmal ist es eher die Struktur der Sätze, die deutsch ist, als die Worte, die die Ideen in den Zeichnungen hervorrufen, oder die umgekehrt ein Produkt der Linien sind, die sie umgeben.

Die Skizzenbucharbeiten waren immer die Grundlage für meine Malerei, aber sie waren nie für eine Veröffentlichung gedacht. Sie waren irgendwie eine Art privates Repertoire, ein unbestimmter Freiraum für Entwicklungen ohne den Druck, vorzeigbare Ergebnisse produzieren zu müssen.

Das änderte sich, als ich die Bücher gesehen habe, die Marcellus mit Michael A. Holst gemacht hat.

Ich habe Michael in Boston getroffen. Er bereitete gerade seine große Flusen-Ausstellung vor. Da er Deutscher war, war es nicht so erstaunlich, dass er einen deutschen Herausgeber für den Katalog hatte. Erstaunlich war, dass es ein Marcellus war, der der Herausgeber war. Marcellus ist im Deutschen kein so häufiger Name. Aber ich brauchte trotzdem einige Zeit, um zu begreifen, dass sein Herausgeber der Marcellus war, den ich vor langer Zeit, in den 1980er Jahren, in Köln kennengelernt hatte, der Marcellus, der wunderschöne Briefe, später E-Mails und, noch mit der klassischen Post, Weihnachtskarten mit seinen Zeichnungen schickte.

Michael zeigte mir das kleine Büchlein mit den Ergebnissen des digitalen Workshops, den er mit Marcellus durchgeführt hatte. Im Anhang waren diese wunderbar einfachen, unprätentiösen Zeichnungen, die nur aus ein paar Strichen bestanden, hauptsächlich Gesichter, und ich hatte die Teilnehmer und die Atmosphäre des Workshops lebhaft vor mir. Michael hatte wie ich die Werke von Paul Julius Kleiber studiert, ein weiterer Berührungspunkt, und so war es nur noch ein kleiner Schritt, die Idee einer eigenen Publikation zu entwickeln.

Natürlich war es dann ein weitaus längerer Weg zum fertigen Buch, als in der ersten Phase der Inspiration gedacht, aber Marcellus ist ein wundervoller Herausgeber und ich wünsche jedem Leser, dass er die Lebendigkeit, die in unserer Zusammenarbeit bei der Schaffung dieses Buches immer präsent war, beim Lesen spüren und für sich wirksam machen kann. Und dann natürlich mein Wunsch: einfach viel Freude und Spaß beim Lesen und Betrachten.

Contents Inhalt

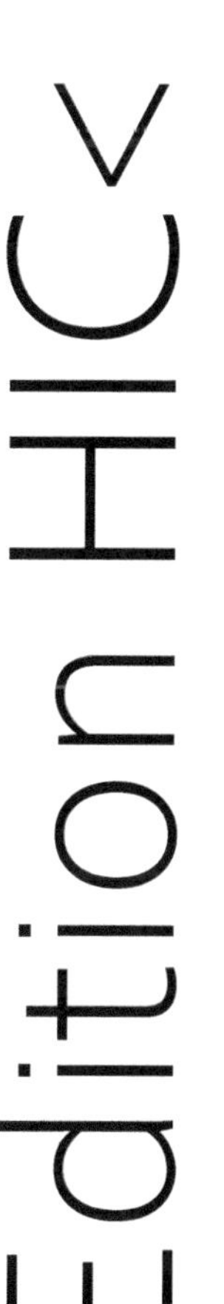

Memories from my time on Mars
Fourteen paintings that never have
been shown in public
Natalie Portner, Marcellus M. Menke (ed.)
Ring binder, full color, 48 pages
ISBN-13: 9783756844630

Erinnerungen aus meiner Zeit auf dem Mars
Vierzehn Gemälde, die bisher noch nie
öffentlich gezeigt wurden.
Natalie Portner, Marcellus M. Menke (Hrg.)
Ringbuch, vollfarbig, 48 Seiten
ISBN-13: 9783756293063

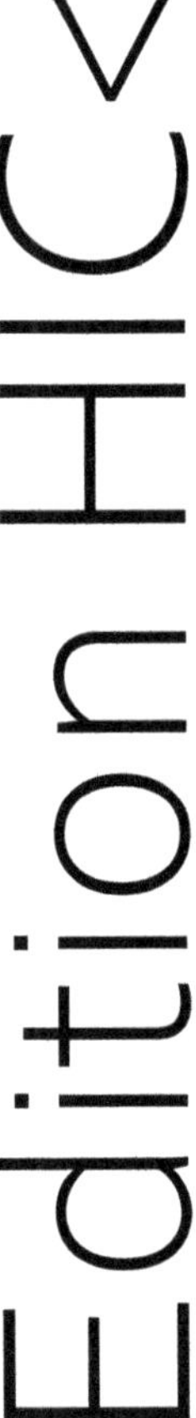

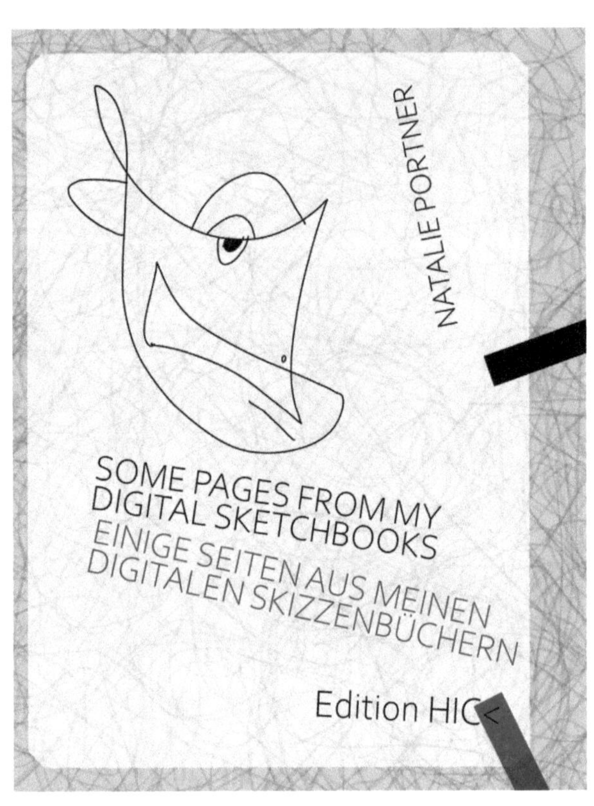

Some pages from my digital sketchbooks
Einige Seiten aus meinen digitalen Skizzenbüchern

Natalie Portner, Marcellus M. Menke (ed.)

Classical Edition: Paperback, 284 pages,
art paper white 120 g matt-coated
Klassische Ausgabe: Paperback, 284 Seiten,
Kunstdruckpapier weiß 120 g matt gestrichen

Text in English and German
Text in Deutsch und Englisch

ISBN-13: 9783756206889

Marcellus M. Menke
Wie Musik für die Augen zum Lesen
Geschenkte Gedichte
Köln 2015
ISBN: 9783837021738

Marcellus M. Menke
Für einige Augenblicke
Gedichte
Köln 2016
ISBN: 9783741256493

Marcellus M. Menke
Von innen heraus
Gedichte
Köln 2017
ISBN: 9783744852227

Marcellus M. Menke
Im Zeitstrom
Gedichte
Köln 2018
ISBN: 9783748171058

Marcellus M. Menke
Liebkosung
Wie eine zugeflogene Melodie
Gedichte
Köln 2019
ISBN: 9783750416246

Marcellus M. Menke
Konstruktion
Gedichte
2. Auflage, Köln 2022
ISBN: 9783756859047

Marcellus M. Menke
The English Poems of an Unknown German Poet
Poems
2nd Edition, Cologne 2022
ISBN: 9783756859467

GESAMTAUSGABE

Marcellus M. Menke
Gedichte
Gesamtausgabe Band 1
1992 bis 2017
2. Auflage, Köln 2020
ISBN: 9783750471214

Marcellus M. Menke
Gedichte
Gesamtausgabe Band 2
2018 bis 2019
Köln 2020
ISBN: 9783750471337

Marcellus M. Menke
Gedichte
Registerband
für Band 1 und 2
der Gesamtausgabe
Köln 2020
ISBN: 9783750471344

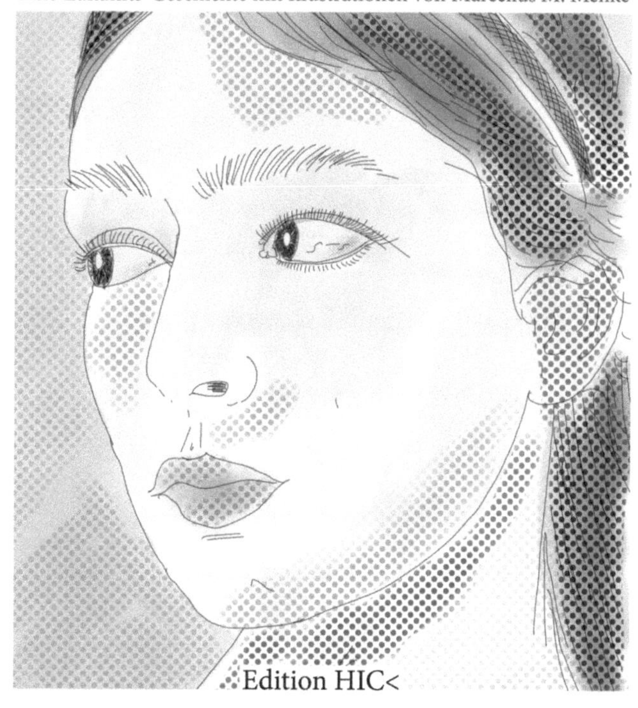

Ganz klein sind sie, die Viren, die schlagartig das Leben der menschlichen Gesellschaft verändert haben. Die Computer sind nicht davon betroffen. Sie organisieren das Leben der Menschen neu. Sicherheit hat oberste Priorität, denn Menschen sind wichtig, sagt das System. Menschen müssen geschützt werden.

Eine Zukunftsgeschichte, erzählt aus der Perspektive der Mitglieder einer durch und durch gewöhnlichen Familie in einer ganz und gar außergewöhnlichen Zeit. Eine beklemmende Zukunft, die heute näher nicht sein könnte. Irrationale Furcht und reale Gefahren bestimmen ein Leben zwischen wissenschaftlich-technischem Machbarkeitsglauben, erfahrener Ohnmacht und der Suche nach Auswegen aus einem hermetischen System, das eigentlich einmal geschaffen wurde, um ein besseres Leben zu ermöglichen.

Edition HIC< 2021
ISBN: 9783753407647

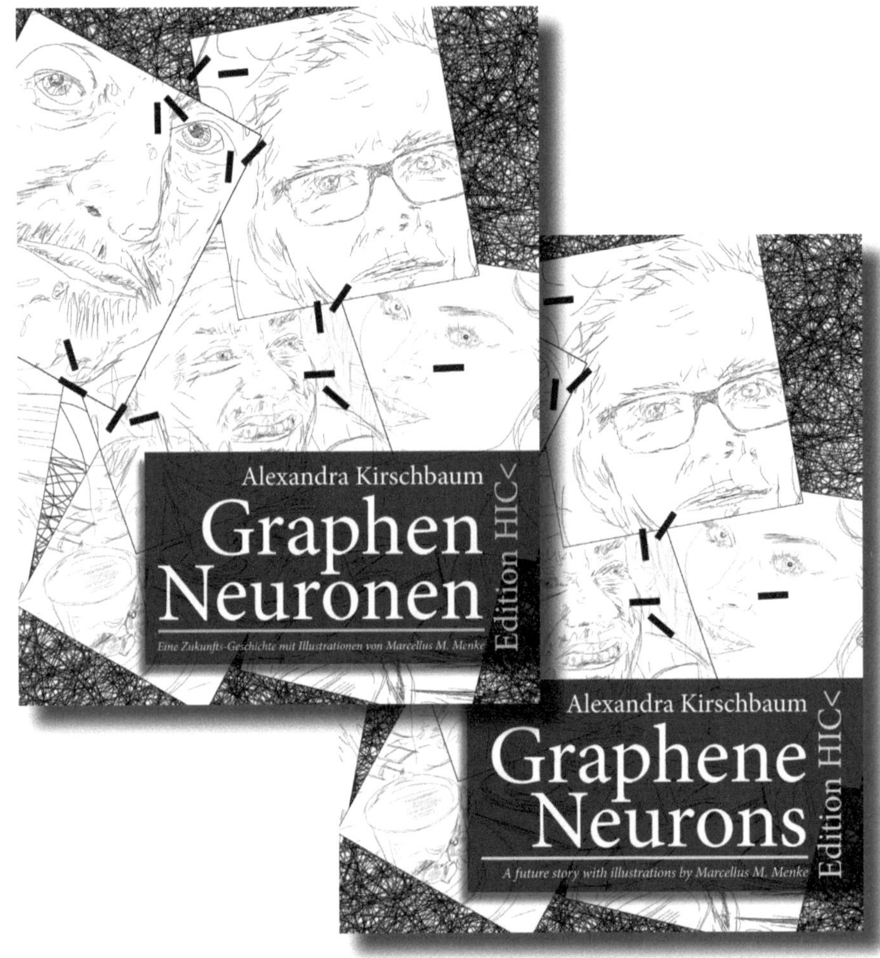

Graphen Neuronen
Eine Zukunfts-Geschichte mit
Illustrationen von Marcellus M. Menke

*Alexandra Kirschbaum,
Marcellus M. Menke (Hrsg.)*

Paperback, 64 Seiten
Sprache: Deutsch
ISBN-13: 9783756822324

Graphene Neurons
A future story with illustrations
by Marcellus M. Menke

*Alexandra M. Kirschbaum,
Marcellus M. Menke (ed.)*

Paperback, 64 pages
Language: English
ISBN-13: 9783756860777

Marcellus M. Menke (Hrsg.)

Zukunftsgeschichten

Texte von Michael Quant, Alexandra Kirschbaum,
Brian T. Ballmoor und Pascal-David Dombeaux

Köln 2017

ISBN: 9783743159266

Geschichten die in der Zukunft spielen, egal ob in einer nahen oder fernen, sagen auch immer etwas über die Gegenwart ihrer Verfasser aus. Interessant sind diese Texte, wie alle Literatur, wenn sie unabhängig von dem zeitlichen Kontext, den sie zum Thema machen, Geschichten erzählen, die den Menschen, sein Leben und seine Leidenschaft berühren. Eine gute Zukunftsgeschichte ist zeitlos.

Michael Quant studierte Literaturwissenschaften, Physik und Informatik in Köln, Palermo, Paris und Boston. Nach einer Reihe von Forschungs- und Lehraufträgen an europäischen und amerikanischen Universitäten, lebt er seit 1997 als freier Autor mit seiner Frau und seinen beiden Kindern in New York.

Alexandra Kirschbaum wurde 1971 in Köln geboren. Sie studierte Musikwissenschaften und Romanistik in Köln und Hamburg. Ihre Dissertation schrieb sie über „Das Italienische in der Musik der deutschen Romantik". Die Autorin ist mit einem Architekten verheiratet und hat zwei Kinder.

Brian T. Ballmoor ist an der University of Georgia, U.S., Professor für Astrophysik und Numerische Mathematik. In seiner Freizeit schreibt er seit vielen Jahren populäre Kurzgeschichten, die in verschiedenen amerikanischen Zeitschriften erscheinen.

Pascal-David Dombeaux, 1964 als Kind deutsch-französischer Eltern in St. Denis (Réunion) geboren, kam mit vier Jahren nach Deutschland. Er studierte Medizin, Philosophie, Geschichte und Musikwissenschaften in Hamburg, Paris, Mainz und Köln. Seit 1992 lebt Pascal-David Dombeaux als Autor und freier Schriftsteller in Köln.

Marcellus M. Menke
Im hinteren Teil des Himmels
ausgewählte Gedichte aus 27 Jahren
Köln 2020
ISBN: 9783752896855

Marcellus M. Menke
Zwischenbuch
Gedichte, Grafiken und Buchtitel
Durchgesehen und neu zusammengestellt
auf der Basis der Erstausgabe von 2005
Köln 2017
ISBN: 9783744812580

Le Tschen
Wie man die Radioaktivität überlebt
Siebenunddreißig mikroskopische Erzählungen
in drei Büchern
Aus dem Japanischen von Masahiro Miyamoto
Mit Nachworten von Marcellus M. Menke
Köln 2015
ISBN: 9783734791277

Masahiro Miyamoto
Wie ein stilles Meer
Roman
Edition Preview First
Köln, New York, Tokio
ISBN: 978-3-7322-8243-2

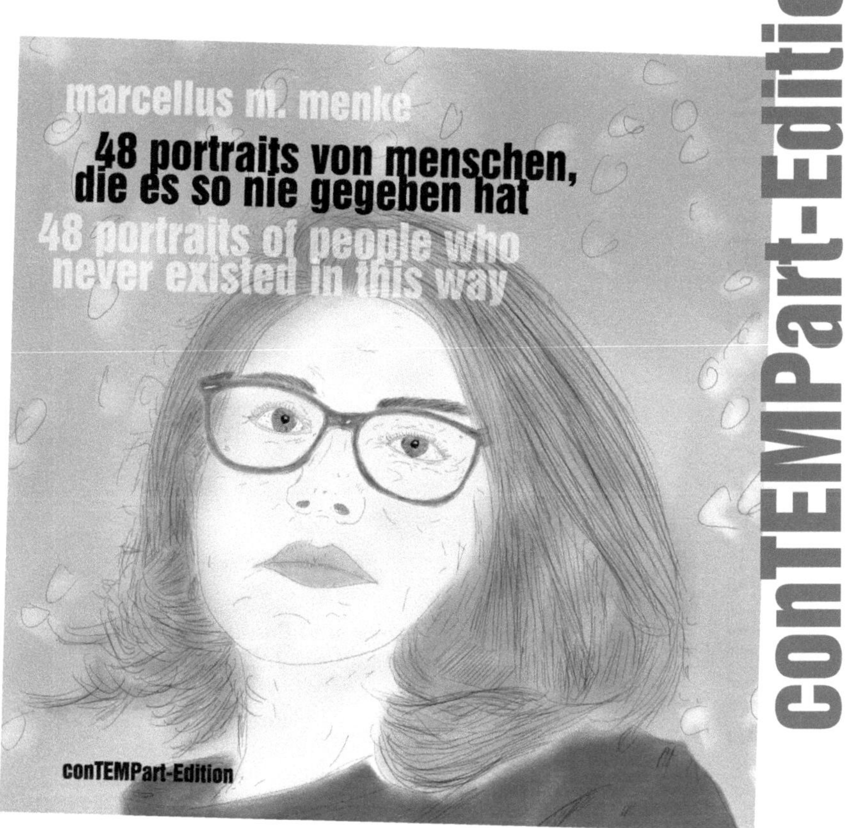

48 Portraits von Menschen, die es so nie gegeben hat

Inspiriert von den beeindruckenden 48 Portraits Gerhard Richters, die er 1972 für den deutschen Pavillon der Biennale in Venedig fertigte, spielen die „48 Portraits von Menschen, die es so nie gegeben hat" mit der wuchtigen Pathetik Richters. Sie kontrastieren mit ihrer Farbigkeit und stilistischen Vielfalt die Strenge des in die stilbildende Unschärfe gelegten Graus Richters und entfliehen so den Irrtümern einer in die monochrome Bilderwelt gelegten Bedeutungsschwere. Selbst digital produziert stellen sie sich in die digitale Bilderflut und schaffen so einen Kontrapunkt zur egalisierten Anonymität pseudoindividualisierter Selbstdarstellungsexzesse.

48 Portraits of People who never existed in this Way

Inspired by the impressive 48 portraits Gerhard Richter made for the German Pavilion at the Venice Biennale in 1972, the "48 Portraits of People Who Never Existed in this Way" play with Richter's massive patheticness. With their colorfulness and stylistic diversity they are contrasting the austerity of Richter's grayness placed in the style-forming blur and thus escaping the errors of a weight of meaning placed in the monochrome imagery. Digitally produced themselves, they place it in the digital flood of images and thus create a counterpoint to the egalized anonymity of pseudo-individualized self-portrayal excesses.

Marcellus M. Menke, Hardcover, 180 Seiten, vollfarbig, ISBN-13: 9783754312803

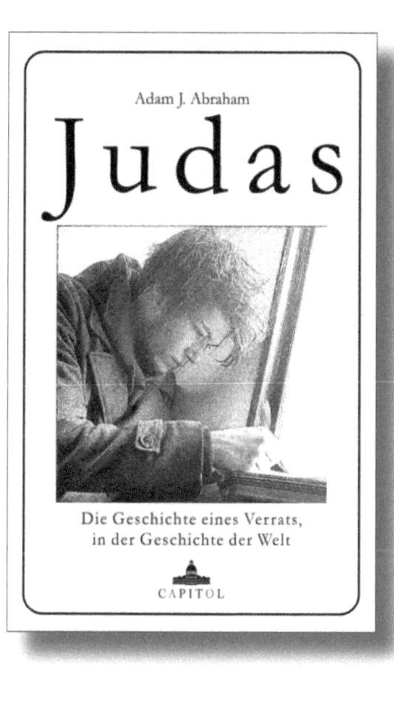

futurely existing books

Book written on Demand

www.buchmanufaktur.m4art.de

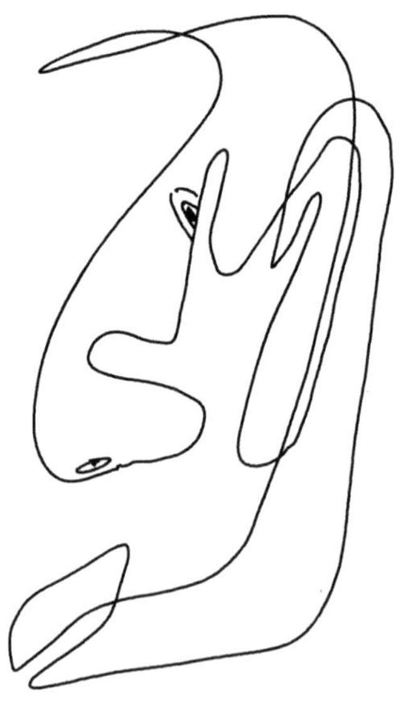

Edition HIC<